抗日战争档案汇编

满铁与七七事变档案汇编

5

辽宁省档案馆 编

中華書局

本册目录

十二、总裁室文书课

十三、总裁室庶务课

十四、总裁室福祉课

十五、铁道总局

十二、总裁室文书课

列 410

15　68

秘

甲號

軍事功績調査資料

（自昭和十二年七月七日　至昭和　年　月　日）

本籍　氏名　戶籍謄本照合濟　責任者印

官位爵氏名：後藤静子（ゴトウ　シズコ）　女

舊氏名：ナシ（　年　月改姓）

大正九年十月十四日生

資格職名俸給：

傭員打字手　二四圓

同　二七圓

同　二八圓

所屬：

昭和一二.八.二六　總裁室文書課

歷略：

昭和一二.八.二六　事變勤務ニ就ク（總裁室文書課打字手）

同　一三.三.一六　日給一圓三〇錢（給額改訂）

同　一四.四.一六　日給一圓四〇錢

部長查定等級及序列：

功勳

種別等級：

勳記番號：

發令年月日及事由：

敘勳當時ノ資格職名：

功：

瑞：

旭：

本籍地：熊本縣上益城郡甲佐町大字岩下九四番地

居住地：

箇所長查定等級及序列：

（13. 12. 50,000枚）

421

411

乙號

功績等級及序列	
年月日	自一二、八、二六 至一五、四、二八
戰鬪若クハ勤務ノ名稱	本社ニ於ケル事変関係文書淨書
功績事項	本名ハ上記期間中文書課淨書事務ニ携リタルガ事変発生スルヤ軍事輸送ニ直接スル軍関係文書及満鉄自体ニ於テ為ス事変関係文書激増シ加フルニ時局関係情報事変関係功績ノ記録事変関係往復文書輻輳シ何レモ速急且機密ヲ保持シツツ打字スルモノノミナルカ克ク之ヲ淨書シテ事変ノ進展ニ寄與セリ

所屬	總裁室文書課
氏名	後藤靜子

422

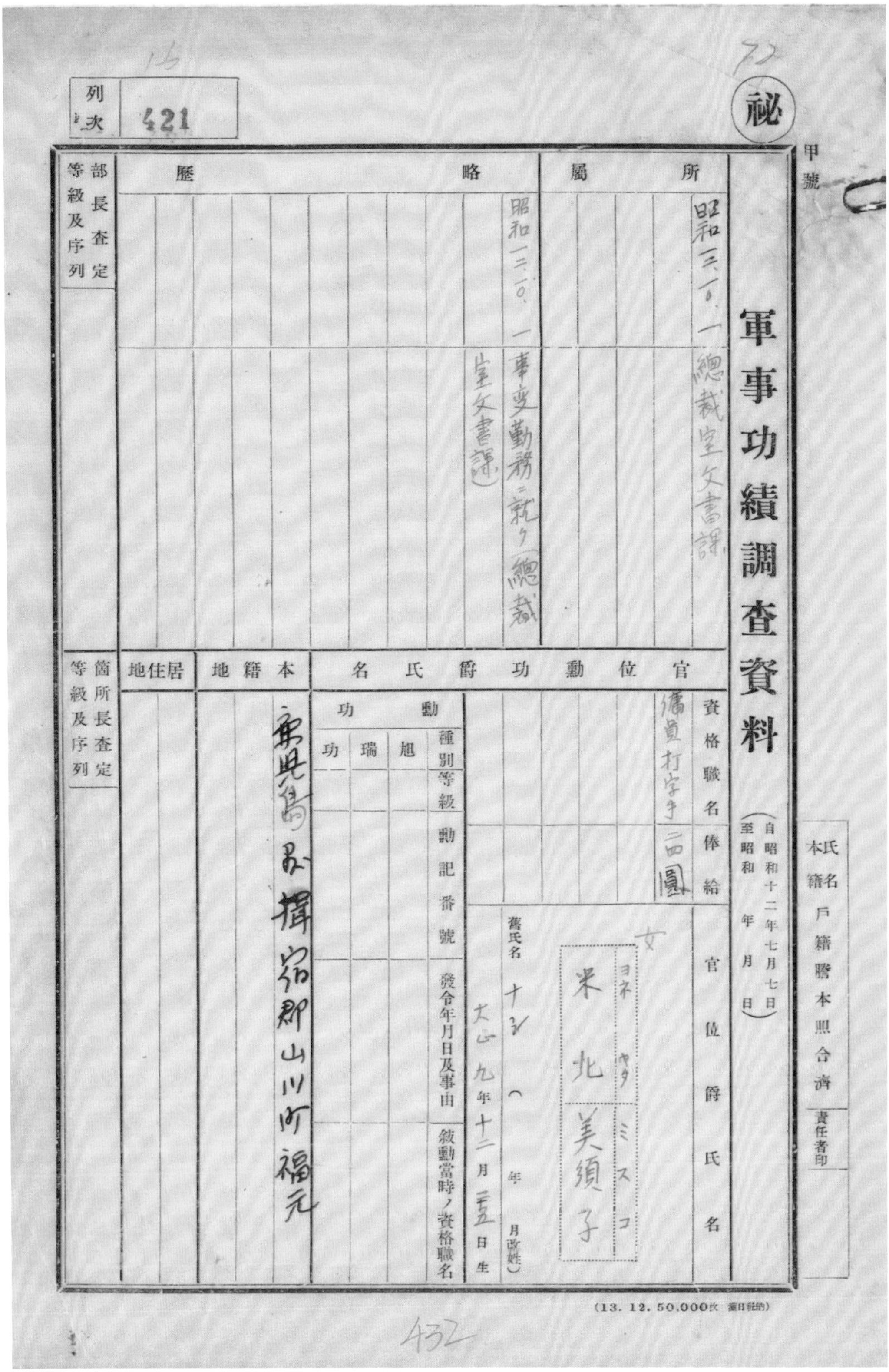
列次 421

祕

甲號

軍事功績調查資料
（自昭和十二年七月七日
至昭和　年　月　日）

本籍	戸籍謄本照合済
氏名	
責任者印	

所屬	略歷	部長查定等級及序列
昭和一三、一〇、一　總裁室文書課	昭和一二、一〇、一　事変勤務ニ就ク（總裁室文書課）	

官位勲功爵氏名

資格職名俸給	傭員（打字手）二〇圓
官位爵氏名	ヨネキタ　ミスコ　米北美須子　女
舊氏名	十三（　年　月改姓）
	大正九年十二月二五日生

勲功

種別等級	勲記番號	發令年月日及事由	叙勲當時ノ資格職名
旭			
瑞			
功			

本籍地	居住地	箇所長查定等級及序列
鹿児島県揖宿郡山川町福元		

（13. 12. 50,000枚 滿日納）

432

422

乙號

功績等級及序列	
年月日	自一二、一〇、一 至一四、六、三〇
戰鬪若クハ勤務ノ名稱	事変関係文書ノ浄書
功績事項	本名ハ上記期間文書課浄書ノ務ニ携ハリタルカ事変発生スルヤ軍事輸送ニ直接スル軍関係文書及満鉄自体ニ於テ為ス事変関係文書激増加フルニ時局関係情報、事変関係功績ノ記録、事変関係往復文書輻輳シ何レモ迅急且機密ヲ保持シツツ打字スルモノノミナルカ克ク之ヲ浄書シテ事変ノ進展ニ寄与セリ

所屬	總裁室文書課
氏名	米北美須子

433

95

列次 483

秘

甲號

軍事功績調查資料

（自昭和十二年七月七日　至昭和　年　月　日）

氏名　本籍　戸籍謄本照合濟　責任者印

所屬：總裁室文書課

略歷：
昭和一三、一、六　事変勤務ニ就ク（總裁室文書課打字手）
同　一三、一二、二六　日給一圓三二錢（給額改訂）
同　一四、九、九　上海事務所ニ派遣
同　一四、一一、五　帰還

部長查定等級及序列：

官位勳功爵氏名

資格職名：傭員打字手　俸給：二四圓
同　二七圓

官位爵氏名：女　山本（ヤマモト）嘉與子（カヨコ）

舊氏名：ナシ（　年　月改姓）

大〇九年十一月十五日生

勳功：種別等級　勳記番號　發令年月日及事由　敍勳當時ノ資格職名　旭　瑞　功

本籍地：鳥取縣八頭郡大伊村殿三七五番地

居住地：

箇所長查定等級及序列：

（13. 12. 50,000枚）

494

484

乙號

所屬：總裁室文書課

氏名：山本喜加與子

功績等級及序列	年月日	職闘若クハ勤務ノ名稱
	自一二、一二、一六 至一四、九、八	本社ニ於ケル事變関係文書ノ浄書
	自一四、九、九 至一四、一二、一五	上海ニ於ケル事變関係浄書

功績事項

本名ハ上記期間中文書課浄書事務ニ携リタルカ事變発生スルヤ軍事輸送ニ直接スル軍関係文書及内鉄自体ニ於テ為ス事變関係文書激増シ加フルニ時局関係情報、事變関係功績ノ記錄、事變関係往復文書輻輳シ何レモ速急且機密ヲ保持シツツ要スルモノノミナルカ克ク之ヲ浄書シテ事變ノ進展ニ寄与セリ

支那事變ノ拡大ニ伴ヒ上海事務所管内ニ於ケル軍関係文書ノ浄書激増セルヲ以テ本名ハ上記期間内上海ニ在リテ上記文書ノ浄書ニ従事シ内鉄ノ担当スヘキ中南支方面ニ

495

485

乙號

所屬	總裁室文書課
氏名	山本嘉與子

功績等級及序列	
年月日	自昭一六、一二、八 至昭二〇、八、一五
戰鬪若クハ勤務ノ名稱	本社ニ於ケル事変関係文書浄書
功績事項	於ケル軍事協力事項ノ完遂ニ邁進セリ 本名ハ上記期間中事変関係文書ノ浄書ニ從事シ常ニ軍鉄一致ノ精神ニ基キ迅速而確且機密ヲ嚴守シテ業務ヲ完遂シ事変進行ニ寄与セリ。事変関係文書トシテ主ナモノハ事変記録、功績調査、軍事輸送及給養情報調査、其ノ他軍機文書等ナリ

496

总裁室文书课职员厚田美惠子军事功绩调查资料（一九三七年七月七日）

列次 441

7　78

秘

甲號

軍事功績調査資料

（自昭和十二年七月七日　至昭和　年　月　日）

本籍 氏名 戸籍謄本照合済　責任者印

所屬：総裁室文書課

歴略：

昭和一二、一二、一六　事変勤務ニ就ク（総裁室文書課打字手）

同　一二、一二、一六　日給一圓二〇銭

同　一三、一二、一六　日給一圓三二銭（給額改訂）

同　一四、一〇、一六　日給一圓四一銭

同　一五、四、一六　日給一圓四六銭

部長査定 等級及序列

官位勲功爵氏名：

資格職名	俸給
傭員打字手	二四圓
同	二七圓
同	二九圓
同	卅圓

官位爵氏名：女　厚田美惠子（アツタミエコ）

舊氏名：ナシ（　年　月改姓）

大正九年一月二十九日生

功勲：種別等級　勲記番號　發令年月日及事由　敍勲當時ノ資格職名（功　瑞　旭）

本籍地：大分縣東国東郡武藏町成吉四五

居住地：

箇所長査定 等級及序列

(13. 12. 50,000枚 滿日經納)

452

乙號

所屬	總裁室文書課
氏名	厚田美恵子
功績等級及序列	
年月日	自一二、一二、一六 至一五、四、二八
戰鬪若クハ勤務ノ名稱	本社ニ於ケル事変関係文書ノ浄書

功績事項

本名ハ上記期間中文書課浄書事務ニ携リタルカ事変発生スルヤ軍事輸送ニ直接スル軍関係文書及満鉄自体ニ於テ為ス事変関係文書激増シ加フルニ時局関係情報、事変関係功績ノ記録、事変関係往復文書輻輳シ何レモ速急且機密ヲ保持シツツ打字スルモノ少ナルカ克ク之ヲ浄書シテ事変ノ進展ニ寄与セリ

总裁室文书课职员山内カズ军事功绩调查资料（一九三七年七月七日）

列次 446

㊙

甲號

軍事功績調查資料

（自昭和十二年七月七日 至昭和　年　月　日）

本籍戸籍謄本照合濟	氏名
責任者印	

所屬	総裁室文書課
官位勳功爵氏名	山内カズ（ヤマウチ）女　舊氏名ナシ（　年　月改姓）　大正十一年一月七日生
資格職名・俸給	傭員打字手　二四圓 同　二七圓 同　二九圓
勳功（種別等級・勳記番號・發令年月日及事由・敍勳當時ノ資格職名）	旭・瑞・功
本籍地	鹿児島縣始良郡國分町向花一七四四
居住地	
箇所長査定等級及序列	
部長査定等級及序列	

略歴（年月日）	事項
昭和一三、二、一	事變勤務ニ就ク（総裁室文書課打字手）
同	日給一圓二〇錢
同　一三、一二、一六	日給一圓三二錢（給額改訂）
同　一五、四、一六	日給一圓四一錢（給額改訂）
同　一五、一、一二	上海事務所ニ派遣
同　一五、一〇、六	帰還

（13.12.50,000枚 滿日謄寫）

-87

457

447

乙號

所屬	氏名
総裁室文書課	山内カズ

功績等級及序列	年月日	戰鬪若クハ勤務ノ名稱
	自一三、二、一 至一五、六、二	本社ニ於ケル事変関係文書浄書
	自一五、六、三 至一五、三、六	上海事務所ニ於ケル事変関係浄書

功績事項

本名ハ上記期間中文書課浄書事務ニ携リタルカ事変発生スルヤ軍事輸送ニ直接スル軍関係文書及物資缺乏ニ於テ為ス事変関係文書激増シ加フルニ時局関係情報、事変関係功績ノ記録、事変関係往復文書輻輳シ何レモ迅速且機密ヲ保持シツヽ処理スルモノノミナルカ克ク之ヲ浄書シテ事変ノ進展ニ寄与セリ

支那事変ノ拡大ニ伴ヒ上海事務所所管内ニ於ケル軍関係文書ノ浄書激増セルヲ以テ本名ハ上記期間内上海ニ在リテ上記文書ノ浄書ニ従事シ同鉄ノ担当スル中中南支方面ニ於ケル軍事

458

448

449

乙號

所屬 総裁室文書課

氏名 山内カズ

功績等級及序列

年月日

戰闘若クハ勤務ノ名稱

功績事項

協力事項ノ完遂ニ邁進セリ

459

15　68

列次 405

㊙

甲號

軍事功績調査資料

（自昭和十二年七月七日 至昭和　年　月　日）

氏名 本籍 戸籍謄本照合濟 責任者印

所屬	
昭和一三、三、一	總裁室文書課

略歴	
昭和一三、三、一	事變勤務ニ就ク（總裁室文書課打字手）
同 一三、三、一六	日給一圓三二錢（給額改訂）
同 一四、四、一六	日給一圓四一錢
同 一四、四、一九	上海事務所ニ派遣
同 一四、六、三	歸還
同 一四、七、八	青島興亞院都市計畫事務所ニ派遣
同 一四、一二、二八	歸還

部長査定等級及序列

官位勳功爵氏名

資格職名	俸給
傭員打字手	四〇圓
同	二七圓
同	二九圓

官位爵氏名：甲斐（カヒ）美利子（ミリコ）　女

舊氏名（　年　月改姓）

大正七年十二月二十一日生

勳功					
種別等級	勳記番號	發令年月日及事由	敍勳當時ノ資格職名		
旭	瑞	功			

本籍地：宮崎縣西臼杵郡高千穗町大字押方一六九四番地

居住地：

箇所長査定等級及序列

（13. 12. 50.000枚 ……）

416

406

乙號

所屬	弘報室文書課
氏名	甲斐美利子

功績等級及序列	年月日	戰鬪若クハ勤務ノ名稱
	自一三、三、一〃 至一四、四、一八	本社ニ於ケル事変関係文書ノ浄書
	自一四、四、一九 至一四、六、一二	上海事務所ニ於ケル事変関係浄書

功績事項

本名ハ上記期間中文書課浄書事務ニ携リタルカ事変発生スルヤ軍事輸送ニ直接スル軍関係文書及満鉄自体ニ於テ為ス事変関係文書激増シ加フルニ時局関係情報、事変関係功績ノ記録、事変関係往復文書輻輳シ何レモ速急且機密ヲ保持シツツ打字スルモノノミナルカ克リ之ヲ浄書シテ事変ノ進展ニ寄与セリ

支那事変ノ拡大ニ伴ヒ上海事務所所管内ニ於ケル軍関係文書ノ浄書激増セルヲ以テ本名ハ上記期間内上海ニ在リテ上記文書ノ浄書ニ従事シ満鉄ノ担当スヘキ中南支方面ニ於ケル軍

417

407

乙號

功績等級及序列	
年月日	自一四、六、一三 至一四、一〇、一七
戰鬪若クハ勤務ノ名稱	本社ニ於ケル事変関係文書ノ浄書
年月日	自一四、一〇、一八 至一四、一二、一八
戰鬪若クハ勤務ノ名稱	青島興亜院都市計画事務所ニ於ケル事変関係浄書

功績事項

事協力事項ノ完遂ニ邁進セリ

本名ハ上記期間中事変関係文書ノ浄書ニ従事シ常ニ軍鉄一致ノ精神ニ基キ迅速、正確且機密ヲ厳守シテ業務ヲ完遂シ事変進行ニ寄与セリ。事変関係文書ニシテ主ナルモノハ事変記録、功績調査、軍事輸送及給養、情報、調査、其ノ他軍機文書等ナリ。

支那事変ニ於テ山東方面ノ攻略成ルヤ北支方面ニ於ケル軍事及一般物資ノ呑吐港トシテ青島ノ価値一層重要ナルヲ認メ軍ハ急速ニ青島建設

所屬 総裁文書課

氏名 甲斐 美利子

48

408

乙號

功績等級及序列	
年月日	自一四、一六、一五 至一五、四、二八
戰闘若クハ勤務ノ名稱	本社ニ於ケル事變關係文書淨書

所屬	總裁室文書課
氏名	甲斐美利子

功績事項

本名ハ上記期間中事變関係文書ノ淨書ニ從事シ常ニ軍鉄一致ノ精神ニ基キ迅速、正確且機密ヲ厳守シテ業務ヲ完遂シ事變進行ニ寄与セリ。

事變関係文書ニシテ主ナルモノハ事變記録、功績

調査、社員表彰、殉職者ノ褒賞、慰安班、計画

等各種ノ事業ヲ分担シ興亜院其他トノ聯絡ヲ採リ使命遂行ニ邁進セリ。本名ハ上記期間青島ニ派遣ヲ命セラレ前記ニ関スル文書ノ淨書ニ從事シ克ク業務ヲ達成セリ

於鉄ニ於テモ直ニ之ニ協力シ港湾荷役、都市計画

ニ着手セリ

409

乙號

所屬：總裁室文書課

氏名：甲斐美利子

功績等級及序列	
年月日	
戰鬪若クハ勤務ノ名稱	
功績事項	調査、軍事輸送及給養、情報、調査、其ノ他軍機文書等ナリ

420

总裁室文书课职员前フミ军事功绩调查资料（一九三七年七月七日）

15.3.31

刷次 7

秘

甲號

軍事功績調查資料

（自昭和十二年七月七日 至昭和 年 月 日）

氏名 本籍 戶籍謄本照合濟 責任者印

官位勳功爵氏名：前（マエ） フミ 女

舊氏名 十三（ 年 月改姓）

大正六年十一月九日生

資格職名：傭員打字手

俸給：二四圓 二六圓 二八圓 三一圓

所屬：
- 總裁室文書課
- 昭和一三、三、一四 天津鉄道事務所總務班
- 同一四、六、三〇 天津鉄路局
- 同一四、四、一 總裁室文書課

略歴：
- 昭和一二、七、七 事変勤務ニ就ク（總裁室文書課打字手）
- 同一二、一〇、三 奉天鉄道總局ニ派遣
- 同一二、一〇、二六 日給一圓二七錢
- 同一二、一〇、二九 帰還
- 同一二、一二、二四 天津北寧鉄路管理局ニ派遣
- 同一三、二、一三 帰還
- 同一三、三、八 天津鉄道事務所勤務
- 同一三、一〇、一六 日給一圓三七錢
- 同一三、一二、一六 日給一圓五一錢（給額改訂）

部長查定等級及序列：

勳功：種別等級 勳記番號 發令年月日及事由 敍勳當時ノ資格職名 旭 瑞 功

本籍地：奈良縣吉野郡十津川村大字大野六百番屋敷

居住地：

箇所長查定等級及序列：

(13. 12. 50,000枚 滿日印刷)

488

478

乙號

所屬	氏名
総裁室文書課	前　フミ

年月日	戰闘若クハ勤務ノ名稱
自一六.七.七 至一六.一〇.二	本社ニ於ケル事変関係文書浄書
自一六.一〇.三 至一六.一〇.二九	奉天鉄道総局ニ於ケル事変関係浄書

功績等級及序列：

功績事項

本名ハ上記期間中文書課浄書事務ニ携ハリタルカ事変発生スルヤ軍事輸送ニ直接スル軍関係文書及協鉄自体ニ於テ為ス事変関係文書激増シ加フルニ時局関係情報事変関係功績ノ記録事変関係往復文書輻輳シ何レモ速急且機密ヲ保持シツツ完了ヲ要スルモノナルカ克ク之ヲ浄書シテ事変ノ進展ニ寄与セリ

本名ハ事変ニ直面シテ軍事輸送其ノ他軍事関係計画ノ根幹ヲ為ス鉄道総局ニ上記期間派遣ヲ命セラレ迅速、正確ヲ要スル文書ノ浄書ニ従事シ克ク其ノ任務ヲ果セリ、社業

489

479

乙號

功績等級及序列	年月日	戰鬪若クハ勤務ノ名稱
	自一二、一〇、三〇 至一三、一二、三一	本社ニ於ケル事変関係文書浄書
	自一二、一二、一四 至一三、二、一三	天津北寧鉄路管理局ニ於ケル事変関係浄書

所屬 総裁室文書課

氏名 前 ミ

功績事項

遂行ニ貢献セリ

本名ハ上記期間中事変関係文書ノ浄書ニ従事シ常ニ軍鉄一致ノ精神ニ基キ迅速、確且機密ヲ厳守シテ業務ヲ完遂シ事変進行ニ寄与セリ。事変関係文書ニシテ主ナルモノハ事変記録、功績調査、軍事輸送及給養、情報、調査、其他軍機文書等ナリ

上記期間北支ニ派遣ヲ命セラレ北寧鉄路管理局ニ於テ勤務シ政策的軍機ニ属スル書類ニシテ特ニ急且機密裡ニ打字ヲ要スルモノ激増シ之カ打

490

乙號

功績等級及序列	
年月日	自一六、三、四 至一六、六、七
戰闘若クハ勤務ノ名稱	本社ニ於ケル事変関係文書浄書

所屬 総裁室文書課

氏名 前田ヲミ

功績事項

字ニ依リ事変ヲ有利ニ展開スルコト甚大ナリ
依テ上記ノ期間ニ亘リ社員ニ伍シテ早出晩退一日ノ
休養ヲ得ルノ遑モナク北寧鉄路局顧問室ニ於
テ専ラ顧問石田中佐ノ許ニ在リテ機密文書
ノ和字浄書ノ任務ヲ遂行セリ

本名ハ上記期間中事変関係文書浄書ニ
従事シ常ニ軍鉄一致ノ精神ニ基キ迅速正確
且機密ヲ厳守シテ業務ヲ完遂シ事変進行
ニ寄与セリ。事変関係文書ニシテ主ナルモノハ事
変記録、功績調査、軍事輸送及給養、情
報、調査、其ノ他軍機文書等ナリ

481

乙號

所属：総裁室文書課

氏名：前 フミ

功績等級及序列：

年月日：自一三、三、八 至一四、三、三一

戰闘若クハ勤務ノ名稱：天津鉄道事務所ニ於ケル事変関係淨書

年月日：自一四、四、一 至一五、三、三一

戰闘若クハ勤務ノ名稱：本社ニ於ケル事変関係文書ノ淨書

功績事項：

本名ハ上記期間中天津鉄道事務所ニ在勤ヲ命セラレ事変関係文書ノ淨書ニ従事シ常ニ軍鉄一致ノ精神ニ基キ迅速、正確且機密ヲ厳守シテ業務ヲ完遂シ事変進行ニ寄与セリ

事変関係文書ニシテ主ナルモノハ事変記録、功績調査、軍事輸送及給養、情報、調査、其ノ他軍機文書等ナリ

本名ハ上記期間中事変関係文書ノ淨書ニ従事シ常ニ軍鉄一致ノ精神ニ基キ迅速、正確且機密ヲ厳守シテ業務ヲ完遂シ事変進行ニ寄与セリ　事変関係文書ニシテ主ナルモノハ

492

482

乙號

功績等級及序列	
年月日	
戰鬪若クハ勤務ノ名稱	
功績事項	事変記録、功績調査、軍事輸送及給養情報、調査、其ノ他軍機文書等ナリ

所屬	總裁室文書課
氏名	前 / 了之

493

总裁室文书课职员渡边贞子军事功绩调查资料（一九三七年七月七日）

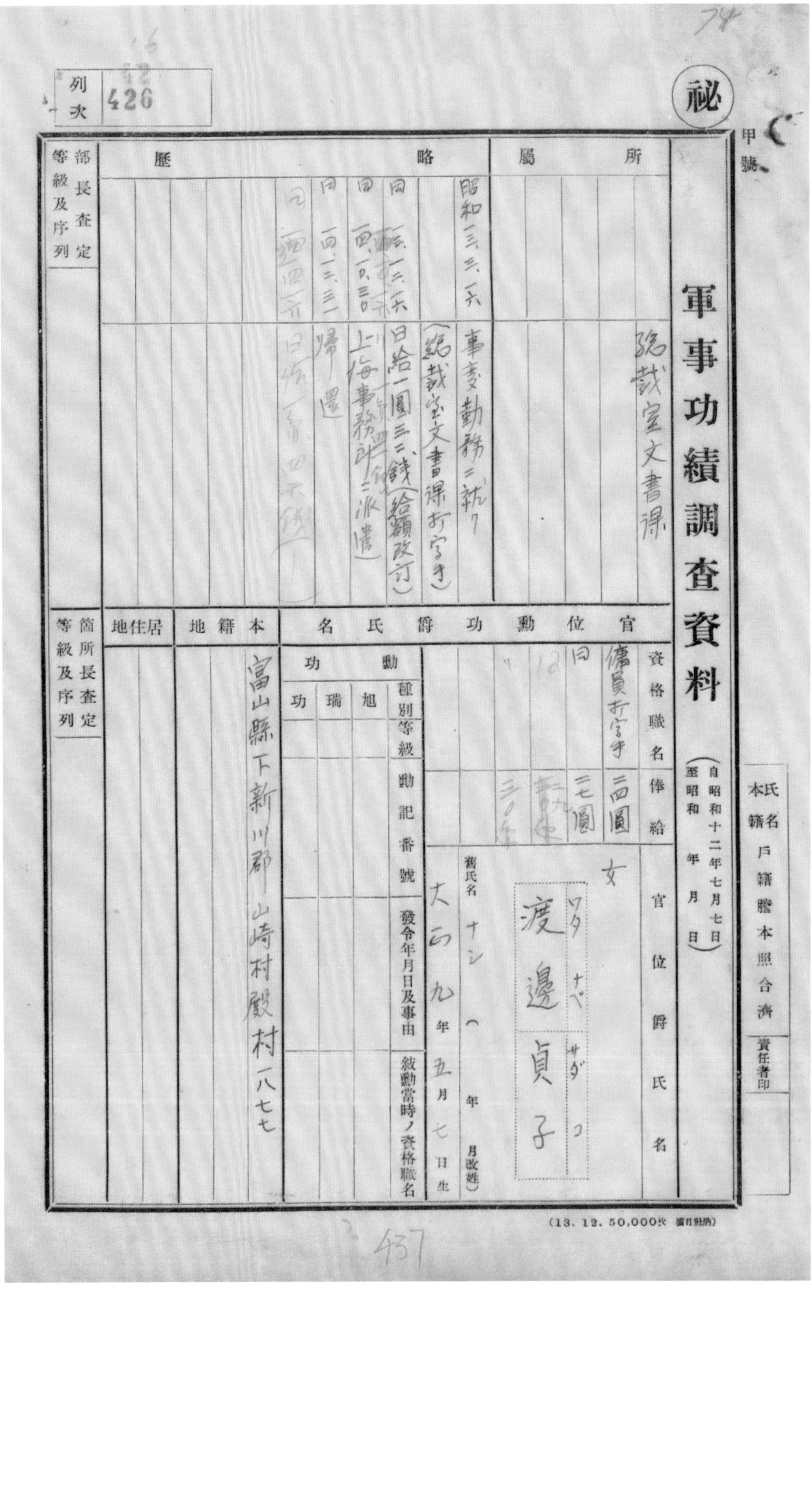

列次 426

秘

甲號

軍事功績調査資料

（自昭和十二年七月七日 至昭和 年 月 日）

所屬：総裁室文書課

歴略：

昭和一二、一二、一六	事変勤務ニ就ク（総裁室文書課打字手）
同 一三、一二、一六	日給一圓三二銭（給額改訂）
同 一四、一〇、三〇	上海事務所ニ派遣
同 一四、一二、三一	帰還
同 一四、四、一六	日給一圓四〇銭

部長査定等級及序列

官位勲功爵氏名

資格職名：傭員打字手　同

俸給：二四圓　二七圓　三〇圓

官位爵氏名：女　渡邊貞子（ワタナベ サダコ）

舊氏名（　年　月改姓）

大正九年五月七日生

勲功：種別等級　勲記番號　發令年月日及事由　叙勲當時ノ資格職名

本籍地：富山縣下新川郡山崎村殿村一八七七

居住地

箇所長査定等級及序列

本氏名籍戸籍謄本照合済

責任者印

（13.12.50,000枚 滿日財納）

427

乙號

功績等級及序列	
年月日	自一三、三、一六 至一四、一〇、一九
戰鬪若クハ勤務ノ名稱	本社ニ於ケル事変関係文書浄書
年月日	自一四、一〇、二〇 至一四、一二、三一
戰鬪若クハ勤務ノ名稱	上海事務所ニ於ケル事変関係浄書

所屬 總裁室文書課

氏名 渡邊貞子

功績事項

本名ハ上記期間中文書課浄書事務ニ携ハリタルカ事変発生スルヤ軍事輸送ニ直接スル軍関係文書及協鉄自体ニ於テ為ス事変関係文書激増シ加フルニ時局関係情報、事変関係功績ノ記録、事変関係往復文書輻輳シ何レモ速急且機密ヲ保持シツツ打字スルモノノミナルカ克ク之ヲ浄書シテ事変ノ進展ニ寄与セリ

支那事変ノ拡大ニ伴ヒ上海事務所所管内ニ於ケル軍関係文書ノ浄書激増セルヲ以テ本名ハ上記期間内上海ニ在リテ上記文書ノ浄書ニ従事シ協鉄ノ担当スヘキ中南支方面ニ於ケル軍

438

428

乙號

功績等級及序列	
年月日	自五、八、一 至五、四、二八
戰闘若クハ勤務ノ名稱	本社ニ於ケル事變関係文書浄書

所屬：總裁室文書課

氏名：渡邊貞子

功績事項

事協力事項ノ完遂ニ邁進セリ

本名ハ上記期間中事變関係文書ノ浄書ニ従事シ常ニ軍鉄一致ノ精神ニ基キ迅速、正確且機密ヲ厳守シテ業務ヲ完遂シ事變進行ニ寄与セリ　事變関係文書ニシテ主ナルモノハ事變記録、功績調査、軍事輸送及給養、情報、調査、其ノ他軍機文書等ナリ

439

总裁室文书课职员西上床八ナ军事功绩调查资料（一九三七年七月七日）

16　73

列次 423

㊙

甲號

軍事功績調査資料

（自昭和十二年七月七日 至昭和　年　月　日）

所屬	總裁室文書課

略歴	
昭和一三、三、一六	事變勤務ニ就ク（總裁室文書課打字手）
同　一三、一二、一六	日給一圓三〇錢（給額改訂）
同　一五、六、二九	青島興亞院都市計画事務所ニ派遣
同	五四室一條県

部長査定等級及序列	

官位勳功爵氏名	
資格職名	傭員打字手
俸給	一四圓
同	二七圓
官位爵氏名	西上床（ニシウワトコ）ハナ　女
舊氏名	ナシ（　年　月改姓）
生年月日	大正九年二月二十日生

勳功			
種別等級	旭	瑞	功
勳記番號			
發令年月日及事由			
敍勳當時ノ資格職名			

本籍地	鹿児島縣熊毛郡西之表町西之表八三番地
居住地	

箇所長査定等級及序列	

氏名	本籍	戸籍謄本照合済	責任者印

（13. 12. 50,000枚 滿日經納）

434

424

乙號

功績等級及序列	年月日	戰鬪若クハ勤務ノ名稱
	自一二、二、四 至一三、三、二八	本社ニ於ケル事変関係文書ノ浄書
	自一三、二、元 至一三、	青島興亜院都市計画事務所ニ於ケル事変関係浄書

所屬：總裁室文書課

氏名：西上床　八十

功績事項

本名ハ上記期間中文書課浄書事務ニ携リタルカ事変発生スルヤ軍事輸送ニ直接スル軍関係文書及満鉄自体ニ於テ為ス事変関係文書激増シ加フルニ時局関係情報、事変関係功績ノ記録、事変関係往復文書輻輳シ何レモ速急且機密ヲ保持シツツ打字スルモノミナルカ克ク之ヲ浄書シテ事変ノ進展ニ寄与セリ

二、

支那事変ニ於テ山東方面ノ攻略成ルヤ北支方面ニ於ケル軍事及一般物資ノ呑吐港トシテ青島ノ価値一層重要ナルヲ認メ軍ハ急速ニ青島建設ニ着手セリ、満鉄ニ於テモ直ニ之ニ協力シ港湾

435

乙號

功績等級及序列	
年月日	
戰闘若クハ勤務ノ名稱	
功績事項	各官、都市計画等各種ノ事業ヲ分担シ興亜院其ノ他トノ聯絡ヲ採リ使命遂行ニ邁進セリ 本名ハ上記期間青島ニ派遣ヲ命セラレ前記ニ関スル文書ノ浄書ニ従事シ克ク業務ヲ達成セリ

所屬　總裁室文書課

氏名　西上床

八十

436

总裁室文书课职员宫本富美子军事功绩调查资料（一九三七年七月七日）

秘

甲號

列次 415

65 70

本籍氏名 戶籍謄本照合濟 責任者印

軍事功績調査資料

（自昭和十二年七月七日 至昭和　年　月　日）

所屬：總裁室文書課

略歷：
昭和三、三、一六 事變勤務ニ就ク
同 一三、一二、一六（總裁室文書課打字手）日給一圓三二錢（給額改訂）
同 一四、一、一六 日給一圓四一錢
同 一四、六、六 上海事務所ニ派遣
同 一四、七、一七 歸還

部長査定 等級及序列

官位勳功爵氏名

資格職名：傭員打字手／同／同
俸給：二四圓／二七圓／二九圓

女

官位爵氏名：宮本（ミヤモト）富美子（フミコ）

舊氏名（　年　月改姓）

大正九年十二月七日生

勳功：種別等級／勳記番號／發令年月日及事由／敍勳當時ノ資格職名；旭／瑞／功

本籍地：廣島縣芦品郡何佐村大字久佐一二九〇番

居住地

箇所長査定 等級及序列

(13. 12. 50,000枚 滿日印刷)

426

乙號

功績等級及序列	
年月日	自一三、三、一六 至一四、六、五
戰闘若クハ勤務ノ名稱	本社ニ於ケル事變關係文書ノ浄書
年月日	自一四、六、六 至一四、七、二七
戰闘若クハ勤務ノ名稱	上海事務所ニ於ケル事變關係浄書

所屬 總裁室文書課

氏名 宮本冨美子

功績事項

本名ハ上記期間中文書課浄書事務ニ携リタルカ事變發生スルヤ軍事輸送ニ直接スル軍關係文書及協鉄代行ニ於テ為ス事變關係文書激増シ加フルニ時局關係情報、事變關係功績記録、事變關係往復文書輻輳シ何レモ速急且機密ヲ保持シ浄写スルモノノミナルカ克ク之ヲ浄書シテ事變ノ進展ニ寄与セリ

支那事變ノ拡大ニ伴ヒ上海事務所管内ニ於ケル軍關係文書ノ浄書激増セルヲ以テ本名ハ上記期間内上海ニ在リテ上記文書ノ浄書ニ從事シ協鉄ノ担当スヘキ中南支方面ニ於ケル軍

417
418

乙號

所属	総裁室文書課
氏名	宮本富美子
功績等級及序列	
年月日	自一四、七、二八 至一五、四、二八
戦闘若クハ勤務ノ名称	本社ニ於ケル事変関係文書浄書
功績事項	事協力事項ノ完遂ニ邁進セリ 本名ハ上記期間中事変関係文書ノ浄書ニ従事シ常ニ軍鉄一致ノ精神ニ基キ迅速、正確且機密ヲ厳守シテ業務ヲ完遂シ事変進行ニ寄与セリ。事変関係文書ニシテ主ナルモノハ事変記録、功績調査、軍事輸送及給養、情報、調査其他軍機文書等ナリ

428

66

15

列次 400

秘

甲號

軍事功績調査資料

（自昭和十二年七月七日　至昭和　年　月　日）

所屬：昭和一三、三、一六　總裁室文書課

歴略：

昭和一三、三、一六　事務勤務ニ就ク
（總裁室文書課打字手）
昭和一三、一二、一六　日給一圓三二錢（給額改訂）
同　一四、三、四　上海事務所ニ派遣
同　一四、四、一六　日給一圓四〇錢
同　一四、四、二四　帰還
同　一五、一、三　青島興亜院都市計画事務所ニ派遣
同　一五、三、四　帰還

部長查定等級及序列

官位勲功爵氏名

資格職名：傭員打字手　〃　〃
俸給：二四圓　二七圓　二九圓

官位爵氏名：瀬戸口タマ（セトグチ）女
舊氏名：ナシ（　年　月改姓）
大正七年九月一日生

勲功：種別等級　勲記番號　發令年月日及事由　敍勲當時ノ資格職名　旭　瑞　功

本籍地：鹿兒島縣肝付郡垂水町田神一六八番地

居住地

箇所長查定等級及序列

氏名　本籍　戸籍謄本照合濟　責任者印

（13. 12. 50,000枚　滿日社納）

411

乙號

所属　総裁室文書課

氏名　瀬戸口タマ

功績等級及序列	年月日	戦闘若クハ勤務ノ名称
	自一二、八、六 至一四、三、三	本社ニ於テ事変関係浄書
	自一四、三、四 至一四、四、二四	上海事務所ニ於ケル事変関係浄書

功績事項

本名ハ上記期間中文書課浄書事務ニ携リタルガ事変発生スルヤ軍事輸送ニ直接スル軍関係文書及満鉄自体ニ於テ為ス事変関係文書激増シ加フルニ時局関係情報事変関係功績ノ記録事変関係往復文書輻輳シ何レモ至急且機密ヲ保持シツツ打字スルモノノミナルガ克ク之ヲ浄書シテ事変ノ進展ニ寄与セリ

支那事変ノ拡大ニ伴ヒ上海事務所所管内ニ於ケル軍関係文書ノ浄書激増セルヲ以テ本名ハ上記期間内上海ニ在リテ上記文書ノ浄書ニ従事シ満鉄ノ担当スヘキ中南支方面ニ於ケル軍事

乙號

所屬　總務部文書課

氏名　瀬戸口 タマ

功績等級及序列	年月日	戰闘若クハ勤務ノ名稱
	自一四、四、二五 至一五、一、二	本社ニ於ケル事變關係文書ノ淨書
	自一五、一、三 至一五、三、四	青島興亞院都市計畫事務所ニ於ケル事變關係淨書

功績・事項

協力事項ノ完遂ニ邁進セリ

本名ハ上記期間中事變關係文書ノ淨書ニ從事シ常ニ軍鉄一致ノ精神ニ基キ迅速、正確並機密ヲ嚴守シテ業務ヲ完遂シ事變進行ニ寄与セリ。事變關係文書ニシテ主ナルモノハ事變記錄、功績調査、軍事輸送及給養、情報、調査、其ノ他軍機文書等ナリ

支那事變ニ於テ山東方面ノ攻略成ルヤ北支方面ニ於ケル軍事及一般物資ノ呑吐港トシテ青島ノ價値一層重要ナルヲ認メ軍ハ急速ニ青島

403

乙號

功績等級及序列	
年月日	
戦闘若クハ勤務ノ名稱	
功績事項	建設ニ着手セリ、満鉄ニ於テモ直ニ之ニ協力シ港湾経営、都市計画等各種ノ事業ヲ分担シ興亜院其他トノ聯絡ヲ採リ使命遂行ニ邁進セリ。本名ハ上記期間青島ニ派遣ヲ命セラレ、右記ニ関スル文書ノ浄書ニ従事シ克ク業務ヲ達成セリ 本名ハ上記期間中事変関係文書ノ浄書ニ従事シ常ニ軍鉄一致ノ精神ニ基キ迅速、正確且機密ヲ厳守シテ業務ヲ完遂シ事変進行ニ寄与セリ。事変関係文書ニシテ主ナルモノハ事変記録、功績調査、軍事輸送

所属　総裁室文書課

氏名　瀬戸口タマ

414

404

乙號

所屬　總裁室文書課

氏名　瀨戶口タマ

功績等級及序列

年月日

戰鬪若クハ勤務ノ名稱

功績事項

及給養、情報、調査、其ノ他軍機文書等ナリ

415

总裁室文书课职员泽田エツ子军事功绩调查资料（一九三七年七月七日）

16　75

列次 429

㊙

甲號

軍事功績調査資料

（自昭和十二年七月七日 至昭和　年　月　日）

氏名 本籍 戸籍謄本照合濟

責任者印

所屬：總裁室文書課

略歴：
昭和一三、四、一 事変勤務ニ就ク（總裁室文書課打字手）
同 一三、一二、一六 日給一圓三三錢（給額改訂）
同 一四、七、三 上海事務所ニ派遣
同 一四、九、五 帰還
同 一四、一〇、三一 退職

部長査定 等級及序列

官位勲功爵氏名

資格職名	傭員打字手	同
俸給	二四圓	二七圓

氏名：澤田（サワダ）エツ子 女

舊氏名 ナシ（　年　月改姓）

大正九年十二月二日生

勲功		
種別等級		
勲記番號		
發令年月日及事由		
敍勲當時ノ資格職名		

旭　瑞　功

本籍地：長崎縣北松浦郡相浦町椎木越免四拾七番地

居住地：

箇所長査定 等級及序列

（13. 12. 50,000枚 滿日納）

440

430

乙號

功績等級及序列	年月日	戰鬪若クハ勤務ノ名稱
	自三、三、一八 至四、七、二〇	事変関係浄書
	自四、七、二 至四、九、一五	上海事務所ニ於ケル事変関係浄書

所屬 總裁室文書課

氏名 澤田エツ子

功績事項

本名ハ上記期間中文書課浄書事務ニ携リタルガ事変発生スルヤ軍事輸送ニ直接スル軍関係文書及満鉄自体ニ於テ為ス事変関係文書激増シ加フルニ時局関係情報、事変関係功績ノ記録、事変関係往復文書輻輳シ何レモ速急且機密ヲ保持シツツ打字スルモノノミナルカ克ク之ヲ浄書シテ事変ノ進展ニ寄与セリ

支那事変ノ拡大ニ伴ヒ上海事務所所管次ニ於ケル軍関係文書ノ浄書激増セルヲ以テ本名ハ上記期間次上海ニ在リテ上記文書ノ浄書ニ従事シ満鉄ノ担当スヘキ中南支方面ニ於ケル軍

441

431

乙號

所屬　總裁室文書課

氏名　澤田エツ子

功績等級及序列：

年月日：自一四、九、一六　至一四、一〇、三一

戰鬪若クハ勤務ノ名稱：本社ニ於ケル事變関係文書浄書

功績事項：

事協力事項ノ完遂ニ邁進セリ

本名ハ上記期間中事變関係文書ノ浄書ニ從事シ常ニ軍鉄一致ノ精神ニ基キ迅速正確且機密ヲ嚴守シテ業務ヲ完遂シ事變進行ニ寄与セリ、事變関係文書ニシテ主ナルモノハ事變記録、功績調査、軍事輸送及給養、情報、調査、其ノ他軍機文書等ナリ

442

秘

列次 454

甲號

軍事功績調查資料

（自昭和十二年七月七日 至昭和 年 月 日）

氏名 本籍 戶籍謄本照合濟

責任者印

所屬	
昭和一三、五、一六	總裁室文書課

略歷	
昭和一三、五、一六	事変勤務ニ就ク（總裁室文書課）
同 一三、一一、一六	日給一圓三三錢（給額改訂）

部長查定等級及序列

官位勳功爵氏名

資格職名	俸給
傭員打字手	三四圓
同	三七圓

官位爵氏名：柴田妙子（シバタ タヘコ） 女

舊氏名 十六（ 年 月改姓）

大正九年十一月五日生

勳功 種別等級	勳記番號	發令年月日及事由	裁勳當時ノ資格職名
功			
瑞			
旭			

本籍地：愛知縣名古屋市昭和區御器所町北市場六拾六番地

居住地：

箇所長查定等級及序列

（13. 12. 50,000枚 ...）

465

455

乙號

功績等級及序列	
年月日	自一三、四、一六 至一四、四、一四
戦闘若クハ勤務ノ名称	事変関係文書ノ浄書
功績事項	本名ハ上記期間中文書課浄書事務ニ携リタルカ事変発生スルヤ軍事輸送ニ直接スル軍関係文書及满鉄各係ニ於テ為ス事変関係文書激増ニ加フルニ時局関係情報、事変関係功績ノ記録、事変関係文書輻輳ニ何レモ速急且機密ヲ保持シツツ打字スルモノノミナルカ克ク之ヲ浄書シ以テ事変ノ進展ニ寄与セリ
所属	総裁室文書課
氏名	柴田妙子

466

总裁室文书课职员西纪子军事功绩调查资料（一九三七年七月七日）

71

秘

甲號

軍事功績調查資料

（自昭和十二年七月七日 至昭和 年 月 日）

氏名 本籍 戸籍謄本照合濟

責任者印

列次 418

16

所屬	略歷	
總裁室文書課	昭和一三、五、一六	事務勤務ニ就ク（總裁室文書課打字手）
	同 一三、一二、一六	日給一圓三二錢（給額改訂）
	同 一四、一〇、三〇	上海事務所ニ派遣
	同 一四、一二、三一	歸還

部長查定等級及序列

官位勳功爵氏名	
資格職名	傭員打字手 同
俸給	二四圓 二七圓
官位爵氏名	女 西紀子（ニシ トシコ）
舊氏名	十ニ（ 年 月改姓）
	大正九年八月五日生

勳功	功	瑞	旭
種別等級			
勳記番號			
發令年月日及事由			
敍勳當時ノ資格職名			

本籍地	居住地
岡山縣吉備郡（浅口）玉島町四八六番地	

箇所長查定等級及序列

（13. 12. 50,000枚 滿日社納）

429

419

乙號

功績等級及序列	年月日	戰鬪若クハ勤務ノ名稱
	自一二、五、一六 至一四、一〇、二九	本社ニ於ケル事変関係文書ノ浄書
	自一四、一〇、三〇 至一四、一二、三一	上海事務所ニ於ケル事変関係浄書

所屬 総裁室文書課

氏名 西紀子

功績事項

本名ハ上記期間中文書課浄書事務ニ携ハリタルカ事変発生スルヤ軍事輸送ニ直接スル軍関係文書及協鉄自体ニ於テ為ス事変関係文書激増シ加フルニ時局関係情報、事変関係功績ノ記録、事変関係往復文書輻輳シ何レモ速急且機密ヲ保持シツツ打字スルモノミナルカ之ヲ浄書シテ事変ノ進行ニ寄与セリ

支那事変ノ拡大ニ伴ヒ上海事務所所管内ニ於ケル軍関係文書ノ浄書激増セルヲ以テ本名ハ上記期間内上海ニ在リテ上記文書ノ浄書ニ従事シ協鉄ノ担当スヘキ中南支方面ニ於ケル軍事協

430

420

乙號

功績等級及序列	
年月日	自一五、八、一 至一五、四、三〇
戰鬪若クハ勤務ノ名稱	本社ニ於ケル事変関係文書浄書

所属　総裁室文書課

氏名　西　紀子

功績事項

力事項ノ完遂ニ邁進セリ

本名ハ上記期間中事変関係文書浄書ニ従事シ常ニ軍鉄一致ノ精神ニ基キ迅速、正確且機密ヲ厳守シテ業務ヲ完遂シ事変進行ニ寄与セリ

事変関係文書ニシテ主ナルモノハ事変記録、功績調査、軍事輸送及給養、情報、調査、其ノ他軍機文書等ナリ

431

总裁室文书课职员閨谷きみ军事功绩调查资料（一九三七年七月七日）

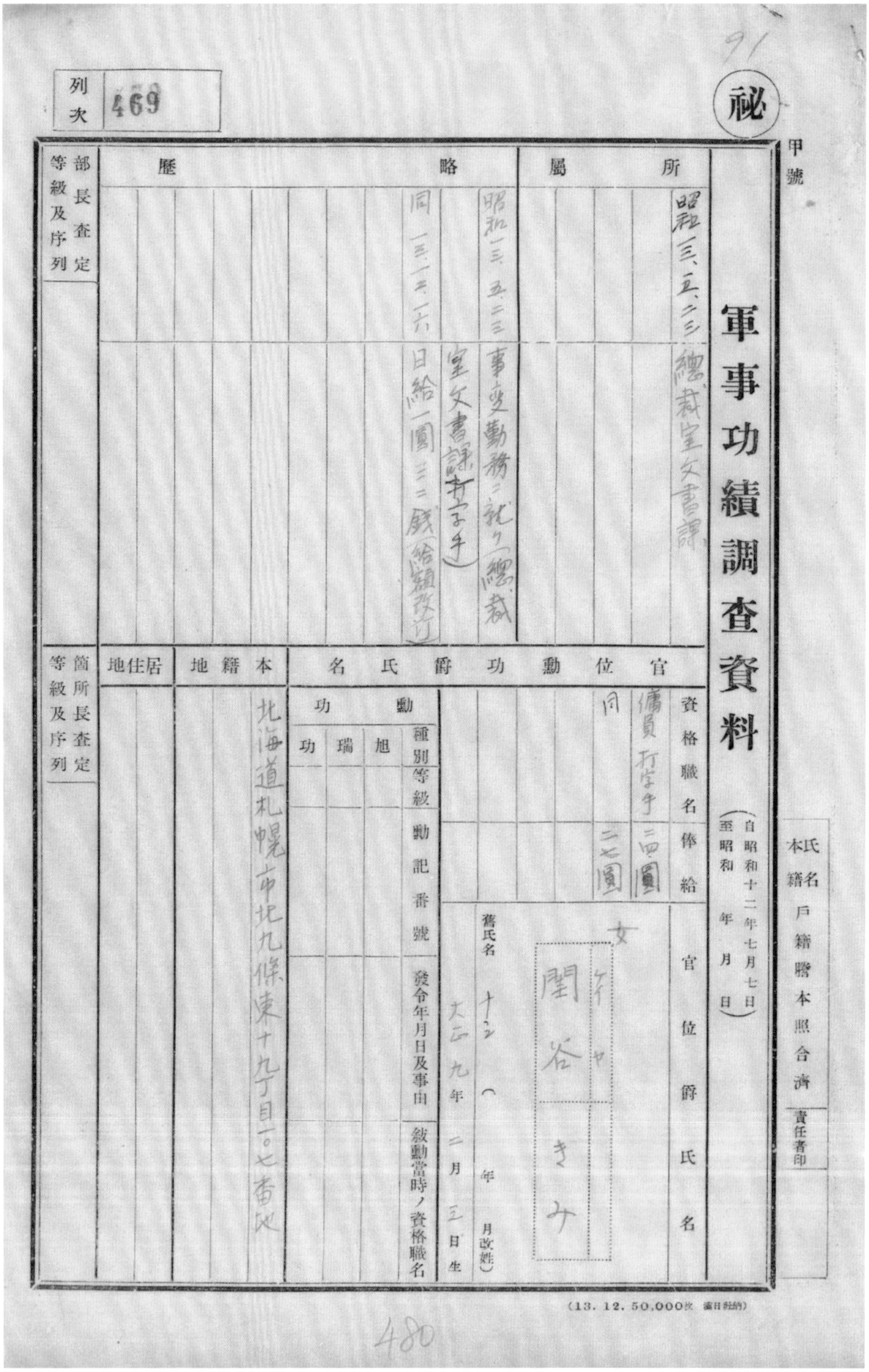

91

列次 469

祕

甲號

軍事功績調査資料

（自昭和十二年七月七日 至昭和 年 月 日）

所屬：昭和一三、五、二三 總裁室文書課

略歷：

昭和一三、五、二三 事変勤務ニ就ク（總裁室文書課打字手）

同 一三、一一、一六 日給一圓三三錢（給額改訂）

部長査定等級及序列

官位勲功爵氏名：

資格職名：傭員打字手／同

俸給：二四圓／二七圓

官位爵氏名：閨谷きみ（ケイヤ）女

舊氏名（ 年 月改姓）

大正九年二月三日生

本籍地：北海道札幌市北九條東十九丁目一〇七番地

居住地：

箇所長査定等級及序列

勲功：功 瑞 旭／種別等級／勲記番號／發令年月日及事由／叙勲當時ノ資格職名

本氏名 籍戸籍謄本照合濟 責任者印

（13. 12. 50,000枚 齋日經納）

480

470

乙號

功績等級及序列	
年月日	自昭一三、五、三 至同一四、三、三一
戰鬪若クハ勤務ノ名稱	事変関係文書ノ浄書

所屬	総裁室文書課
氏名	関岩 きみ

功績事項

本名ハ上記期間中文書課浄書事務ニ携リタルカ事変発生スルヤ軍事輸送ニ直接スル軍関係文書及防缺命作ニ於テ為ス事変関係文書激増ニ加フルニ時局関係情報、事変関係功績ノ記録、事変関係文書輻輳シ何レモ速急且機密ヲ保持シツツ打字スルモノ多キナルカ克ク之ヲ浄書シ以テ事変ノ進展ニ寄与セリ

481

总裁室文书课职员西村惠美子军事功绩调查资料（一九三七年七月七日）

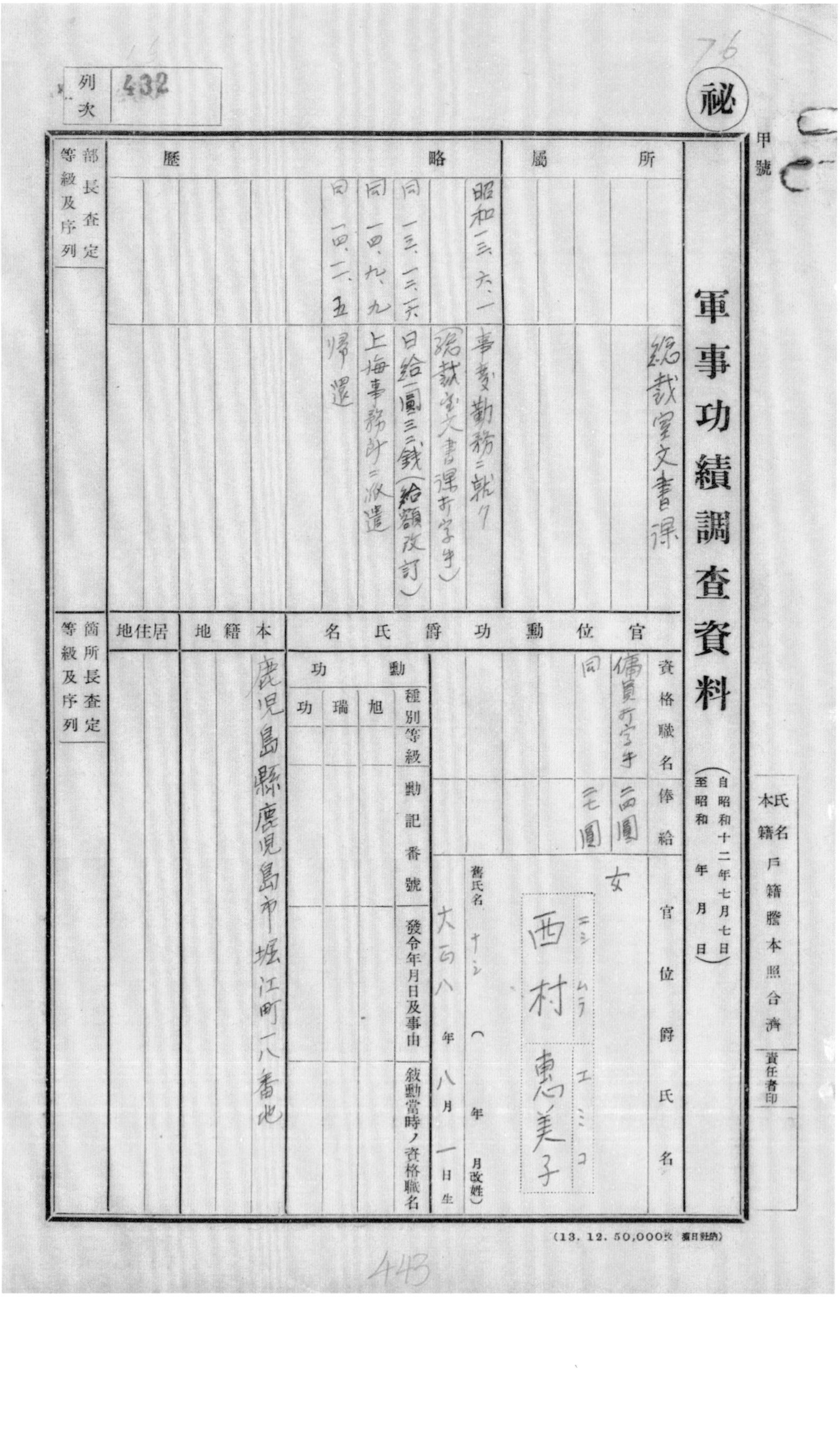

秘

76

列次 432

甲號

軍事功績調査資料

（自昭和十二年七月七日 至昭和 年 月 日）

官位勲功爵氏名

資格職名	俸給
傭員打字手	二四圓
同	二七圓

官位爵氏名：女 西村惠美子（ニシムラ エミコ）

舊氏名（ 年 月改姓）

大正八年八月一日生

勲功：種別等級 勲記番號 發令年月日及事由 敍勲當時ノ資格職名 旭 瑞 功

本籍地：鹿児島縣鹿児島市堀江町一八番地

居住地

箇所長査定等級及序列

所屬：總裁室文書課

略歴：

昭和一三、六、一 事変勤務ニ就ク（總裁室文書課打字手）

同 一三、一二、一六 日給一圓三二錢（給額改訂）

同 一四、九、九 上海事務所ニ派遣

同 一四、一二、五 帰還

部長査定等級及序列

氏名 本籍 戸籍謄本照合濟

責任者印

（13. 12. 50,000枚 滿日社納）

443

433

乙號

功績等級及序列	年月日	戰鬪若クハ勤務ノ名稱
	自一三、六、一一 至一四、九、八	本社ニ於ケル事変関係文書浄書
	自一四、九、九 至一四、一二、五	上海事務所ニ於ケル事変関係浄書

所屬 総裁室文書課

氏名 西村恵美子

功績事項

本名ハ上記期間中文書課浄書事務ニ携ハリタルカ事変発生スルヤ軍事輸送ニ直接スル軍関係文書及満鉄自体ニ於テ為ス事変関係文書激増シ加フルニ時局関係情報、事変関係功績ノ記録、事変関係往復文書輻輳シ何レモ速急且機密ヲ保持シツツ了字スルモノノミナルカ克ク之ヲ浄書シテ事変ノ進展ニ寄与セリ

支那事変ノ拡大ニ伴ヒ上海事務所所管内ニ於ケル軍関係文書ノ浄書激増セルヲ以テ本名ハ上記期間内上海ニアリテ上記文書ノ浄書ニ従事シ満鉄ノ担当スヘキ中南支方面ニ於ケル

444

434

乙號

所屬 總裁室文書課

氏名 西村惠美子

功績等級及序列	
年月日	自一二、七、七 至一三、四、六
戰鬪若クハ勤務ノ名稱	本社ニ於ケル事變関係文書浄書

功績事項

軍事協力事項ノ完遂ニ邁進セリ

本名ハ上記期間中ノ事變関係文書浄書ニ従事シ常ニ軍鉄一致ノ精神ニ基キ迅速正確且機密ヲ嚴守シテ業務ヲ完遂シ事變進行ニ寄与セリ。事變関係文書ニシテ主ナモノハ事變記録、功績調査、軍事輸送及給養、情報、調査、其ノ他軍機文書等ナリ

445

17　78

秘

列次 438（439）

甲號

軍事功績調査資料

（自昭和十二年七月七日 至昭和　年　月　日）

所屬	
	總裁室文書課

歴略	
昭和一三、八、一	事變勤務ニ就ク
	（總裁室文書課打字手）
同 一三、三、一六	日給一圓三二錢（給額改訂）
同 一四、二、一八	上海事務所ニ派遣
同 一四、一三、三	帰還

部長查定等級及序列

官位勳功爵氏名	
資格職名	傭員打字手
	同
俸給	二四圓
	二七圓
官位爵氏名	女 山本（ヤマモト）久子（ヒサコ）
舊氏名	十三（　）年　月改姓
	大正九年二月五日生

勳功						
種別等級	勳記番號	發令年月日及事由	敍勳當時ノ資格職名	旭	瑞	功

本籍地	居住地
東京市豐島區雜司ヶ谷四丁目六四三	

箇所長查定等級及序列

氏名本籍戸籍謄本照合濟

責任者印

（13.12.50,000枚 滿日社印）

449

439

乙號

功績等級次序列	
年月日	自一三、八、一 至一四、二、一七 / 自一四、二、一八 至一四、一二、三一
戰鬪若クハ勤務ノ名稱	本社ニ於ケル事変関係文書浄書 / 上海事務所ニ於ケル事変関係浄書

所属：総裁室文書課

氏名：山本久子

功績事項

本名ハ上記期間中文書課浄書事務ニ携リタルカ事変発生スルヤ軍事輸送ニ直接スル軍関係文書及満鉄自体ニ於テ為ス事変関係文書激増シ加フルニ時局関係情報、事変関係功績ノ記録、事変関係往復文書輻輳シ何レモ速急且機密ヲ保持シツツ打字スルモノノミナルカ克ク之ヲ浄書シテ事変ノ進展ニ寄与セリ

支那事変ノ拡大ニ伴ヒ上海事務所管内ニ於ケル軍関係文書ノ浄書激増セルヲ以テ本名ハ上記期間内上海ニ在リテ上記文書ノ浄書ニ従事シ満鉄ノ担当スヘキ中南支方面ニ於ケル軍事

450

44041

乙號

所屬	總裁室文書課
氏名	山本久子
功績等級及序列	
年月日	自一五、一、一 至一五、四、二八
戰鬪若クハ勤務ノ名稱	本社ニ於ケル事變關係文書淨書

功績事項

協力事項ノ完遂ニ邁進セリ

本名ハ上記期間中事變關係文書ノ淨書ニ從事シ常ニ軍鉄一致ノ精神ニ基キ迅速、正確且機密ヲ嚴守シテ業務ヲ完遂シ事變進行ニ寄與セリ

事變關係文書ニシテ主ナルモノハ事變記録、功績調査、軍事輸送及給養、情報、調査其ノ他軍機文書等ナリ

451

总裁室文书课职员牛岛キン子军事功绩调查资料（一九三七年七月七日）

17　　72

列次 435

秘

甲號

軍事功績調査資料

（自昭和十二年七月七日 至昭和　年　月　日）

氏名 本籍 戸籍謄本照合濟 責任者印

官位勲功爵氏名	
資格職名	傭員打字手 / 同
俸給	二〇圓 / 二七圓
官位爵氏名	牛島（ウシジマ）キン子　女
氏名	大正七年三月十五日生（　年　月改姓）

功	瑞	旭	種別等級
			勲記番號
			發令年月日及事由
			敍勲當時ノ資格職名

本籍地：福岡縣八女郡光友村字山崎一五六番地

居住地：

箇所長査定 等級及序列：

所屬：昭和一三、一、一 總裁室文書課

歴略	
昭和一三、一、一	事變勤務ニ就ク（總裁室文書課打字手）
同 一三、三、一六	日給一圓三二錢（給額改訂）
同 一五、二、元	上海事務所ニ派遣
同 一五、四、六	派遣中

部長査定 等級及序列：

（13. 12. 50,000枚 滿日印刷）

446

436

乙號

功績等級及序列	
年月日	自一三、六、一六 至一五、二、二八 / 自一五、二、二九 至一五
戰鬪若クハ勤務ノ名稱	本社ニ於テ事変関係浄書 / 上海事務所ニ於ケル事変関係浄書

所屬 總裁室文書課
氏名 牛島キンナ

功績事項

本名ハ上記期間中文書課浄書事務ニ携リタルガ事変発生スルヤ軍事輸送ニ直接スル軍関係文書及満鉄自体ニ於テ為ス事変関係文書激増シ加フルニ時局関係情報事変関係功績ノ記録事変関係往復文書輻輳シ何レモ速急且機密ヲ保持シツツ打字スルモノノミナルカ克ク之ヲ浄書シテ事変ノ進展ニ寄與セリ

支那事変ノ拡大ニ伴ヒ上海事務所所管内ニ於ケル軍関係文書ノ浄書激増セルヲ以テ本名ハ上記期間内上海ニ在リテ上記文書ノ浄書ニ従事シ満鉄ノ担当スヘキ中南支方面ニ於ケル軍事協力

447

437

乙號

功績等級及序列	
年月日	
戰鬪若クハ勤務ノ名稱	
功績事項	事項ノ完遂ニ邁進セリ

所屬	
氏名	

448

列次 486

秘

甲號

軍事功績調査資料

（自昭和十二年七月七日 至昭和　年　月　日）

氏名 本籍 戸籍謄本照合濟 責任者印

所屬：總裁室文書課

略歷：

昭和一三、二、一　事變勤務ニ就ク（總裁室文書課事務手）

同　日給一圓二〇錢

同　一三、一二、一六　日給一圓三二錢（給額改訂）

同　一五、四、一六　日給一圓四二錢（給額改訂）

同　日給一圓四四 [illegible]

部長查定等級及序列：

官位勳功爵氏名	
資格職名俸給	傭員事務手 二四圓；同 二七圓；同 二九圓；同 三〇円
官位爵氏名	川原百代（カワハラ モモヨ） 女
舊氏名	
生年月日	大正九年三月十四日生（　年　月改姓）
勳功（種別等級・勳記番號・發令年月日及事由・敘勳當時ノ資格職名）	
本籍地	岡山縣阿哲郡上刑部村大字大井野三五二
居住地	

箇所長查定等級及序列：

（13. 12. 50,000枚 滿日社納）

497

96

487

乙號

功績等級及序列	
年月日	自一三、二、一 至一五、四、二八
戰鬪若クハ勤務ノ名稱	本社ニ於ケル事変関係文書浄書

功績事項

本名ハ上記期間中文書課浄書事務ニ携ハリタルカ事変発生スルヤ軍事輸送ニ直接スル軍関係文書及満鉄自体ニ於テ為ス事変関係文書激増シ加フルニ時局関係情報、事変関係功績ノ記録、事変関係往復文書輻輳シ何レモ速急且機密ヲ保持シツツ打字スルモノノミナルカ克ク之ヲ浄書シテ事変ノ進展ニ寄与セリ

所屬 總裁室文書課

氏名 川原百代

498

列次 471

秘

甲號

軍事功績調查資料

（自昭和十二年七月七日 至昭和 年 月 日）

所屬	略歷
一二、七、七 總裁室、文書課	昭和一三、一一、一 事變勤務ニ就ク（總裁室文書課打字手）
	同 日給一圓二九錢
	同一三、一二、一六 日給一圓六九錢（給額改訂）
	同一四、四、一六 日給一圓八〇錢
	〃 一四、八、一五 上海日本[illegible]派遣
	〃 一四、九 歸國

部長查定等級及序列

官位勳功爵氏名

資格職名	俸給
傭員（打字手）	二六圓
同	三四圓
同	三六圓

官位爵氏名：クボタ キヨコ 久保田清子

舊氏名 ナシ（ 年 月改姓）

大正六年一月十五日生

勳功

種別等級	旭	瑞	功
勳記番號			
發令年月日及事由 敍勳當時ノ資格職名			

本籍地：廣島市長尾町一二番地

居住地：

箇所長查定等級及序列

本籍戶籍謄本照合濟

氏名

責任者印

（13.12.50,000枚 ……）

482

总裁室文书课职员平汤静子军事功绩调查资料（一九三七年七月七日）

86

秘

甲號

列次 459

軍事功績調査資料

（自昭和十二年七月七日 至昭和 年 月 日）

所属：総裁室文書課

略歴：
- 昭和一三、二、一 事変勤務ニ就ク（総裁室文書課タ字手）
- 同 日給一圓二〇銭
- 同 一三、一二、一六 日給一圓三三銭（給額改訂）
- 同 一五、四、一六 日給一圓四一銭（給額改訂）
- 〃 一五、三、三一 退職

部長査定等級及序列：

官位勲功爵氏名：

資格職名	俸給
傭員タ字手	二四圓
同	三七圓
同	三九圓

勲功：種別等級／勲記番號／發令年月日及事由／敍勳當時ノ資格職名　旭　瑞　功

氏名：平湯（ヒラユ）静子（シズコ） 女

舊氏名：十三（ 年 月改姓）

大正十一年三月十五日生

本籍地：長崎縣對島下縣郡船越村字賀谷一三

居住地：

箇所長査定等級及序列：

氏名本籍戸籍鑑本照合済

責任者印

（13. 12. 50,000枚 滿日製納）

470

460

乙號

功績等級及序列	
年月日	自一三、一二、一 至一五、四、三〇
戰鬪若クハ勤務ノ名稱	本邦ニ於ケル事変関係文書浄書

所屬 総裁室文書課

氏名 平湯靜子

功績事項

本名ハ上記期間中文書課浄書事務ニ携リタルカ事変発生スルヤ軍事輸送ニ直接スル軍関係文書及枸鉄伯係ニ於テ為ス事変関係文書激増シ加フルニ時局関係情報、事変関係功績ノ記録、事変関係往復文書輻輳シ何レモ速急且機密ヲ保持シテ要スルモノノミナルカ克ク之ヲ浄書シテ事変ノ進展ニ寄与セリ

471

总裁室文书课职员松原芳江军事功绩调查资料（一九三七年七月七日）

列次 489

秘

甲號

軍事功績調査資料

（自昭和十二年七月七日 至昭和　年　月　日）

所屬：總裁室文書課

略歷：

昭和一三、一二、一	事変勤務ニ就ク
	（總裁室文書課打字手）
同	日給一圓二〇錢
同 一三、一二、一六	日給一圓三〇錢給額改訂
同 一五、四、一六	日給一圓四〇錢給額改訂
同 一五、六、九	北支経済調査所ニ派遣
同 一五、三、三	帰還

部長查定等級及序列：

官位勳功爵氏名：

資格職名	俸給
傭員打字手	二四圓
同	二七圓
同	二七圓

官位爵氏名：女 松原（マツハラ）芳江（ヨシエ）

舊氏名：ナシ（　年　月改姓）

大正十一年三月九日生

勳功：種別等級　勳記番號　發令年月日及事由　敍勳當時ノ資格職名　旭　瑞　功

本籍地：愛媛縣喜多郡内子町大字内子一四五五番地

居住地：

箇所長查定等級及序列：

氏名本籍戸籍謄本照合濟　責任者印

（13.12.50,000枚 満日鉄刷）

500

乙號

功績等級及序列	年月日	戰鬪若クハ勤務ノ名稱
	自一三、一一、一 至一五、六、八	本社ニ於ケル事変関係文書ノ浄書
	自一五、六、九 至一五、三、三一	北支経済調査所ニ於ケル事変関係浄書

所属 総裁室文書課

氏名 松原芳江

功績事項

本名ハ上記期間中文書課浄書事務ニ携ハリタルカ事変発生スルヤ軍事輸送ニ直接スル軍関係文書及満鉄側ニ於テ為ス事変関係文書激増シ加フルニ時局関係情報、事変関係功績ノ記録、事変関係往復文書輻輳シ何レモ速急且機密ヲ保持シ正確ヲ要スルモノノミナルカ克ク之ヲ浄書シテ事変ノ進展ニ寄与セリ

事変処理ノ重大ナル段階トシテ満鉄ハ軍ト協力シ北支方面ニ於ケル各種調査ヲ為シ殊ニ経済交通ノ諸調査ニ対シテハ全力ヲ挙ケテ之ニ当リ国策ノ方向ニ沿ヒテ邁進セリ、之カ為文書輻輳シ

501

491

乙號

功績等級及序列	年月日	戰鬪若クハ勤務ノ名稱	功績事項
	自一五、四、一 至一五、四、二八	本社ニ於ケル事変関係文書浄書	急速且機密ニ浄書ヲ要スルモノ山積セルヲ以テ本名ハ上記期間北京ニ派遣ヲ命セラレ北支経済調査部ニ於テ之カ浄書ヲ担当シ克ク業務ヲ遂行シテ功績アリ 本名ハ上記期間中事変関係文書ノ浄書ニ従事シ常ニ軍鉄一致ノ精神ニ基キ迅速正確且機密ヲ厳守シテ業務ヲ完遂シ事変進行ニ寄与セリ、事変関係文書ニシテ主ナルモノハ事変記録、功績調査、軍事輸送及給養、情報調査、其他軍機文書等ナリ

所屬　総裁室文書課

氏名　松原芳江

502

列次 443

秘

甲號

80

軍事功績調査資料

（自昭和十二年七月七日 至昭和 年 月 日）

所屬	
總裁室文書課	

略歴	
昭和一四、四、一	事變勤務ニ就ク
	（總裁室文書課打字手）
同 一五、三、六	日給一圓三〇銭
同 一五、三、六	南京ニ派遣
同 一五、四、一六	日給一圓四〇銭（給額改訂）
同 一五、四、八	派遣中

部長査定等級及序列

官位勲功爵氏名

資格職名	俸給
傭員打字手	二六圓
同	二八圓

官位爵氏名：面川秀子（オモカワ ヒデコ） 女

舊氏名 ナシ（ 年 月改姓）

大正十一年九月六日生

勲功	旭	瑞	功
種別等級			
勲記番號			
發令年月日及事由			
叙勲當時ノ資格職名			

本籍地：福島縣東白川郡棚倉字町裏九〇番地

居住地：

箇所長査定等級及序列

氏名 本籍 戸籍謄本照合濟

責任者印

（13. 12. 50,000枚 ）

154

5555

乙號

功績等級及序列	年月日	戰闘若クハ勤務ノ名稱
	自一四、四、一 至一五、三、五	本社ニ於ケル事変関係文書浄書
	自一五、三、六 至一五、四、二八 (引続キ派遣中)	南京ニ於ケル事変関係文書浄書

所屬：總裁室文書課

氏名：西川秀子

功績事項

本名ハ上記期間中ノ文書課浄書事務ニ携リタルカ事変発生スルヤ軍事輸送ニ直接スル軍関係文書及満鉄各係ニ於テ為ス事変関係文書激増シ加フルニ時局関係情報、事変関係功績ノ記録、事変関係往復文書輻輳シ何レモ速急且機密ヲ保持ニ必ヲ要スルモノノミナルカ克ク之ヲ浄書シテ事変ノ進展ニ寄与セリ

本名ハ上記期間南京ニ派遣ヲ命セラレ時局関係文書ノ浄書ニ従事セリ

即チ事変ノ進展ニ伴ヒ満鉄ニ於テハ中支及南支方面ノ交通、産業、其ノ他ノ諸調査ヲ初

455

445

乙號

所屬	總裁室文書課
氏名	面川秀子

功績等級及序列	
年月日	
戰鬪若クハ勤務ノ名稱	
功績事項	トシ情報ノ蒐集等軍ト協力シテ政策的計画ヲ遂行スヘキ任務ヲ負担セルカ本名ハ之カ浄書ヲ完遂シテ功績アリ 当时ハ治安全カラス飲食、居住頗ル不便ナルノミナラス支那新政府樹立等ノ為文書輻輳セルニ拘ラス昼夜兼行克ク其ノ任ヲ果セリ

456

总裁室文书课职员水野弘子军事功绩调查资料（一九三七年七月七日）

85

列次 456

㊙

甲號

軍事功績調查資料

（自昭和十二年七月七日 至昭和　年　月　日）

本籍戸籍謄本照合済 責任者印

官位爵氏名	水野（ミヅノ）弘子（ヒロコ） 女
舊氏名	（　年　月改姓）
生年月日	大正十二年三月三十日生
資格職名	傭員手字 ／ 同
俸給	二六圓 ／ 二八圓
所属	総裁室文書課
略歴	昭和十四、五、一六 事変勤務ニ就ク（総裁室文書課手字手） ／ 同 日給一圓三〇銭 ／ 同 一五、四、一六 日給一圓四〇銭（給額改訂）
本籍地	岐阜縣土岐郡明世村河合九〇三、二
居住地	
勲功（種別等級・勲記番號・發令年月日及事由・叙勲當時ノ資格職名）	旭・瑞・功
部長査定等級及序列	
箇所長査定等級及序列	

（13. 12. 50,000枚 滿日社納）

467

457

乙號

所属 総裁室文書課

氏名 水野弘子

功績等級及序列	年月日	職關若クハ勤務ノ名稱
	自一四、五、一六 至一五、四、一〇	本社ニ於ケル事変関係文書ノ浄書
	自一五、四、一二 至一五、四、二八 （引続キ派遣中）	北支経済調査所ニ於ケル事変関係浄書

功績事項

本名ハ上記期間中文書課浄書事務ニ携リタルカ事変発生スルヤ軍事輸送ニ直接スル軍関係文書及満鉄自体ニ於テ為ス事変関係文書激増シ加フルニ時局関係情報、事変関係功績ノ記録、事変関係往復文書輻輳シ何レモ速急且機密ヲ保持シツツ写スルモノノミナルカ克ク之ヲ浄書シテ事変ノ進展ニ寄与セリ

事変処理ノ重大ナル段階トシテ満鉄ハ軍ト協力シ北支方面ニ於ケル各種調査ヲ為シ殊ニ経済、交通ノ諸調査ニ対シテハ全力ヲ挙ゲテ

468

458

乙號

功績等級及序列	
年月日	
戰闘若クハ勤務ノ名稱	

所屬 總裁室文書課

氏名 水野弘子

功績事項

之ニ当リ国策ノ方向ニ沿ヒテ邁進セリ
之ガ為文書輻輳シ急速且機密ニ浄書ヲ
要スルモノ山積セルヲ以テ本名ハ上記期間北京ニ
派遣ヲ命セラレ北支経済調査所ニ於テ之ガ
浄書ヲ担当シ克ク業務ヲ遂行シテ功績アリ

469

祕

甲號

列次 450

軍事功績調査資料

（自昭和十二年七月七日 至昭和 年 月 日）

所屬：総裁室文書課

略歷	
昭和一四、五、二七	事務勤務ニ就ク（総裁室文書課打字手）
同	日給一圓三〇銭
同 一五、四、一六	日給一圓四〇銭給額改訂

部長查定等級及序列

官位勳功爵氏名

資格職名	俸給
傭員打字手	二六圓
同	二八圓

官位爵氏名：井上美惠子（イノウエ ミエコ） 女

舊氏名：ナシ

大正十二年一月八日生

（ 年 月改姓）

勳功	旭	瑞	功
種別等級			
勳記番號			
發令年月日及事由			
叙勳當時ノ資格職名			

本籍地：山形縣東村山郡大郷村大字中野六四番地

居住地：

箇所長查定等級及序列

氏名 本籍 戸籍謄本照合濟 責任者印

（13. 12. 50,000枚 滿日総務）

461

45152

乙號

功績等級及序列	
年月日	自一四、一〇、二七 至一五、四、二八
職闕若クハ勤務ノ名稱	本社ニ於ケル事変関係文書浄書
功績事項	本名ハ上記期間中文書課浄書事務ニ携リタルカ事変発生スルヤ軍事輸送ニ直接スル軍関係文書及協鉄関係ニ於テ為ス事変関係文書激増シ加フルニ時局関係情報、事変関係功績ノ記録、事変関係往復文書輻輳シ何レモ速急且機密ヲ保持シ打字スルモノノミナルカ克ク之ヲ浄書シテ事変ノ進展ニ寄与セリ

所屬　総裁室文書課

氏名　井上美恵子

462

列次 452

祕

甲號

軍事功績調查資料

（自昭和十二年七月七日 至昭和 年 月 日）

所屬	略歷	部長查定等級及序列
總裁室文書課	昭和一四、一二、二七 事變勤務ニ就ク（總裁室文書課事務員ﾀｲﾋﾟｽﾄ）	
	同 日給一圓三〇錢	
	同 一五、四、一六 日給一圓四〇錢（給額改訂）	

官位勳功爵氏名		本籍地	居住地	箇所長查定等級及序列
資格職名	傭員ﾀｲﾋﾟｽﾄ；同	佐賀縣唐津市大字唐津二一〇二番地		
俸給	二六圓；二八圓			
官位爵氏名	谷口（タニグチ）ハツ子 女			
舊氏名	大正十二年三月二十四日生（年月改姓）			
勳功 種別等級 / 勳記番號 / 發令年月日及事由 / 敍勳當時ノ資格職名	旭 / 瑞 / 功			

本籍 氏名 戶籍謄本照合濟

責任者印

（13. 12. 50,000枚 滿日經納）

463

乙號

所屬	總裁室文書課
氏名	岩口 八ツ子
功績等級及序列	
年月日	自四、一二、二七 至五、四、二八
職職若クハ勤務ノ名稱	本社ニ於ケル事変関係文書浄書

小米ニ山積

功績事項

本名ハ上記期間中（總裁室ニ於テ）文書課浄書事務ニ携ハリ

[illegible] 軍事輸送ニ直接スル軍関

係文書及満鉄自体ニ於テ（[illegible]）事変関係文書、

[illegible] 時局関係情報、事変関係功績ノ

記録、事変関係往復文書輻輳シ何レモ速急

且機密ヲ保持シツツ浄写スルモノナルカ甚多ク [illegible]

浄書シテ事変ノ進展ニ寄与セリ

折字ノ國策的使命ヲ認識シテ

之カ浄書ヲ完成シ事変ノ進

展ニ寄与シタルモノ顕著ナリ

464

总裁室文书课长关于时局联络办法事致总裁室庶务课长的函（一九三七年七月十二日）

233

極秘

總裁室
文書課長

七月十二日

總、庶務課長

時局連絡方ニ關スル件

一、時局中ノ本社連絡本部ヲ總裁室文書課ニ設置シ責任者ヲ宿直セシム

二、勤務時間外ニ於ケル各部所連絡責任者ハ別表（二）ノ通リトス
各部所ハ右連絡責任者ニ依リ充分部所内連絡ヲ圖リ得ル樣手配セラルヘシ

三、總局關係連絡機關ハ別表（三）ノ通トス

總、庶務課長

241

時局連絡方

一、満鐵本社連絡本部

職名	氏名	勤務社内電話	住所	自宅電話
總裁室文書課課長	佐藤晴雄	社公二一一〇		
〃　文書係主任	高橋威夫	社公二一一一		
		〃　二一一二		
		社　五四一三		

二、勤務時間外ニ於ケル本社各箇所連絡責任者

	職名	氏名	勤務社内電話	住所	自宅電話
1、庶務課	庶務係主任	津矢田種藏	二一〇三	伏見町一四	公三－三〇二三
2、人事課	庶務係主任	山本孫市	二一二六	聖德街一丁目一七	〃三－二五八三
3、福祉課	庶務係主任	内山新治	二三八一	白菊町一四八	〃三－三七一一
4、監理課	庶務係主任	水上未	二一七一	桃源臺三〇一	〃五－一〇〇五
5、弘報課	庶務係員	佐伯秀三郎	二一八七	元町二二三ノ二ノ一〇	〃四－〇五五八

2642

6、東亞課第一係	主任	伊藤香象	二四一六	楓町五九	公二－七八四七
7、經理部	庶務係主任	堀正巳	二二六二	白金町二五	〃四－〇二二九
8、用度部	計畫課計畫係主任	吉岡茂雄	三二二八	青雲臺一－一八	〃五－一八一〇
9、產業部	庶務係主任	黑瀨勝美	二一五〇	桔梗町六三	〃三－三五三四
10、地方部	庶、文書係主任	野村茂理	二二〇二	眞金町四二ノ八	〃四－〇三二六
11、中央試驗所	庶務係主任	橋口美平	三－一八八七	芝生町一〇〇ノ五ノ一	〃二－二四四〇
12、大連鐵道事務所	庶、文書係主任	小佐々勳	三一四二	桃源臺五	〃五－一八二七
13、鐵道工場	庶務長	鈴木鷹信	四二一二	霞町六八番地	社四四八五 公四－〇六二二

243

236

三、總局關係連絡機關　　　　　　　　略號

(一)鐵道總局連絡本部（電話二二五、二二一一
二二一〇、二五六一）
二五六二、二〇（囑託將校）　　（ソレラ）

(二)錦縣鐵路局連絡機關　　（キレラ）

(三)奉天鐵道事務所連絡機關　　（ホレラ）

(四)山海關輸送班　　（カンユソ）

(五)臨時鐵道總局天津連絡室　　（テンレラ）

244

極秘

發送先　參與　監察役　經濟調査會委員長　技術委員會委員長
總裁室各課長（在連）各部所長
寫　大連外所在各部所長
總文書三七第二一號一ノ三　人事係　庶務係
昭和十二年七月十四日　總裁室文書課長
總、庶務課長
總裁室庶務課長　殿

時局業務ニ關スル件

今次時局ニ關シテハ狀況ノ推移ニ應シ常ニ機宜ノ處置ヲ講シ得ル萬全ノ準備致シ置カレ度尚特ニ左記各項ニ留意シ時局業務ノ連絡ニ善處相成度依命通牒ス

一、時局業務ニ關シテハ特ニ部所内及關係箇所トノ緊密ナル連繫ヲ圖リ業務ノ連絡統制ニ萬全ヲ期スルコト

二、文書ノ取扱ヲ嚴ニシ機密保持ノ完璧ヲ圖ルコト
(1) 重要文書ハ必ス文書課長ニ回覽スルコト

239

(1)文書ノ保管ヲ嚴ニスルコト
(2)反故ノ處分ニ遺漏ナカラシムルコト
(3)暗號ノ使用ニ際シ特ニ愼重ノ注意ヲ拂フコト

三、時局ニ關スル業務處理ノ敏速ヲ期スルコト
(1)時局業務ハ敏速ニ關係箇所ト連絡シ速決ヲ期スルコト
(2)文書ノ回覽ヲ遲滯セサルコト

四、緊急連絡ヲ採リ得ル樣常ニ責任者ノ所在ヲ明確ニシ置クコト

五、勤務時間外ニ於ケル部所内責任者ノ連絡方法ヲ定メ置クコト
(1)責任者ノ住居電話番號表ヲ作成配付シ置クコト
(2)外出先ヲ明ニシ置クコト

六、各部所非常召集計畫ヲ定メ置クコト
(1)特ニ重要事務擔當者ハ外出ニ關シ所要ノ制限ヲ爲スコト
(2)電話連絡方法ヲ講スルコト

七、所屬員ノ緊急派遣準備ヲ爲シ置クコト
(1)下命次第何時ニテモ所屬員ヲ派遣セシメ得ル樣連絡方法ヲ講シ置ク

248

コト

(2)勤務時間外ニ於テモ旅費假拂及パス發給ニ支障ナキ樣準備シ置クコト

(3)所屬員出動被命ノ場合ニ於ケル準備ヲ爲サシメ置クコト

八、發受命令其ノ他主要處理事項ニ關スル日記ヲ記錄シ執務ノ確實ヲ期スルコト

249

总裁室文书课长关于山海关与天津事务所间开通无线电通讯事致总裁室东亚课长、总裁室弘报课长、总裁室人事课长等的电文（一九三七年七月十五日）

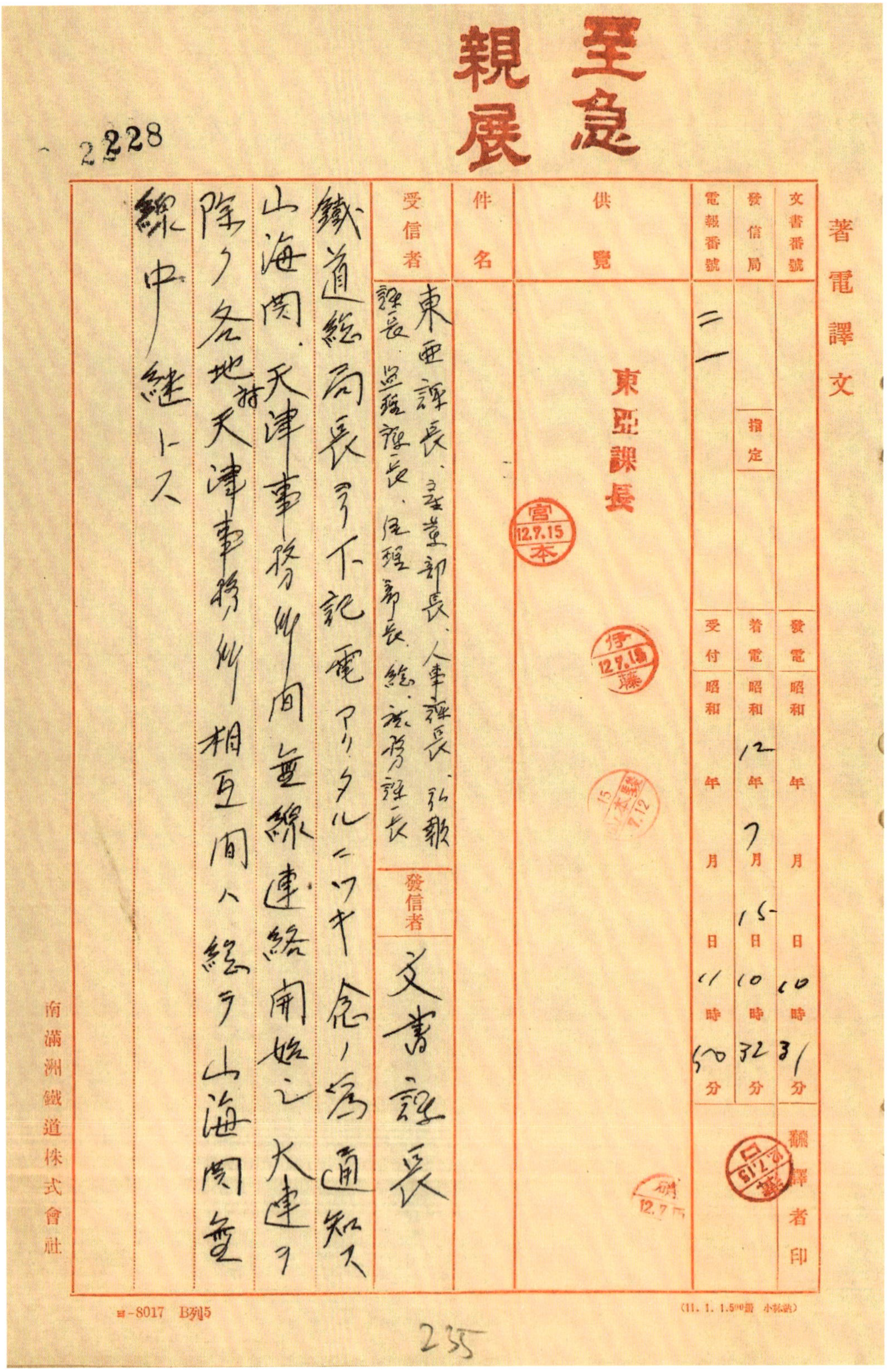
至急
親展
2228
著電譯文
文書番號
發信局
電報番號 二一
指定
發電 昭和 年 月 日 10時 31分
着電 昭和 12年 7月 15日 10時 32分
受付 昭和 年 月 日 11時 50分
飜譯者印
受信者 東亜課長、産業部長、人事課長、弘報課長、監理課長、経理部長、総務課長
件名
供覽 東亜課長
發信者 文書課長

鐵道総局長ヨリ下記電アリタルニ付キ念ノ為通知ス
山海関、天津事務所間無線連絡開始シ大連ヲ除ク各地対天津事務所相互間ハ総テ山海関無線中継トス

南滿洲鐵道株式會社
日-8017 B列5
(11. 1. 1.5万冊 小林納)
235

总裁室文书课长关于转移铁道总局联络事务室事致总裁室东亚课长、弘报课长、庶务课长等的电文（一九三七年七月十五日）

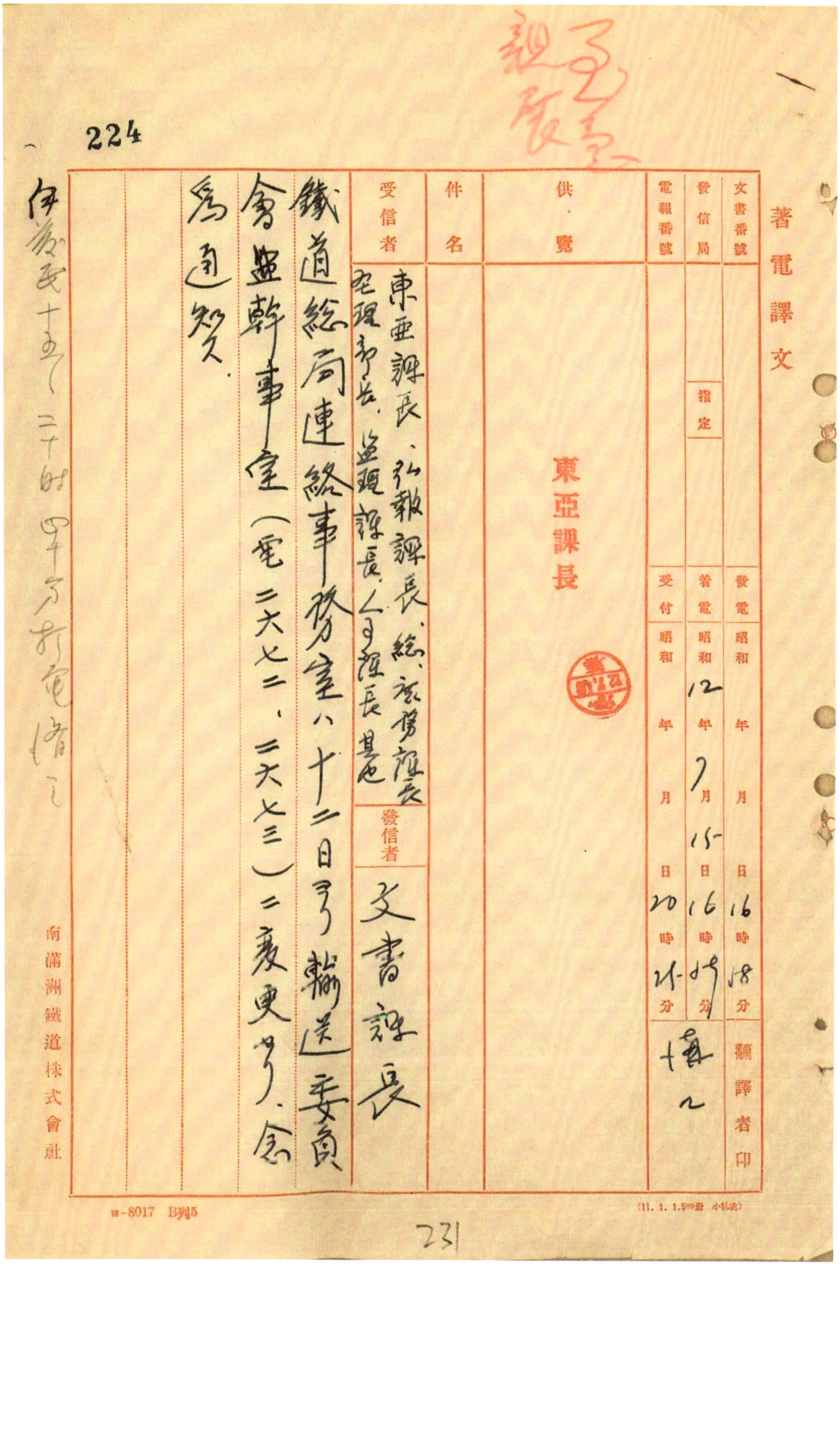
224

著電譯文

文書番號　發信局　電報番號

指定

發電　昭和　年　月　16日　16時　18分

着電　昭和　12年　7月　15日　16時　49分

受付　昭和　年　月　日　20時　25分

飜譯者印

供覽　東亞課長

件名

受信者　東亞課長、弘報課長、総、庶務課長、經理部長、鐵道課長、人事課長是宛

發信者　文書課長

鐵道總局連絡事務室八十二日ヲ輸送委員會幹事室（電二六七二、二六七三）ニ變更サル、念為通知ス

十五日　二十時　四十分　打電濟

南滿洲鐵道株式會社

日-8017　B列5

231

总裁室文书课长关于紧急电报处理办法事致总裁室庶务课长的电文（一九三七年七月十六日）

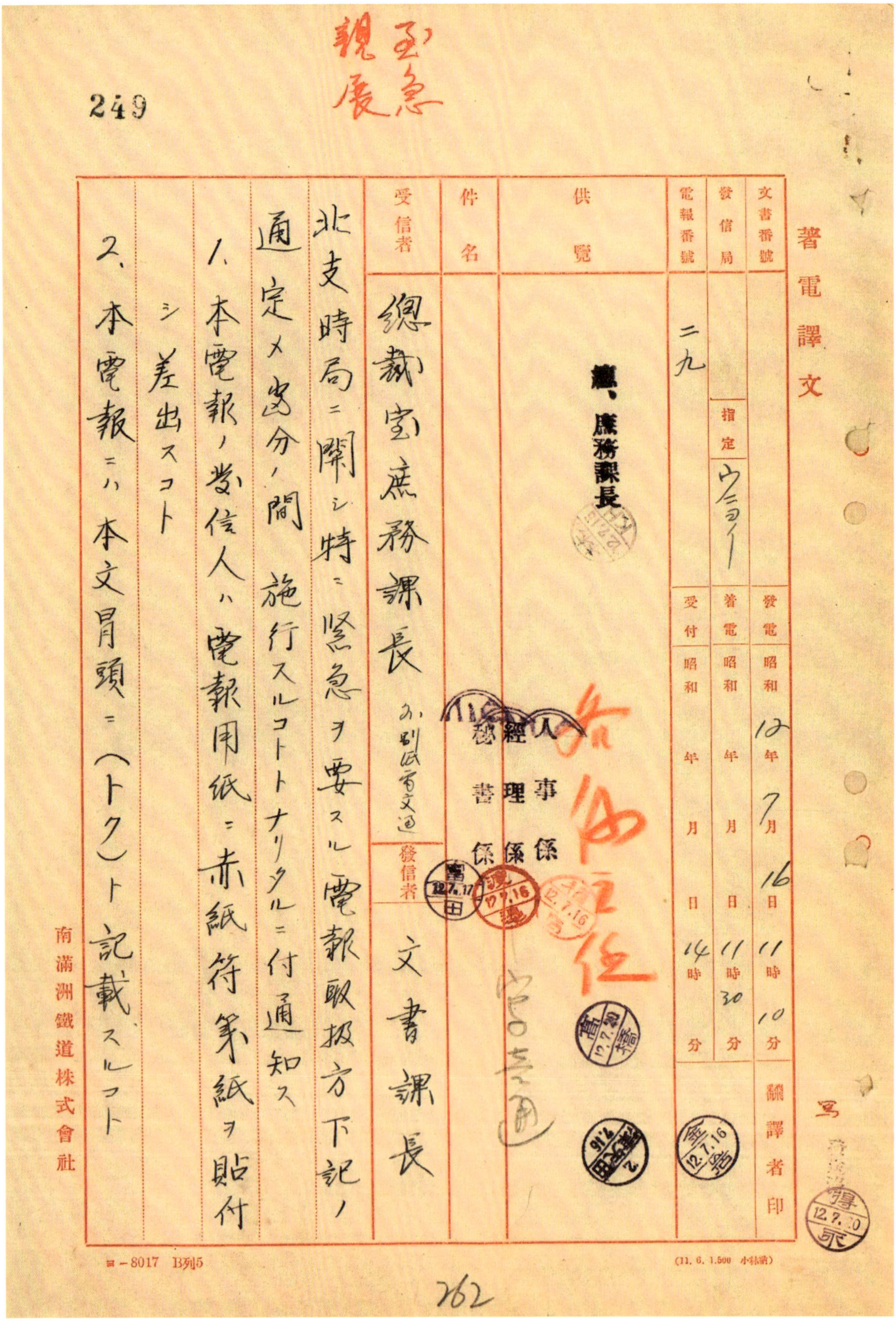
至急
親展

249

著電譯文

文書番號	發信局	電報番號	供覽	件名	受信者
		二九	總、庶務課長		總裁室庶務課長

發信者 文書課長

發電 昭和12年7月16日11時10分
着電 昭和 年 月 日11時30分
受付 昭和 年 月 日14時 分

北支時局ニ關シ特ニ緊急ヲ要スル電報取扱方下記ノ通定メ當分ノ間施行スルコトトナリタルニ付通知ス

1、本電報ノ發信人ハ電報用紙ニ赤紙符箋紙ヲ貼付シ差出スコト

2、本電報ニハ本文冒頭ニ（トク）ト記載スルコト

南滿洲鐵道株式會社

262

250

3. 本電報ノ電送順位ハ非常報（イナ）ノ次位トシ（ウナ）ヨリ指定ヲ要セス

4. 本電報ヲ電送スルトキハ（トク）ト前置シ送信スヘシ、着驛又ハ中継驛ニ於テ本電報ヲ受信シタルトキハ受信當務者ニ於テ當該電報ニ適宜符箋紙ヲ貼付スルコト

5. 本電報ハ親展ノ指定ナキモノト雖モ親展電報用封筒ニ封シ配達スルコト

6. 本電報ノ配達其ノ他取扱方ニ付テハ特ニ迅速正確ヲ期スヘシ

南滿洲鐵道株式會社

ヨ-0003 B列5 (11.9.10,000冊 舊川納)

263

总裁室文书课长关于与天津进行无线电联络事致总裁室庶务课长的函（一九三七年七月二十日）

秘

發送先　總裁室各課長　經理部長　用度部長　産業部長　撫順炭礦長
地方部長　中央試驗所長　參與　監査役　經調委員長
技術委員會委員長

昭和十二年七月二十日　總裁室文書課長

總裁室庶務課長　殿

對天津無線連絡ニ關スル件

鐵道總局、天津間竝新京、天津間無線連絡ハ十九日十三時ヨリ何レモ開通シタルニ付大連、山海關、新京ヲ除ク各地對天津相互間ハ總テ鐵道總局中繼トス

尙無線連絡不可能等ニ因ル中繼順序變更ハ鐵道總局電信ニ於テ手配スル由鐵道總局長ヨリノ依賴ニ依リ通達ス

244

255

总裁室文书课长关于设置总社时局事务联络委员会事致总裁室庶务课长的函（一九三七年七月二十一日）

㊙

253

發送先　在連各部所長　參與　監察役　經濟調查委員會委員長
技術委員會委員長　總裁室各課長

寫　大連外所在各部所長

總文書三七第二一號一ノ四
昭和十二年七月二十一日
總裁室文書課長

總裁室庶務課長　殿

本社時局事務連絡委員會設置ノ件

首題委員會別紙ノ通決定相成タルニ付通知ス

總、庶務課長

庶書係　人事係　文書係　經理係

附：总社时局事务联络委员会内部规定

254

本社時局事務連絡委員會内規

一、時局ニ關スル本社各箇所ノ業務ノ連絡ヲ圖ル爲本社時局事務連絡委員會ヲ設置ス

二、委員會ハ時局ニ關スル左ノ事項ヲ掌ルモノトス

1、情報ノ回報

2、各部所處理事項ノ回報

3、各部所時局事務ノ狀況回報

4、命令及通知ノ傳達

5、其ノ他時局業務ノ連絡

三、委員會ニ委員長、總務委員、各部所委員ヲ置ク

四、委員長ハ時局ニ關スル連絡事務ヲ總括シ總務委員ハ委員長ノ指揮ヲ受ケ全般ノ連絡事務ヲ掌理ス

各部所委員ハ各部所内及他部所トノ連絡事務ヲ掌ル

五、委員長及委員ハ左ノ通トス

268

委員長　中西理事
總務委員　總裁室文書課長
〃　庶務課長
〃　人事課長
〃　弘報課長
〃　東亞課長
各部所委員　經理部主計課長
用度部庶務課長
產業部庶務課長
地方部庶務課長

六、委員會連絡本部ハ總裁室文書課長室トス但シ勤務時間外ハ文書課文書係室トス

七、連絡本部ノ電話番號ハ左ノ通トス

二一一〇（文書課長）（社公）特長緊急
二一一一（文書係主任）（社公）

269

二一一二（文書係主任）（社公）特長緊急
五四一三（，　　）（社）特長緊急
八、連絡本部ノ電報略號ハ（シヤレラ）トス
九、勤務時間外ニ於ケル各部所ニ對スル第二號ニ掲クル事項ノ通知傳達ハ別ニ定ムル各部所連絡責任者（連絡責任者表ハ七月十二日別途配付濟）ニ對シテ之ヲ爲スモノトス

附　則

一、本委員會ハ在連本社機關ノ時局事務ニ關スル連絡機關ニシテ業務ノ處理ハ總テ平時職制及平時業務處理方法ニ依ルモノトス
二、本則第二號ニ掲クル事項ニ關スル場合ノ外委員長又ハ委員名ヲ使用セサルモノトス

270

总裁室文书课长关于送华北铁路电报码对照表事致总裁室庶务课长的函（一九三七年七月二十四日）

257

極秘

總文書三第三一號一ノ五

昭和十二年七月二十四日

總裁室文書課長

總裁室庶務課長殿

北支鐵道電報略號表送付ノ件

首題ノ件別紙ノ通送付ス

總、庶務課長

林 12.7.26 K.H

272

附：华北铁路电报码对照表

258

極秘　（監視、管理）

北支鐵道電報略號

附表第21 135

極秘

	機関名	略號
本部	滿鐵本社連絡本部	シヤレラ
	鐵道總局連絡本部	ソレラ
連絡班	錦縣鐵路局連絡班	キレラ
	奉天鐵道事務所連絡班	ホレラ
	臨時鐵道總局天津連絡員室	テンレラ
輸送班	山海關輸送班	カンユソ
	北寧線（天津）	ホネユソハン
	平包線（北平）	ヘスユソハン
	平漢線（北平）	ヘカユソハン
	津浦線（天津）	シホユソハン
特種任務	大修理班	タシユハン
	小修理班	セシユハン
	鉄道指揮長	テシキチ
	列車指導員	レシド
	構内作業班	コナハン

北寧鐵路（ホネセ）站名ニハ（ホネセ）ヲ冠ス

站名	略號
秦皇島	シノ
南大寺	ナシ
北戴河海濱	ホヒ
北戴河	ホタ
留守營	ルス
張家莊	チソ
昌黎	セレ
後封台	コフ
安山	アヤ
石門	セモ
朱各莊	ソオ
灤縣	ラケ
坨子頭	タシ
雷莊	ライ
碑家店	ヒテ
古冶	フル
窪里	クリ
開平	カイ
唐山	ヤマ
胥各莊	シク
唐坊	トウ
田莊	タソ
蘆台	ロタ
漢沽	ハン
茶淀	チヤ
北塘	ホト
塘沽	トク
新河	シホ
軍糧城	クン
張貴莊	キソ
天津東站	テン
天津總站	シソ
北倉	クラ
漢溝鎮	カコ
楊村	ヨソ
豆張莊	ハリ
落垡	ラオ
[illegible]林莊	サヲ
郎坊	ロホ
萬莊	マソ
安定	アテ
魏善莊	キセ
黄村	コソ
黄土坡	ツチ
豊台	トヨ
永定門	テモ
東便門	トヘ
水關	スカ
北平	ホヘ

津浦鐵路（シホセ）站名ニハ（シホセ）ヲ冠ス

站名	略號
（天津總站）	シソ
天津西站	テセ
楊柳青	ヨセ
良王莊	レオ
獨流鎮	ドリ
靜海縣	シズ
陳官屯	チト
唐官屯	タン
馬廠	ウマ
青縣	アオ
興濟	シエ
姚官屯	トト
滄州	サウ
磚河	テワ
馮家口	ヒコ
泊頭鎮	ハク
南霞鎮	ミナ
東光縣	トコ
連鎮	レチ
安陵	アレ
桑園	ソエ
德州	トシ
黄河涯	コガ
平原縣	ヘケ
張莊	テウ
禹城縣	ムシ
晏城	アロ
桑梓店	ソテ
濼口	ラク
濟南	サナ

平包鐵路（ヘスセ）站名ニハ（ヘスセ）ヲ冠ス

站名	略號
（豊台）	トヨ
廣安門	コメ
西直門	セチ
清華園	セイ
清河	カワ
沙河鎮	シチ
昌平縣	セヒ
南口	ナホ
東園	トノ
居庸關	イヨ
三堡	ミホ
青龍橋	セハ
西撥子	シハ
康莊	ヤス
懷來縣	イラ
土木	トム
沙城	サジ
新保安	シア
下花園	シタ
辛莊子	ソシ
宣化府	セフ
沙嶺子	サレ
寧遠	ネエ
張家口	チカ

平漢鐵路（ヘカセ）站名ニハ（ヘカセ）ヲ冠ス

站名	略號
北平前門	ホメ
西便門	セヘ
跑馬場	ホマ
蘆溝橋	ロコ
長辛店	チシ
南崗窪	ミコ
良鄉縣	リヨ
竇店	ウリ
琉璃河	ルリ
永樂村	エラ
涿州	タチ
松林店	マツ
高碑店	コヒ
定興縣	テコ
北河店	キタ
固城	コゼ
徐水縣	ジヨ
漕河	ソガ
保定府	タモ
于家莊	ユイ
方順橋	カタ
望都縣	ボウ
清風店	セウ
定州	テシ
寨西店	サセ
新樂縣	シラ
東長壽	トチ
新安	アラ
正定府	セテ
柳辛莊	リソ
石家莊	イソ

273

总裁室文书课长关于从法理角度观察七七事变事致总裁室东亚课长的函（一九三七年八月二十四日）

469

昭和十二年八月二十四日　　總裁室　文書課長

總東庶37第2號ノ229

總裁室東亜課長殿

北支事變ノ法理的觀察ニ關スル件

泉哲氏首題報告御參考ノ爲送付ス

478

附：从法理角度观察七七事变的报告

470

北支事變　　　泉　　哲

一、北支事變ハ支那ノ國家的責任デアル（國際法違反）

二、北支事變ハ條約違反デアル（北清事變議定書）

以上二個ノ場合ニ於テ被害國ハ報復又ハ報仇手段ニ訴ヘ自衛又ハ自己保存ノ行爲ヲ執ルコトカ出來ル

實例

英丁紛爭（一八〇七年）

アメリヤ島事件（一八一七年）

キャロライン號事件（一八三八年）

米墨紛爭（一九一五年）

（一九一九年）

日本ハ條約履行及自己防衛ノ爲ニ軍隊ヲ送リ暴行支那軍ヲ撃破シテ違法行爲ヲ排除シ且膺懲スルノ權利ヲ有スル。暴行軍ヲ討伐シテ兵ノ占據地域ヲ占領シ、行政機關ノ組織ヲ援助シ或ハ自ラ行政機關ヲ創設スルモ差支ナイ

479

471

如何ナル場合ニ於テモ無政府状態ノ存在ヲ許スヘキテナイ。占領軍ハ可急的速ニ秩序ヲ回復シ治安維持ヲ計ラネハナラヌ

占領軍ハ占領區域内ノ交通機關（鐵道、船舶、電信電話）ヲ管理スル權利ヲ有スル

軍ハ居住民ヲ保護スルノ義務ト行政費支辨ノ目的ヲ以テ課税ノ權ヲ有スル。課税率ハ從來ノ率ニ等シキヲ妥當トスル

占領ハ一時的性質ヲ有スルヲ以テ恒久ノ契約又ハ事業ヲ開始スルヲ避ケネハナラヌ。北支事變ハ宣戰ノ布告ナシニ武力ヲ行使スル條約權ノ擁護乃至自衛ノ行爲テアルカラ支那ノ國有財産ヲ沒收スルヲ得ナイカ地方政府ノ財産ヲ占收シテ管理スルハ差支ナイ。戰後日外交交渉ニヨリ紛爭解決ノ際占收セル財産ノ所屬及賠償問題ヲ解決スヘキテアル。同時ニ將來ノ保障ヲ提供セシムルヲ得ル向斯ル交渉ノ相手トナル政權ハ從來ノ政府テモ可ナルヘク、又ハ希望スル政權ヲ組織セシメテ夫レト協定ヲ結フモ一策テアル

世界大戰後聯合國ハ獨逸ノ從來ノ政府ト講和スルヲ避ケ共和政府成立ト共ニ之ヲ講和シタル例モアル

480

472

要スルニ和平協定ヲ履行シ得ル政權ナレハ可ナル譯テアル

局地解決

支那ハ目下統一途上ニアルカ未タ完全ニ統一セラレタル組織アル國家ト見ルコトカ出來ナイ從テ中央ノ法令ハ國内ノ隅々迄行渡ラナイ。斯ル國家ハ文明國ト稱スルハ困難テアッテ之ニ對シ特殊國家ノ名稱ヲ附シタコトモアル

支那ハ各國ノ領事裁判權、居留地制度、外國軍隊ノ駐在權ヲ許シ門戸開放主義ノ要求ヲ受ケテ居ルノハ完全ナル主權國ナイ證據テアル假ニ支那ハ國家テアリトセハ特殊國テアッテ國際法上ノ權利ヲ要求スル資格ナキモノテアルト謂ヒ得ル故ニ支那ニ對シテハ何時モ國際法ノ準則ニ準據スルヲ要セナイトモ謂ヒ得ルノ アル。從テ事件不擴大、局地解決ハ假ニ法理的根據ナシトスルモ支那ニ對シテ斯ル方針ヲ採用シテ差支ヘナシト謂ハネハナラヌ。然シ幸ニモ局地解決ノ實例ハ多數存シテ居ル

一、幕末ノ頃薩長藩士カ江戸ニテ英人ヲ斬殺シタ際英國ハ艦長ニ軍艦

481

473

ヲ送リ膺懲シテ賠償ヲ加ヘタコトカアル

二、明治ノ初メ臺灣生番カ琉球漁夫ヲ殺害シタ際日本政府ハ支那ニ交渉シタルニ支那ハ生番ヲ以テ化外ノ民ト稱シテ責任ヲ回避シタ、ソコテ日本ハ軍艦ヲ派遣シテ臺灣ノ東海岸ヲ膺懲セシメタ事カアル

三、一九一六年米軍ノ墨國侵入事件、同年三月墨國叛軍ハ米國内ニ侵入シテコロンバス市ヲ攻撃シ若干ノ家屋ヲ焼キ數名ノ米人ヲ殺害シタ然ルニ當時墨國ノ政權ヲ握レルカルランサハ反軍ヲ鎮定スルノ力ヲ有セナカツタノテ米軍ハ反軍ヲ追撃シテ墨國内ニ入リ遂ニ正規軍ト衝突シタルコトアリ、又一九一九年ニモ同一様ノ事件起リ米軍ハ反軍ヲ追撃シテ墨國内ノ根據ヲ壊滅シタコトカアル

以上ノ三件ハ領土ノ占領迄ニ及ハナカツタカ兵ノ必要ナカツタ為テアル北支ノ如キ日本人ノ多數居住シ莫大ノ資本ヲ投入シテ居ル場合ニハ同一事件ノ再發ヲ防ク為ニ新政權ヲ樹設シ又ハ軍隊ヲ駐屯セシメテ治安維持ヲ計ル事モアリ得ルノテアル。支那カ特殊國テアル間ハ特殊ノ施設ヲ為スモ已ムヲ得ナイ

482

474

支那ハ目下國家統一ノ遂行中テアレハ遠カラス現代國家ノ形態ヲ備フルニ至ルテアラウ併シ人民ニ國家的意識ヲ普及スルニハ長年月ヲ要スル。日本ハ今回ノ事變解決ヲ待ツテ宜シク指導接觸ヲ經濟ニシ統一國家建設ヲ援助スヘキテアル

自衛ノ意義

自衛ハ狹義ニ解セハ自己防衛（ Self-Protection ）ノミテ事件火急ニシテ他ニ採ルヘキ手段ナキ場合自己ノ生命財産保護ノ爲採用スル非常手段ヲ指ス。之ニ反シ廣義ニ解スルトキハ自助（ Self-Help ）自己保存（ Self-Preservation ）自己防衛（ Self-Defense ）ヲモ包含スル。之等ノ名稱モ其ノ性質上緩急ノ度ヲ共ニスルカ國家生存權ニ關スルコトハ一係テアル。個々ノ名稱ヲ別個ニ使用スルコトハ個々ノ問題ヲ研究シテ係テナケレハ當否ヲ判明スルコト困難テアル。故ニ自衛ナル字句ヲ廣義ニ用キルヲ便トスル

自衛ノ行動ト戰時法規

自衛ノ行動ヲ採ルニ當ツテ正式ニ第三國ニ交戰權ヲ及ホス事カ出來ナ

483

イ。即チ第三國ノ船舶ヲ臨檢搜索シ戰時禁制品ヲ沒收又ハ支那沿岸ヲ外國船舶ニ對シテ封鎖スル事カ出來ナイ。故外國又ハ外國船カ日本軍又ハ日本人攻擊ノ材料ヲ供給シテ居ル事カ明確ナル時ハ外國商船ヲ搜索シテ危險物品ヲ押收スル事モ考ヘラルル（賠償ハ覺悟ノ上テ）然ルニ戰時狀態カ構成セラレテ居レハ外國船ノ臨檢搜索、禁制品ノ沒收ハ當然テアル。今日ノ狀態ニテハソ聯ノ抗戰資材提供又ハ飛行士供給等ヲ阻止スル事カ困難テアル

若支那中央軍カ日本軍ヲ攻擊シ、滿支ニ於テモ挑戰的態度ヲ採ルニ到レハ事件不擴大ハ實行シ得サルコトトナリ完全ナル戰爭トナルテアラウ斯ル場合

日本軍ハ支那ニ對シ宣戰ノ權利アリヤ

支那ハ特殊國テアルケレトモ國際法及國際慣習ヲ無視シテ甚支ナシト謂フ意味ヲ有シナイ。支那ハ自ラ獨立國家ヲ以テ任シテ居ルノテアルカラ國家トシテノ義務ヲ免カルル事カ出來ナイ、支那カ飽ク迄不法ノ行動ヲナシ、在留日本人ヲ襲擊殺傷スルカ如キ事アレハ日本ハ支那ノ

484

476

事實上（De Facto）ノ政府ニ對シ其ノ責任ヲ問ヒ加害機關ヲ壞滅スルノ權利ヲ有スル、自衛ノ行爲ハ未開ノ種族ニ對シテモ執リ得ルノデアル―英國ハ十八世紀中モスキト―印度人ニ對シテ沿岸ヲ砲擊シテ膺懲ヲ加ヘタコトカアル勿論宣戰ノ布告ナシニ戰時行動ヲ執ツタ）支那ハ大國テモアリ又國トシテ待遇セラレテ來タノテアルカラ國家竝宣戰ヲ布告シスルモ可ナラン。而シテ開戰ノ場合ニハ徹底的ニ禍根ヲ除去スルノ決心ヲ要スルハ勿論テアル

大ニ開戰ノ場合ニ起ルコトアルヘキ法規上ノ關係ヲ考慮シテ置ク必要カアル

一、聯盟規約トノ關係

聯盟規約　日本ハ最早聯盟國テナイカラ聯盟國トシテノ義務ヲ有セナイカ第十七條ノ聯盟國ト非聯盟トノ紛爭ニ關スル條項カ適用セラルル場合カアル。併シ日本ハ何等ノ保障ナシニ聯盟理事會ノ勸告ヲ拒絕シ得ヘク從テ司法裁判所ハ問題ノ受理ヲ拒絕スルニ至ルヘク（東部カレリヤ事件）又第十六條ノ制裁規定適用問題モ起リ得ルテアラ

485

477

ウカ今日ノ國際情勢テハ實現不可能ト見ネハナラヌ。從テ日本ノ勧告拒絶ハ提訴撤下ニ等シキモノトナルテアラウ。結局日支ノ問題ハ日支間ニ於テ解決スル事ト爲スヨリ他ニ途カナイ

二、九國條約

第一條一項ニ左ノ規定アリ

1、支那ノ主權、獨立竝其ノ領土的及行政的保全ヲ尊重スルコト

日本ハ最初ヨリ領土的野心アルモノテナク支那軍ノ暴戻ニ對シ膺懲ヲ加フルニアルヲ以テ再ヒ暴戻行爲ヲナシ得サル見込ツケハ軍隊ヲ引揚ケ、日支關係ヲ常態ニ復歸セシムル考ナルヲ以テ北平又ハ天津ヲ一時占領スルモ之ハ條項違反トハナラヌ又第二條及第四條モ問題トナルヤモ知レナイカ日本ノ行動ハ條約上ノ權利ノ擁護及自衛ノ行爲ニ過キナイカラ九國條約何レノ條項ニモ抵觸セサル事ヲ主張シ得ルテアラウ。假ニ九國條約發動ノ議起ルモ日本ハ第七條ニ依リ右條約上ヨリ北支事變討議ヲ拒絶シ關係國ト隔意ナキ交渉ヲ爲スヲ得ル

三、不戰條約

486

478

米國カ不戰條約案ヲ提案シタル際日本ハ同條約ハ自衛ノ行爲迄制限スルモノテナイトノ保留ヲ爲シ米國ハ之ヲ承諾シタ。且日本ハ北支事變ニ對シ始メヨリ平和的外交交渉ニ依テ解決ヲ希望シテ居ツタノテ決シテ武力解決ヲ主張シタノテハナイ。併シ支那ハ飽ク迄抗戰的態度ヲ採ツテ平和的解決ノ機會ヲ失ハシメタノテアル。不戰條約ハ簡單ナル抽象的規定テアツテ之ヲ具體化スルコトハ今日ノ國際雰圍氣ニテハ至難ノ問題テアル

意見

日支紛爭ハ益擴大セラレ現狀態維持ハ困難トナル形勢ヲ示シテ居ル。

此ノ際日本ノ執ルヘキ途ハ事件不擴大、局地解決ヲ通スカ、夫レトモ宣戰ヲ布告スルカノ二途ノ一テアル。後者ヲ選フ時ハ法理的ニ多少ノ困難ニ逢着スルカ故ニ前者ニテ押シ通シ支那ノ宣戰ヲ待ツヲ宜シト考ヘラルル斯クテ日本ハ徹頭徹尾防衛的立場ニ立ツコトトナリ自衛ノ態度ヲ一貫シ得ルテアラウ

附　航空機ヨリスル投下物ノ制限

487

479

一九二五年六月十七日ジユネーブニテ調印セル議定書ニヨリ窒息性、毒性又ハ其ノ他ノ瓦斯及細菌學的戰爭方法カ禁止セラレテ居リ日本、支那共ニ調印國テアルカラ細菌又ハ毒瓦斯ヲ使用シ得サル筈テアル。併シ非調印國カ戰爭ニ參加スルトキハ此ノ議定書ノ適用ハ停止スルノテアル。

488

总裁室文书课长关于铁路动员事致铁道总局长的函（一九三七年九月十一日）

584

極秘

寫

寫

総裁室人事課長　総裁室東亜課長　經理部長　用度部長

北支事務局長

総文書三七第一九號二六ノ一

昭和十二年九月十一日

総裁室文書課長

鐵道總局長殿

鐵道動員ニ關スル件

首題ニ關シ別紙ノ通軍司令官ヨリ指示アリタルニ付軍ノ要望ニ副フ様善處相成度

依命通牒ス

總東庶37第2號ノ328

593

指示

北支事變勃發スルヤ滿鐵ハ所要ノ人員資材ヲ北支ニ派遣シテ北寧及平綏鐵道ノ利用ヲ遺憾ナカラシムルト共ニ鮮滿支ヲ連ヌル軍ノ集中輸送ニ任シ以テ軍全般ノ作戰ニ寄與セル所甚大ナルモノアリタリ。

今ヤ帝國ハ南京政府ノ乖戾ナル態度ヲ默視シ得ス事變當初ノ局地解決、不擴大ノ原則ヲ一擲シ兵力ニ依ル徹底的膺懲ヲ決意スルニ至リ今後ノ對支作戰ノ推移竝隣邦諸國トノ關係ハ遽ニ逆睹ヲ許ササルモノアリ茲ニ於テ鐵道關係ニ在リテモ野戰鐵道司令部ノ動員ヲ實施セラレ如何ナル情勢ノ變化ニ對シテモ軍ノ鐵道利用ニ關シ些ノ遺算ナキヲ期セラルルコトトナレリ

然ルニ滿鐵ニ於テ未タ鐵道動員ヲ實施シ非サル所以ノモノハ務メテ其ノ能力ニ彈力アラシメ克ク狀況ノ變化ニ對處シ得以テ緊要ノ時機ニ臨ミ最大ノ效果ヲ發揮セシメムトスルノ趣旨ニ外ナラス故ニ滿鐵ハ軍ノ北支方面作戰ニ協力スルノミナラス異常ノ努力ニ依リ速ニ人的、物的ノ諸般ニ亘ル態勢ヲ整備シ以テ既定計畫ヨリ著シク複雜多量トナルヘキ北方方面

594

586

作戰ニ對スル鐵道準備ニ關シテモ其ノ完整ニ些ノ遺憾ナキヲ期スヘシ輸送處理、現勢ニ應スル作戰準備等ノ細部ニ關シテハ野戰鐵道司令官ヲシテ指示セシム

昭和十二年九月一日

關東軍司令官 植田大將

南滿洲鐵道株式會社
總裁 松岡洋右殿

595

总裁室文书课长关于关东军野战铁道司令部支部名称变更事致总裁室庶务课长的函（一九三七年九月十三日）

388

秘

發送先　總裁室各課長　各部所長

總文書三七第一〇號五七ノ二

昭和十二年九月十三日

總裁室　文書課長

總裁室庶務課長　殿

關東軍野戰鐵道司令部支部稱呼名改稱ノ件

首題ニ關シ別紙寫ノ通通知アリタルニ付御諒知相成度

總、庶務課長

庶務係

文書係

人事係

421

附一：野战铁道司令官关于名称变更事致满铁总裁的函

寫

369

囑託將校經由

鐵司參通第五號

稱呼名改稱ノ件

昭和十二年九月一日　野戰鐵道司令官　舞　傳　男

南滿洲鐵道株式會社
副總裁　大　村　卓　一　殿

動員完結ニ伴ヒ八月三十日以降關東軍野戰鐵道司令部、支部ノ稱呼ヲ左ノ通改稱ス

關東軍野戰鐵道司令部	野戰鐵道司令部
同　奉天支部	同　奉天支部
同　吉林支部	同　吉林支部
同　牡丹江支部	同　牡丹江支部
同　哈爾濱支部	同　哈爾濱支部
同　齊齊哈爾支部	同　齊齊哈爾支部

422

寫

390

囑託將校經由

鐵司參通甲第一〇號

稱呼名ノ件通牒

昭和十二年九月四日　野戰鐵道司令官　舞　傳　男

南滿洲鐵道株式會社

副總裁　大　村　卓　一　殿

首題ノ件九月一日鐵司參通甲第五號野戰鐵道司令部齊齊哈爾支部ノ次ニ左記ヲ追加ス

左　記

舊	新
	野戰鐵道司令部龍山支部
	野戰鐵道司令部天津支部

423

总裁室文书课长关于送华北处置方案（泉哲氏个人想法）事致总裁室东亚课长的函（一九三七年九月十五日）

極秘

587

東亞課 12.9.16 受付

發送先　總裁　副總裁　各理事　總裁室文書課長　總裁室東亞課長
總裁室弘報課長　鐵道總局長　產業部長　北支事務局長

總文書三七第二一號ノ一七

昭和十二年九月十五日　總裁室文書課長

總東庶37第2號ノ938

總裁室東亞課長　殿

北支處分案（泉哲氏私案）送付ノ件

首題案御參考迄ニ送付ス

596

588

極秘

北支處分案（一私案一）

泉　哲

北支トハ河北、綏遠、察哈爾、山西、山東ノ五省ヲ指ス

右五省ニ於テ自已防衛ト支那暴軍膺懲ノ任ニ當ツテ居ル日本軍ハ不日其ノ目的ヲ達シ北支ヲ日本ノ勢力下ニ置クコトカ出來ルテアラウ、併シ自衛ト膺懲丈テ軍隊ヲ引揚ケル譯ニハ行カヌ、將來日本及日本人ノ權益ヲ保護シ今回ノ如キ事變ヲ再ヒ繰リ返サヌ様或種ノ保障ヲ設ケネハナラヌ其レニハ北支全部ニ渉ル親日的政權ヲ樹立シ之ト協力シテ日本人ノ生命財産ヲ保護シ日本人ノ發展ヲ擁護シ眞ノ日支提携ヲ計ラネハナラヌ

北支政權ノ樹立ニハ幾多ノ方法アルカ最モ抵抗少ナキ比較的容易ナル途ヲ通ラネハナラヌ、先ツ

第一ニ考慮セラルル方法ハ支那ノ宗主權ノ下ニ日本カ行政權ヲ握ルコトテアル。之ハ嘗テ土耳古ノ宗主權ノ下ニボスニヤ及ヘルツゴビーナヲ墺匈帝國ノ行政下ニ置イタ例モアル、併シ行政權ノ移動ハ九國條約ニ違反スル處カアルカラ九國條約ヲ廢棄シテカカラネハナラヌ、九國條約廢棄ノ方法ハ後ニ論スルカ關係國ノ承認ヲ要スルノテ手間取ル惧

597

589

カアル、ソコテ

第二ノ手段トシテ北支ヲ全部北支民ノ意志ニ依リ全然國民政府ヨリ分離シテ北支ニ獨立政府ヲ組織セシムル。此ノ新國家ト日本ハ同盟シテ國防及治安ノ維持ニ當リ國内ノ交通機關ノ管理及富源開發ノ任ニ當ル外國ト支那トノ諸條約ハ廢棄ヲ原則トスルモ北支地域ヲ擔保ニシタル債務ハ尊重スル、併シ漸時有償撤收ヲ計ル。此ノ政治組織ハ中南支ノ政體ノ都合ニ依リ或ハ合體スルノ必要ニ迫ラルヤモ計リ難キヲ以テ其ノ餘裕ヲ設ケ置クヲ要スル

最後ニ滿洲國ニ併合スル方法モ考ヘラルルカ之ハ左程ルカ宜イト思フ何トナレハ滿洲國建設ノ際ハ世界ノ物議ヲ釀シ極メテ難産テアッタ然ルニ今回ノ北支事變ハ何等侵略的即チ領土的野心ヲ有タヌコトヲ聲明シテ居ルカラ日本ノ占領地ノ如ク考ヘラレテ居ル滿洲國ニ併合スルハ前言ヲ裏切ル感アリ面白クナイ。

獨立スヘキ北支ノ組織

一、各省ヲ自治ト爲シ中央政府ヲ北平ニ設ク

598

二、政體ハ何レナリト北支人ノ意志ヲ尊重シテ決メル
三、立憲代議制ヲ目標トス
四、日本人顧問ヲ政府要路ニ置ク、鐵道及富源開發ハ日本法人又ハ個人
ニ解放ス
五、有力ナル日本軍ヲ駐屯セシム
六、日本ト防守同盟ヲ締結ス
七、蒙古ハ別個ノ獨立國ト爲シ露國トノ緩衝地帯ト爲ス
八、日本ハ新國民トノ精神的融合ニ努力ス（文化的提携）
九、東亞主義ノ確立（歐米勢力ノ驅逐）
一〇、各種不平等條約ノ廢棄
一一、山林及河川ノ調整
以上ハ暫定的私案テアッテ詳細ノ點ハ尚研究ヲ要スルヲ以テ現地視察ノ
上報告スル（昭和一二、九、一〇）

599

总裁室文书课长关于请准备提交满铁社员相关天皇御览文件事致铁道总局长、北支事务局长的电文（一九三七年十月八日）

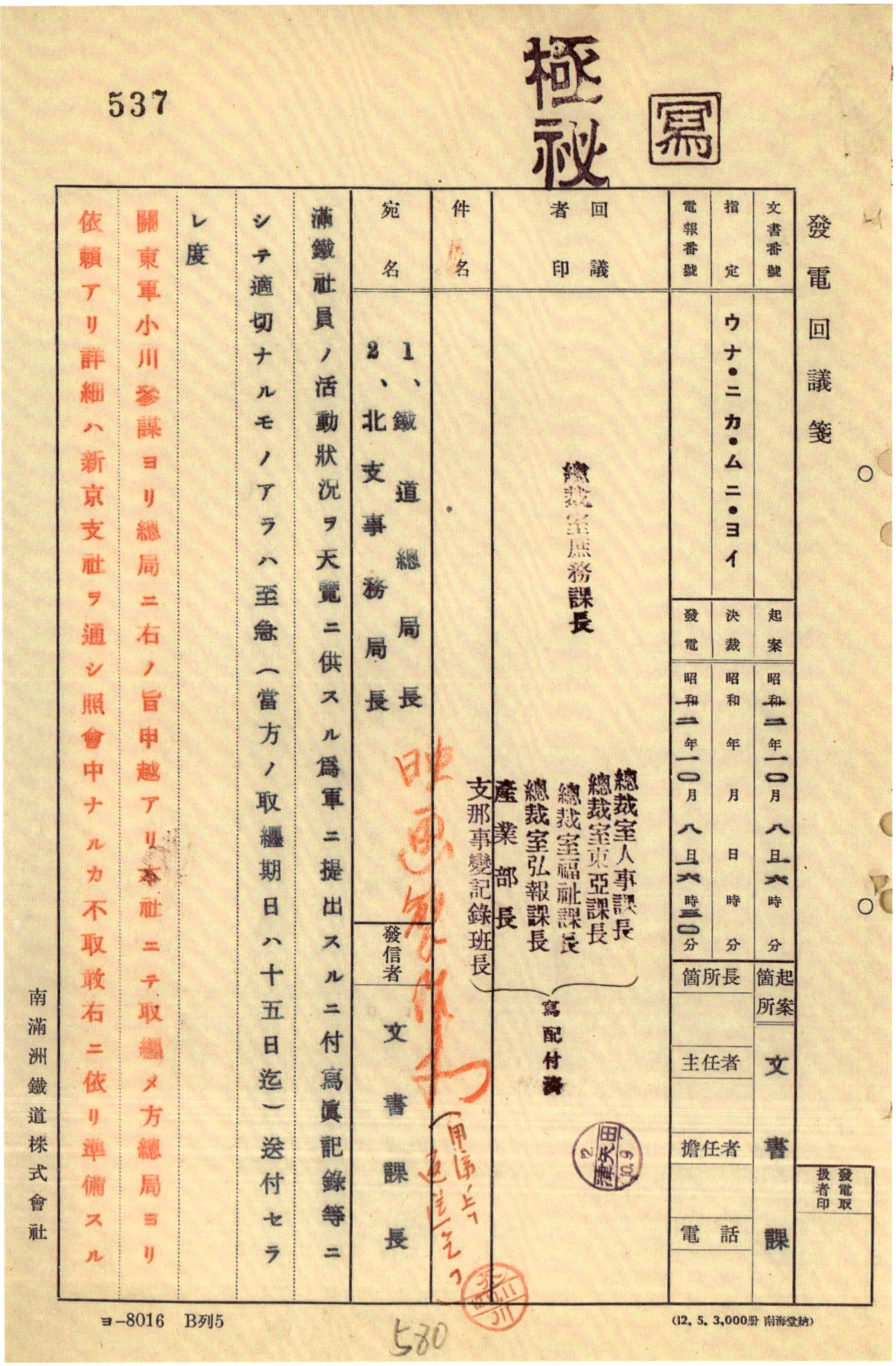

537

極秘

寫

發電回議箋

文書番號

指定 ウナ・ニカ・ムニ・ヨイ

電報番號

起案 昭和一二年一〇月八日六時　分

決裁 昭和　年　月　日　時　分

發電 昭和一二年一〇月八日六時三〇分

起案箇所 文書課

箇所長

主任者

擔任者

電話

發電取扱者印

回議者印 總裁室庶務課長

寫配付先 總裁室人事課長 總裁室東亞課長 總裁室福祉課長 總裁室弘報課長 產業部長 支那事變記錄班長

件名

宛名 1、鐵道總局長 2、北支事務局長

發信者 文書課長

滿鐵社員ノ活動狀況ヲ天覽ニ供スル爲軍ニ提出スルニ付寫眞記錄等ニシテ適切ナルモノアラハ至急（當方ノ取纏期日ハ十五日迄）送付セラレ度

關東軍小川參謀ヨリ總局ニ右ノ旨申越アリ本社ニテ取纏メ方總局ヨリ依頼アリ詳細ハ新京支社ヲ通シ照會中ナルカ不取敢右ニ依リ準備スル

南滿洲鐵道株式會社

ヨ-8016 B列5

(12. 5. 3,000冊 南海堂納)

580

538

コトトス

(1)寫眞　弘報課ニテ取纏メルコト

(2)記錄

鐵道關係　總局及北支事務局ヨリ資料ヲ提出セシム

其ノ他　東亞課ニ於テ取纏メノコト

(3)映畫ハ不要

（印：12.10.11）

南滿洲鐵道株式會社

ヨ-0003　B列5　(12. 3. 15,000冊　滿日納)

581

总裁室文书课长关于使用信鸽进行北京丰台间通信联络事致总裁室庶务课长的函（一九三七年十月二十九日）

秘

發送先 總裁室各課長 各部所長 參與 監察役 經調委員長
技委、委員長

總文書三七第一〇號八一ノ一
昭和十二年十月二十九日
總裁室文書課長

總裁室庶務課長殿

有賀 12.11.1

北京豊臺間通信連絡ニ傳書鳩使用ノ件

北京發著鐵道電報ハ豊臺—北京間列車便ニ依リ送達セルモノヲ爾今傳書鳩ヲ使用シ同區間ノ連絡ヲ圖ルコトトナリタル旨總局工務局長ヨリ通知アリタルニ付左記事項承知ノ上發電相成度

記

一、電報ノ内容機密ヲ要スルモノハ暗號ヲ使用スルコト
二、電報記事欄ニ「ハト」ト記載スルコト
三、連絡時間ハ左ノ通トス

533

575

534

北京發　一〇時　一三時　一六時

豐臺發　一〇時三〇分　一三時　一六時

576

总裁室文书课长关于天皇御览文件一事军部参谋长发来通知事致总裁室庶务课长的函（一九三七年十一月十一日）

總務課 12.11.11 受付

535

總裁室各課長　各部所長　參與　監察役　經調委員長　技委委員長
北支事務局長
寫　事變記錄班長

總文書三七第二一號ノ三一
昭和十二年十一月十一日　總裁室文書課長

總裁室庶務課長　殿

天覽資料ニ關スル件軍參謀長通牒

今次事變ニ於ケル社員ノ活動狀況ニ關シ天覽資料トシテ寫眞、記錄等關東軍宛提出中ノ處今般別紙寫ノ通關東軍參謀長ヨリ通牒アリタルニ付通知ス

總、庶務課長

578

寫

關副乙第一八八三號

天覽資料ニ關スル件通牒

昭和十二年十月三十日

關東軍參謀長　東條英機印

滿鐵本社庶務課長殿

天皇陛下　ニハ十月二十八日參謀本部ニ行幸アラセラレ軍隷下部隊ヨリ提出セル諸資料ヲ御熱心ニ天覽アラセラレ我全軍ノ勇戰奮鬪ノ功績ヲ偲ハセ給ヒシヤニ拜察セル旨參謀次長ヨリ通牒アリタルニ付此ノ旨社員一同ニ傳達セラレ度通牒ス

536

579

十三、总裁室庶务课

7

總、庶務課長 不在

北支事變日誌

庶務

七月十二日

一、北支時局ノ連絡方左記ニ依リ實施スヘク文書課長ヨリ通知アリタリ

イ、時局中ノ本社連絡本部ヲ總裁室文書課ニ設置シ責任者ヲ宿直セシム

ロ、勤務時間外ニ於ケル各部所連絡責任者ヲ別表ノ通定ム

總、庶務課ノ連絡責任者ハ津矢田庶務主任ニ決定

ハ、總局關係連絡機關ヲ別表ノ通定ム

二、北支事變關係出張社員ノ旅費假拂金支拂額左記ノ通

所屬	資格	氏名	出張地	日數	假拂額
文書課	囑託	朝倉好信	山海關	一〇	一六〇
〃	職員	清水芳勝	奉天	一〇	一一四
〃	雇員	田中武雄	山海關	一〇	七六
〃	〃	松重忠	奉天	七	六八
〃	傭員	鈴木正	山海關	一〇	五七

9

七月十三日

一、北支事變關係出張社員ノ旅費假拂金支拂額左記ノ通

所屬	資格	氏名	出張地	日數	假拂額
庶務課	囑	芥川光藏	北平、天津	一〇	一九〇
〃	〃	杉浦要	〃	三〇	三三〇
〃	〃	山口武三	〃	三〇	三三〇
〃	臨傭	芦澤道男	〃	三〇	二五〇
〃	傭	山田榮	〃	三〇	二五〇
文書課	雇	萩原春海	奉天	九	六八
弘報課	傭	片山康貳	北平	一四	一四〇
東亞課	參	宮本通治	天津、北平	四	二〇〇

9

七月十四日

一、時局業務善處方ニ關シ文書課長ヨリ詳細指示アリタリ

二、事變中惠通公司飛行機大連、天津間毎航往復座席一ヲ豫約シ利用シ度右惠通本社ト協定方天津事務所長ニ電報ス

三、事變關係業務ニ服スル爲社員十一名ヲ北支ニ派遣セリ

四、事變關係出張社員ノ旅費假拂金左ノ如シ

所屬	資格	氏名	出張地	日數	假拂額
庶務課	雇	和田熊助	北平	三〇	一〇〇
〃	〃	竹内喜平	〃	三〇	一〇〇
文書課	職	鷲見剛二	山海關	三〇	一〇〇
人事課	雇	後藤忠一	〃	三〇	一〇〇
〃	參	石原重高	天津	三	一七五
弘報課	雇	菅野正司	北平、天津	二一	一六〇
〃	傭	川崎保城	〃	二一	一三〇
〃	職	水谷國一	天津	一四	一八〇

11

10

七月十五日

一、北支事變ニ關シ關東軍並天津軍ヨリノ希望モ有リ天津｜北平方面ニ於ケル皇軍ノ活躍並滿鐵社員活動狀況ヲ活動寫眞撮影ノ爲左記所員ヲ派遣ス

七月十五日午後二時長平丸ニテ出發

總監督連絡　囑託　主任　芥川光藏
第一撮影班　囑託　山口武三
〃　助手　芦澤道夫
第二撮影班　囑託　杉浦要
〃　助手　山田榮

尚現地ノ情勢ニ依リ撮影班派遣必要ノ場合ノ準備トシ

第三班　囑託　濱田新吉
〃　助手　未定
第四班　雇員　小河恭勇
助手　未定

12

11

所內ニ於ケル事務連絡並配置

總事務　職員　鶴　靖

總手配　囑託　早川一郎

非常作業　囑託　長濱赳夫

責任者　傭員　加藤正直　現像

臨時囑託（高原富士郎）編輯

二、午前十一ヨリ本館會議室ニ於テ滿鐵本社防護團ノ結團式ヲ舉行セリ

13

12

三、事變關係出張社員ノ旅費假拂金左ノ如シ

所屬	資格	氏名	出張地	日數	假拂額
文書課	雇	小野信子	奉天	二一	一一〇
〃	傭	寺田美保子	〃	二一	九〇
〃	〃	田中エミ子	〃	二一	九〇
〃	〃	植松小枝	〃	二一	九〇
〃	〃	伊藤ちよ子	〃	二一	九〇
〃	〃	中村長子	〃	二一	九〇
〃	〃	橋爪福子	〃	二一	九〇
〃	〃	渡邊菊枝	〃	二一	九〇
〃	〃	北岡輝子	〃	二一	九〇
〃	〃	佐藤艶子	〃	二一	九〇

14

七月十六日

一、北支時局ニ關シ特ニ緊急ヲ要スル電報取扱方ニ關シ文書課長ヨリ通牒アリタリ

二、旅大地區防衛司令部ヨリノ通牒ニ依リ旅大地區照空隊（鈴木部隊附）員トシテ總裁室ヨリ社員五名ヲ派遣ス

15

14

七月十七日

一、惠通公司飛行機座席一豫約成立シ之カ利用ハ東亞課ニテ統制スルコトトナレリ

二、天津ニ醫師二名、看護婦九名、外ニ防疫ノ爲醫師一名助手一名ヲ班長大越博士引率シ十八日朝奉天驛ヲ出發セシムル旨衛生課長ヨリ通報アリタリ

三、時間外時局用務出張者ニ對スルパス及旅費取扱ニ關シ總裁室内各箇所長へ通知ス

四、旅費假拂左ノ如シ

所屬	資格	氏名	出張地	日數	假拂額
東亞課	副	伊藤香象	天津、北平	七	二〇〇

16

15

七月十八日

特記スヘキ事項ナシ

17

16

七月十九日

一、北支事變ノ爲工事材料其ノ他一般配給品ハ品薄又ハ貨車繰ノ關係上遲延スルモノト豫想サルル旨用度部長ヨリ通牒アリタリ

二、支那駐在員及事變關係派遣員ノ殘留家族ニ對スル救濟、慰問及便宜供與等ハ總、福祉課ニ於テ實施ノコトトナレリ（總福慰三七第二一號七四ニテ決裁）

三、北支事變ニ關係アル總裁室關係支出費ニ對シ事變費トシテ一括假拂ニ整理スヘキ旨經理部長ヨリ通牒アリタリ

四、旅費假拂左ノ如シ

所屬	資格	氏名	出張地	日數	假拂額
弘報課	職	伊地知進	天津	三〇	三五〇

18

17

七月二十日

一、旅費假拂左ノ如シ

所屬	資格	氏名	出張地	日數	假拂額
弘報課	囑	西巻周光	青島	三〇	四〇〇

19

18

七月二十一日

一、上海事務所長不在ニ付對外人關係業務ノ爲當分ノ間金井囑託ヲ上海ニ派遣スルコトトナリタリ

二、哈爾濱鐵路局文書課傭員水野要派遣方交渉ス

三、旅費假拂左ノ如シ

所屬	資格	氏名	出張地	日數	假拂額
參與	參	田所耕耘	天津、北平	二〇	六〇〇
總裁室	囑	金井清	上海	三〇	八五〇
弘報課	傭	平原國二	天津	三〇	二〇〇
〃	〃	稻葉三郎	〃	三〇	二〇〇
文書課	〃	有馬春子	〃	二一	一〇〇
〃	〃	南一枝	〃	二一	一〇〇
〃	〃	奥山勤	〃	三〇	二〇〇
人事課	〃	仙田隆造	〃	一四	一〇〇
〃	〃	金納隆康	〃	一四	一〇〇

20

19

人事課	傭	中村好治	天津	一四	一〇〇
〃	職	松尾松平	〃	一四	一八〇

20

七月二十二日（木曜）

一、時局ニ關スル本社各箇所ノ業務ノ連絡ヲ圖ル爲本社時局事務連絡委員会設置セラレタル旨文書課長ヨリ通知アリタリ。委員長並委員ハ左ノ通

委員長　中西理事

総務委員　総裁室文書課長

各部所委員　〃　庶務課長

〃　人事課長

〃　弘報課長

〃　東亜課長

経理部主計課長

用度部庶務課長

産業部庶務課長

南滿洲鐵道株式會社

ヨ-0003　B列5　(12. 3. 15,000冊 滿日社納)

22

二、旅費ハ假拂左ノ如シ

地方部庶務課長

22

七月二十三日（金曜）

一、派遣社員ノ出張旅費支給方ニ付人事課ト打合

二、文書課派遣タイピストノ補充トシテ（左記希望）二十名臨時採用ノ合議ヲ受ケタリ

採用人員　二〇名（日給一円二〇銭）　日額　二〇

タイプライター　一二台購入（一台二九五円）　三、五四〇

（予算ハ当方整理ス）

三、映画製作所芥川主任外四名弘報課庶務営野主任外一名ニ対シ七月十六日附支那駐屯軍司令部ヨリ嘱託発令セラレタル旨通知アリタリ

四、旅費仮払左ノ如シ

南滿洲鐵道株式會社

ヨ-0003　B列5　（12. 3. 15,000冊　滿日社納）

24

七月二十四日（土曜）

一、天津派遣中ノ芥川主任一行抑留説アリタルヲ以テ

真相照会シ処事実無根ナル旨回答アリタリ

二、北支駐屯軍司令部ヨリ天津事務所ヲ通シ

暗號電報取扱者（英、華文）四名派遣方依頼

アリ弘報課ヨリ二名同右事務所ヨリ一名派遣

ノコトニ打合セタリ

三、張數人假捕虎ノ如シ

25

24

七月二十二日（月曜）

一、曩ニ依頼シテ営業部補助ノ為哈爾濱鉄路局総務処文書科備員水野要ヲ天津事務所へ派遣方哈鉄ヨリ電報アリタルヲ以テ直ニ天津事務所へ移牒ス

二、新聞人脇掛左ノ如シ

七月二十七日（火曜）。

一、時局関係経費ノ整理ニ関シ午前九時ヨリ主計課
ニ於テ~~[illegible]~~劉氏、加納両君
出席ノ上左ノ通打合セヲナリ
イ、タイピスト嘱託経費ハ諸費通ヨリ飛行機発着
借上料ハ何レモ時局費ヨリ支出スルコト
ロ、時局ニ関スル間接的ノモノ（例ヘハ陣中慰問金等）
モ時局費ニテ支弁ノコト。

26

七月二十八日（水晴）

一、天津事務所長ヨリ左記ノ通電アリタル旨文書課長ヨリ通知アリ

昨夜ヨリ北平、天津間不通トナリタル為当分北平行文書ハ当所ニテ保管ス、不得止サル場合ハ電ニテ通知セラル

南滿洲鐵道株式會社

ヨ-0003　B列5　（12. 3. 15,000冊 滿日社納）

28

七月二十九日（木曜）

一、天津事務所長ヨリノ依頼ニ依リ陝西班第三班二名派遣ニ決定、三十日出帆天津丸ニ乗船ノ旨発表セシモ人事課通牒ニ依リ出発見合セトナレリ

二、天津ニアドバルーン掲揚者六名派遣方申入レアリ取外富士商会員ヲ派遣スルコトヽシ右旅費ハ假拂トシテ金一八〇円也代表者前田明治ヘ交セリ、尚右假拂金ハ後日軍ヨリ戻入アル筈

三、旅費假拂左ノ如シ

28

七月三十日（金曜）

一、派遣社員留守宅家族取扱ニ関シ總社次長ヨリ通牒アリタリ

二、天津事務所ヨリ全地派遣社員ノ為当分ノ間出張見合セラレ度旨通牒アリタリ（一人ヲ除ク次長秘書）

三、文書課ヨリノ要求ニ依リ特信班ニ於ケル事変関係暗號電報業務助勤ノ為三名派遣（内三週間ノ豫定）

南滿洲鐵道株式會社

ヨ-0003　B列5　（12.3.15,000冊 滿日社納）

30

31i

七月三十一日（土曜）

一、大連鉄道事務所雇员志々目了介ヲ文書課特宣班ニ助勤方ニ付接衛

南滿洲鐵道株式會社

ヨ－0003　B列5　(12. 3. 15,000冊 滿日社納)

33

33

八月二日（月曜）

一、天津事務所（無電設置連絡ノ為）技術係高橋平次、大連保安区廣瀬助役、鉄道研究所古里坦氏以上三名本日海路派遣ス

二、軍事関係北支事変用臨時事務従事員第一次教育人選方ニ関スル通牒アリタリ

南滿洲鐵道株式會社

ヨ-0003 B列5

(12. 3. 15,000冊 滿日社納)

35

八月三日（火曜）

一、軍事關係並支事變用暗號業務從事員第一次教育者トシテ總裁室ヨリ六名選定セリ

南滿洲鐵道株式會社

ヨ-0003　B列5　(12. 3. 15,000冊 滿日社納)

七七事变相关日志（人事相关）（一九三七年七月十四日至十月十一日）

62

事変関係日誌

七月十四日

事変関係業務ノ為北支方面ニ派遣セル社員十名（山海関二、北平ニ北支各地二、天津及北平五）

七月十五日

今上北支其ノ他ヘ派遣セル社員十三名（山海関一、奉天、新京、牡丹江一二）

七月十六日

事変ノ為北支出張中ノ社員ノ動静ヲ留守宅ニ通知ノ件

避難社員家族ノ住宅斡旋ノ件

旅大地区服務空隊員派遣方旅大地区防衛司令部ヨリノ通牒ニ依リ五名派遣ス（鈴木部隊附）

七月十七日

人事係

南滿洲鐵道株式會社

ヨ-0003 B列5 (12. 3. 15,000冊 滿日印刷)

64

時局外時局用務出張者ニ對スルパス及ビ旅費取扱ニ関シ
總裁室内各箇所長ヘ通知ノ件
事業部ノ為天津其ノ他ヘ派遣者取扱ノ件

七月十九日

北支派遣中ノ社員ノ勤務留守宅ニ通知ノ件
派遣社員ノ家族ニ對スル住宅斡旋ノ件

七月二十日

事業部ノ為青島派遣ノ件
留守宅ヘ通知ノ件
北支駐屯軍對外人干渉策綱ノ要旨ノ写

七月二十一日

哈爾浜鉄路局弁事處員水野要派遣方交渉
金井囑託上海派遣ノ件
事業部ノ為天津派遣ノ件

南滿洲鐵道株式會社

64

事変日誌（三）

人事係

七月二十三日

派遣社員留守宅ノ世話　一件

派遣社員ノ出張旅費支給方ニ付人事課ト打合　一件

文書課派遣タイピストノ補充トシテ二十名臨時採用ノ合議ヲ受ク

南滿洲鐵道株式會社

ヨ-0003　B列5　(12. 3. 15,000冊 滿日印刷)

66

事變日誌（四）　人事係

七月二十三日

映画製作所囑託芥川光藏外四名弘報課雇員菅野正司外一名支那駐屯軍司令部ノ事務囑託七月十八日附発令セル旨通知アリ

事變業務ノ爲天津出張者　三名

南滿洲鐵道株式會社

ヨ-0003　B列5　(12. 3. 15,000册　満日館納)

66

事變日誌（五）　人事係

七月二十四日

事變ノ爲北支派遣出張取扱　一件

天津派遣中ノ芥川囑託一行抑留説アリタルヲ以テ眞相照合セルガ事実無キ旨回答アリタリ

上海事務所長不在中事務指揮ノ爲金井囑託上海ニ向ケ出發サル

北支駐屯軍司令部ヨリ天津事務所ヲ通シ暗号電報取扱者（英、華文）等四名派遣方依頼アリ弘報課ヨリ二名用度事務所ヨリ一名派遣ノ事ニ打合ス

南滿洲鐵道株式會社

ヨ-0003　B列5　（12. 3. 15,000冊　滿日納）

68

事變日誌（六）　人事係

七月二十六日

曩ニ依頼セル事変業務補助ノ為哈爾濱鉄路局総務處文書科傭員水野要ヲ天津事務所へ派遣方哈鉄ヨリ電報通知アリ直チニ天津事務所へ転電ス

事業ノ為天津へ出張者取扱三件

南滿洲鐵道株式會社

ヨ-0003　B列5　(12. 3. 15,000冊 満日組納)

69

事變日誌(八)

人事係

七月二十八日

事變ノ爲北支出張社員動靜留守宅ニ
通知

四件

南滿洲鐵道株式會社

ヨ-0003 B列5 (12. 3. 15,000冊 滿日社納)

71

事変日誌（九）　人事係

七月二十九日

天津事務所長ヨリノ依頼ニ依ル映画班才三班ニ名派遣ニ決定三十一日天津丸ニテ派遣スル旨発電セシモ人事課通牒ニヨリ出発見合セトナル

天津ヘ出張者取扱　四件

南満洲鐵道株式會社

ヨ－0003　B列5　（12. 3. 15,000冊　満日印刷）

71

事變日記　(十)　人事係

七月三十日

天津ヘ出張取扱ニ件

留守宅ヘ情況通知ニ件

派遣社員留守宅家族取扱ニ関シ福祉課長

ヨリ通牒アリタリ

天津事務所ヨリ同地ヘノ派遣社員當分ノ間

出張見合セラレタキ旨通牒アリタリ

（人事課長移牒）

文書課ヨリノ要求ニ依リ特信班ニ於ケル事

変関係暗号電報業務助勤ノ為

三名派遣（約三週間ノ豫定）

73

事變日誌（十二） 人事係

七月三十一日、

大連鉄道事務所雇員志々目了介ヲ

文書課特信班ニ助勤方ニ付接渉

派遣社員留守宅ニ對シ情況其ノ他通知

十一件

天津出張者取扱二件

南滿洲鐵道株式會社

ヨ-0003 B列5 (12. 3. 15,000冊 滿日印刷)

73

事変日誌（十二） 人事係、

八月二日

天津事務所ヘ無電設置連絡ノ為庶務係高橋平次、大連保安区廣瀬助役、鉄道研究所古野三名本日派遣ス、

天津ヘ出張者取扱ニ件

軍事関係ノ北支事変用暗号業務終了（従事ノ、）員第一次教育人選ニ関スル通牒アリ

南滿洲鐵道株式會社

ヨ-0003 B列5 (10.5.15,000冊 滿日社印)

75

事變日誌(三)　人事係

八月三日

軍事関係其他ノ事變用臨時業務從事員第一次教育者トシテ總裁室ヨリ六名選定セリ

時局事務ノ為奉天ヘ出張者取扱　一件

留守ニ対シ情況通知　一件

南滿洲鐵道株式會社

ヨ-0003　B列5　　(12. 3. 15,000冊 滿日社納)

35

事変日誌(西) 人事係

八月四日
本社防護團警備員トシテ臨時傭員五名採用ノ為候補者十六名ニ付銓衡ス
天津出張者取扱ノ件

南滿洲鐵道株式會社

ヨ-0003 B列5 (12. 3. 15,000冊 滿日社納)

37

事変日誌 十六 人事係

八月六日

天津ヘ事変ノ為出張者取扱五件

派遣社員動静ヲ留守宅ニ通知一件

天津方面ヘ派遣出張中ノ高橋職員

杉浦嘱託 山田傭員外二名帰任

南滿洲鐵道株式會社

ヨ-0003 B列5 (12. 3. 15,000冊 滿日社納)

39

38

事変日誌（十七）人事係

八月七日

天津ヘ派遣生残者取扱 三件

南滿洲鐵道株式會社

ヨ-0003 B列5 (12. 3. 15,000冊 滿日社納)

40

事變日誌 十九 人事係

八月十日

事變用務ノ爲奉天、新京ヘ出張ノ件

40

南滿洲鐵道株式會社

ヨ-0003　B列5　(12. 3. 15,000冊 滿日社納)

42

事変日誌(二十) 人事係

八月十日　記事　十三

八月十二日　〃

八月十三日　上海事務所ヨリ電話依頼アリ
同地支那人自動車運転手逃亡ニ付
為助勤二名（請嶺地、高下）ヲ派遣
スル事ニ決定ス

八月十四日　天津ヘ出張者取扱　一〇件

41

南滿洲鐵道株式會社

ヨ-0003　B列5　(12.3.15,000冊 …)

43

42

八月十四日

天津ヘ出張者取扱ノ一件

上海ヘ派遣スル予定ナリシ自動車運轉

手二名ハ船便杜絶ノ爲出発見合セ

事變日誌（二十一）人事係

前田

南滿洲鐵道株式會社

ヨ-0003　B列5　(12.3.15,000冊 濱日印刷)

44

43

事変日誌（二十二）人事係

八月十六日

天津ヘ出張者取扱　一件

派遣社員ノ状況留守宅ヘ通知　四件

（前田）

南滿洲鐵道株式會社

ヨ-0003　B列5　(12. 3. 15,000冊 滿日社納)

45

事变日誌（二十三）人事係

44

八月十七日、

派遣社員留守宅通知　一件

派遣社員ニ對スル留守宅ヨリノ荷物送達　一件

通州殉職社員通信　一件

ヨ-0003　B列5　（12. 3. 15,000冊 滿日社納）

46

45

事変日誌（四）人事係

八月十九日

曩ニ出発延期中ノ自動車運転手二名共本日、大連丸（陸軍御用船）ニ便乗ヲ得テ出発セシム

上海出張取扱 二件

南滿洲鐵道株式會社

ヨ-0003 B列5 (12. 3. 15,000冊 滿日社納)

47

事変日誌（五）　人事係

八月二十日　記事無シ

八月二十一日　派遣社員留守宅世話一件

天津駐屯軍ヨリ小野職員宛

タイピスト同伴方依頼電報一通

小野職員ヲ探シ交付ス

46

南滿洲鐵道株式會社

ヨ-0003　B列5　（12. 3. 15,000冊 滿日納）

48

47

事變日誌（二六）人事係

八月二十二日　記事無シ

八月二十三日　天津ヘ出張者取扱一〇件

派遣社員情況留守宅ヘ通知二件

天津出張者乗船斡旋一件

南滿洲鐵道株式會社

ヨ-0003　B列5　(12. 3. 15,000冊 滿日社納)

49

事變日誌（二七）人事係

八月二十四日

派遣社員出張取扱　二件

派遣社員情況留守宅ヘ通知　二件

出張者ノ乗船世話　一件

八月二十五日　無シ

八月二十六日

派遣社員出張取扱　三件

歸還者世話　一件

43

南滿洲鐵道株式會社

ヨ-0003　B列5　(12. 3. 15,000冊　滿日社納)

50

49

事変日誌　二八　人事係

八月二十七日

北支派遣社員出張取扱　三件

南滿洲鐵道株式會社

ヨ-0003　B列5　(12. 3. 15,000冊 満日社納)

51

事務日誌 二九 人事係

八月二十八日
北支派遣出張取扱 一件

八月二十九日 日曜

八月三十日
北支派遣社員出張取扱 二件
派遣社員留守宅へ情況報告先 二件

50

南滿洲鐵道株式會社

ヨ-0003 B列5 (12. 3. 15,000冊 滿日印刷)

52

51

事變日誌 三〇 人事係

八月三十日 記事無シ
九月一日 〃
九月二日 北支派遣者出張取扱 七件
九月三日 仝 一件
九月四日 仝 三件

第二艦隊兼組通譯二名派遣方人事課ヨリ申出アリ福祉課坂上宇野、弘報課近藤以上三名派遣スコトニ決定ス

九月五日 第二艦隊兼組員通譯員弘報課近度外二名本日午前十一時迄ニ旅順要港部ニ出頭セシメタリ

南滿洲鐵道株式會社

ヨ-0003 B列5 (12.3.15,000冊 滿日社納)

53

事變日誌（三）　人事係

自　九月六日
至　九月十日）ナシ

九月十一日
天津派遣員出張取扱　五件

九月十二日　ナシ

九月十三日
北支派遣員出張取扱　一件

九月十四日
北支派遣員出張取扱　一件

九月十五日
北支派遣員出張取扱　二件

南滿洲鐵道株式會社

ヨ-0003　B列5　（12.3.15,000冊 滿日社納）

54

53

事变日誌（三）

人事係

九月十六日

北支派遣社員出張取扱三件

南滿洲鐵道株式會社

ヨ-0003 B列5 (12. 3. 15,000冊 滿日納)

54

事變日誌　三三　人事係

九月十七日　北支派遣社員出張者取扱　二件

九月十八日　皇軍竝社員慰問ノ爲上海ニ出張者取扱　二件

南滿洲鐵道株式會社

ヨ-0003　B列5　(12.3.15,000冊 滿日印刷)

56

55

事変日誌 三四

人事係

支那事変関係出張

九月二〇日 天津 三件

〃二二日 〃 二件

〃二四日 〃 九件

（印：前晶）

南滿洲鐵道株式會社

ヨ-0003 B列5 (12. 3. 15,000冊 滿日社納)

57

事变同誌 三五

九月二十日 天津 時局業務派遣 二名

十月二日 時局業務派遣 十名

十月四日 天津北平 時局業務派遣 二名

十月五日 東京、大阪 支那駐屯軍関係用務ノ為 一名

57

事変関係 三六

十月九日 天津、塘沽
時局事務援助ノ為特務機関ノ依頼 一名

仝 天津 北平
時局事務援助ノ為派遣 一名

十月十一日 天津
事変関係事務打合セノ為派遣 一名

仝 上海
時局事務援助ノ為派遣 二名

人事係

南滿洲鐵道株式會社

ヨ-0003 B列5 (12.3.15,000冊 滿日社納)

59

总裁室庶务课长关于制定中国驻在人员派遣人员与其家族成员之间联络办法事致总裁室东亚课长的函（一九三七年七月十五日）

寫　庶、經理係

總庶人三七第二〇號ノ七五

昭和十二年七月十五日

總東庶37第1號ノ209

總裁室庶務課長

總、東亞課長殿

支那駐在及派遣員ト殘留家族トノ連絡ニ關スル件

今回北支事變發生ニ伴ヒ支那内地派遣及駐在員等（上海、天津及北平事務所員ヲ含ム以下同シ）ト其ノ大連殘留家族トノ連絡ニ關シ大體左記事項ノ範圍ニテ當課ニ於テ處理致度ニ付貴所屬現在派遣及駐在員關係左記事項詳細連絡願度尚將來新規派遣或ハ右派遣及駐在員ノ異動アリタル場合ハ其ノ都度遲滯ナク關係事項連絡願度

事務擔當箇所　總、庶、人事係

同　擔當者　山口四郎

（電話社公二一六〇番）

226

処理事項

一、諸給与受領送金関係

二、身廻品ノ授受斡旋

三、社員及家族相互情勢或ハ状況通報

四、残留家族慰問及相談

五、引揚家族住宅斡旋

六、其ノ他

通報事項

一、社員氏名

一、本人関係

イ、所属箇所、資格、給額、年齢

ロ、派遣或ハ駐在箇所名

ハ、郵便物等ノ宛名

ニ、派遣ノ場合ハ大體ノ期間

ホ、諸給与受領委託送金等ノ希望ノ有無及希望方法

233

二、家族關係

へ、殘留家族住所（電話）

ト、家族數、氏名、續柄、年齡、學校關係

チ、其ノ他參考事項

227

234

总裁室庶务课长关于通知增加军事相关密码（常用）表收件人事致总裁室东亚课长的函（一九三七年七月十五日）

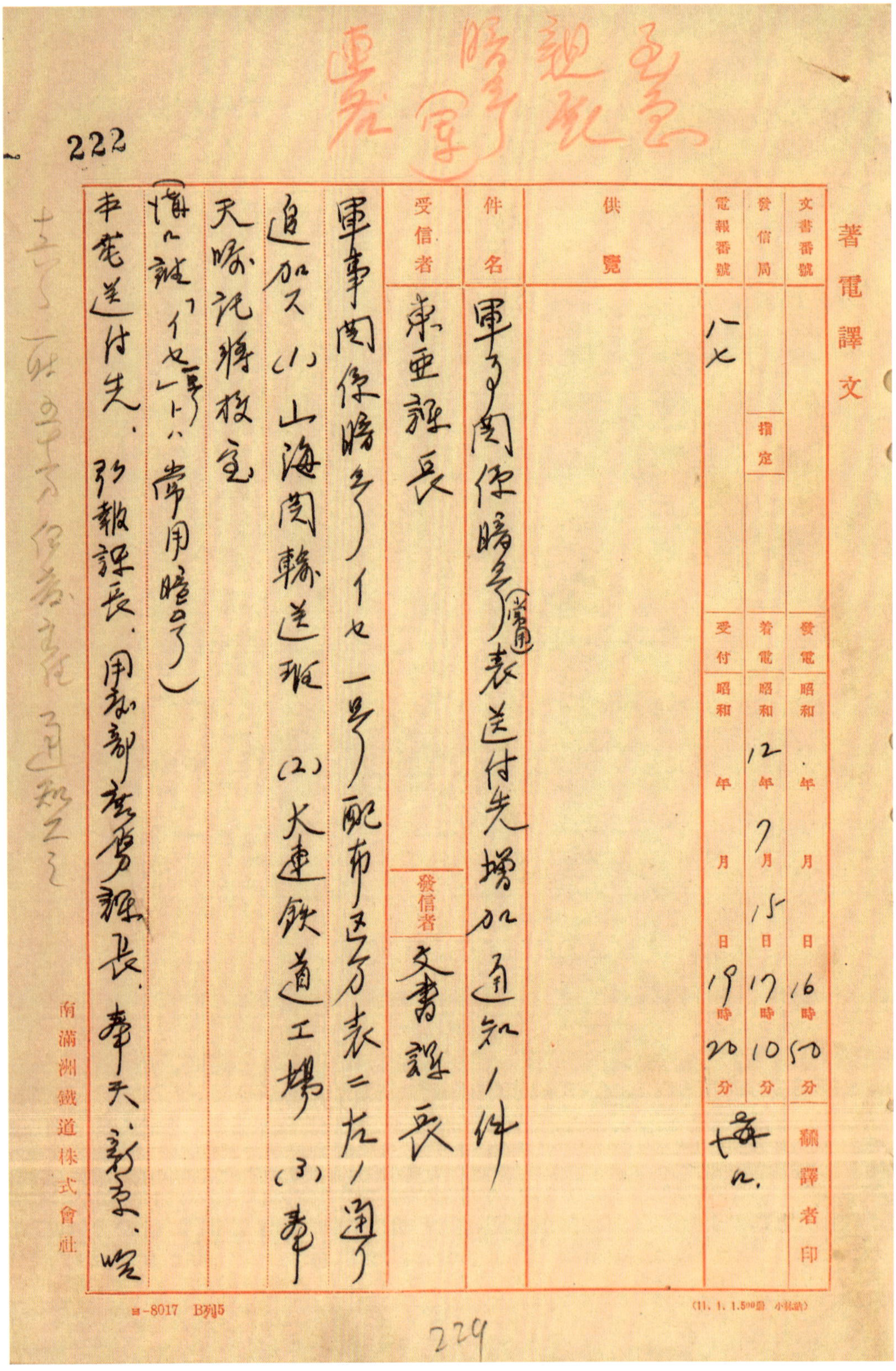

222

著電譯文

文書番號　發信局　電報番號 八七　指定

發電 昭和　年　月　日 16時 50分
着電 昭和 12年 7月 15日 17時 10分
受付 昭和　年　月　日 19時 20分

飜譯者印

供覽

件名：軍事関係暗号(常用)表送付先増加通知ノ件

受信者：東亜課長

發信者：文書課長

軍事関係暗号一七一号配布先ヲ左ノ通追加ス (1)山海関輸送班 (2)大連鉄道工場 (3)奉天嘱託将校室

(備ハ該一七一号ハ常用暗号)

本暗送付先、弘報課長、用度部長、警務課長、奉天、新京、哈[illegible]

南滿洲鐵道株式會社

日-8017 B列5

(11. 1. 1.500冊 小林納)

224

北満用度事務所長、鉄道総局（文書課長、人事課長
資材課長、経理局長、輸送局長、建設局長、輸送委
員会委員長、鉄道警務局長、奉天、哈尔濱、錦州、四
平街、羅津建設事務所長、錦州、吉林、牡丹江、哈尔濱
総務処長、斉々哈尔、総務処長、機務処長、大連、奉天、
北鮮鉄道事務所総務課長、北鮮鉄道事務所営
業課長、新京支社総務課長、天津事務所長、北支
事務所長、大連鉄道工場長、東京支社総務、鉄道
課長、

总裁室庶务课长关于要求高桥平次尽快返回会社事致天津事务所转总裁室庶务课员高桥平次的电文（一九三七年八月四日）

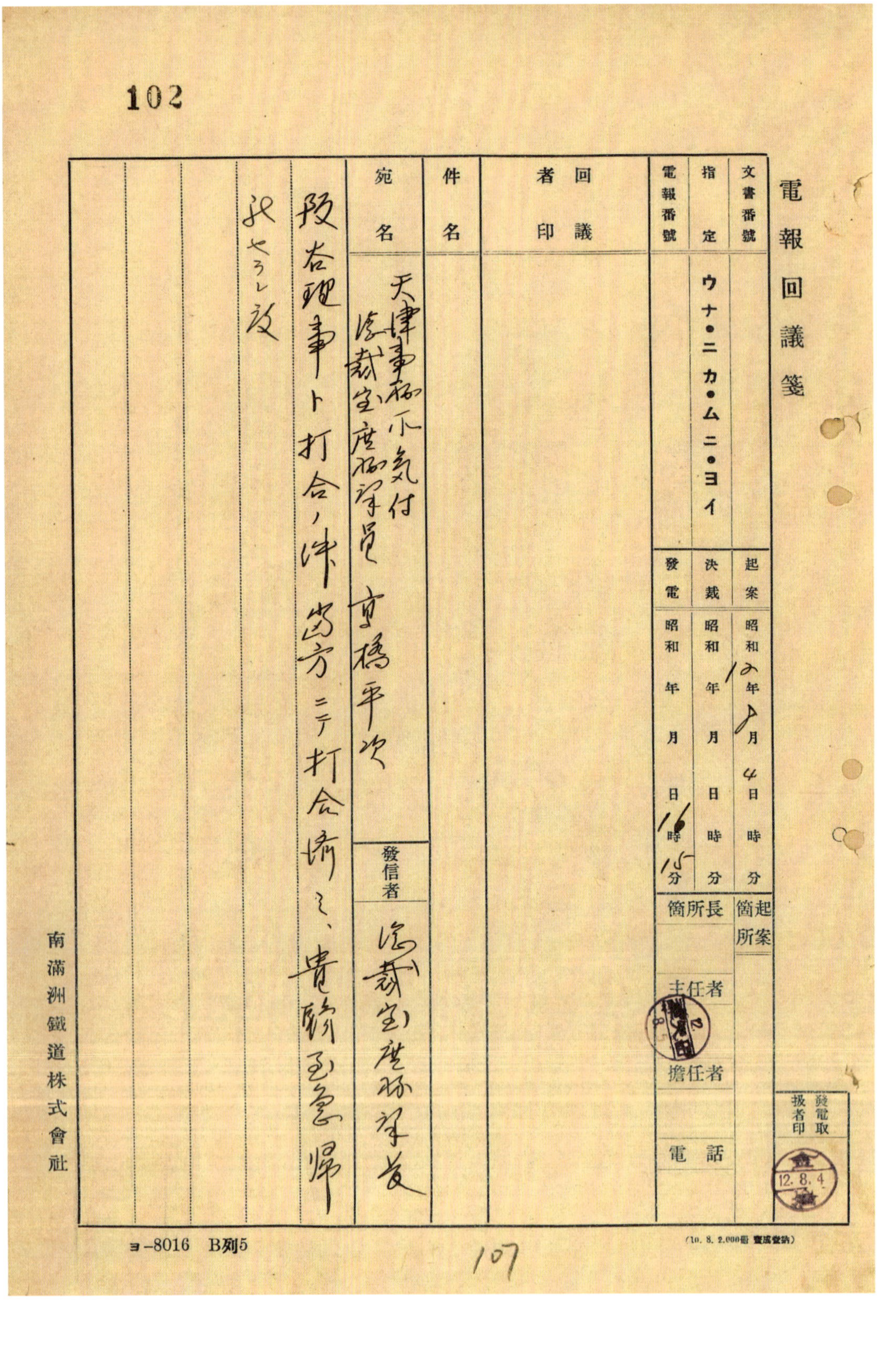
102

電報回議箋

文書番號
指定 ウナ・ニカ・ムニ・ヨイ
電報番號

起案 昭和12年8月4日 時 分
決裁 昭和 年 月 日 時 分
發電 昭和 年 月 日 16時15分

回議者印

件名

宛名 天津事務所気付 総裁室庶務課員 高橋平次

發信者 総裁室庶務課長

段谷理事ト打合ノ件当方ニテ打合済ミ、貴殿至急帰社セラレ度

箇所長　主任者　擔任者　電話　起案箇所

發電取扱者印 12.8.4

南滿洲鐵道株式會社

ヨ-8016 B列5

107

总裁室庶务课长财务部会计课长关于决定向七七事变伤亡士兵捐赠慰问金三万日元事致天津事务所庶务课长的电文（一九三七年八月六日）

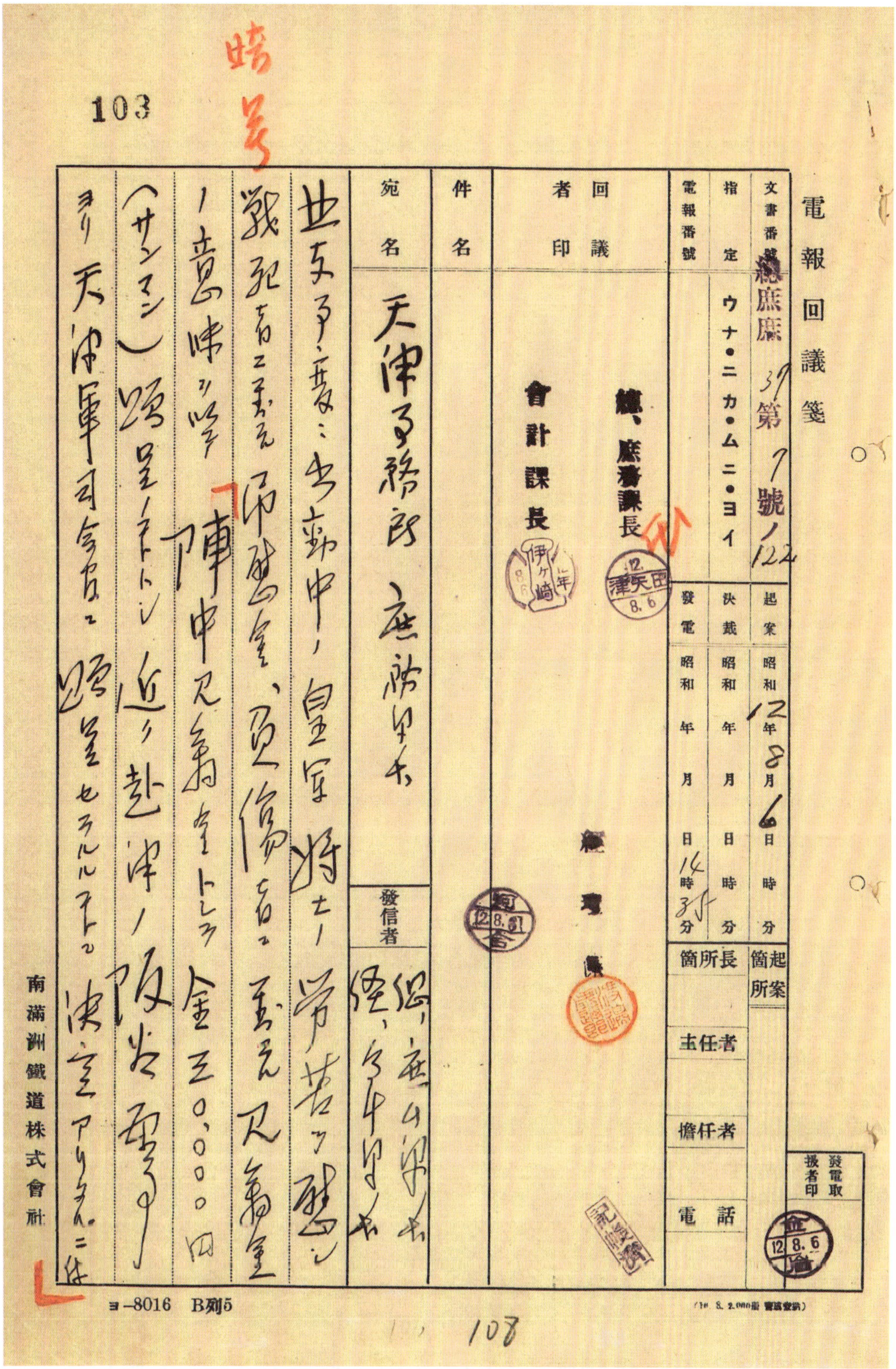

103

暗号

電報回議箋

文書番號	總庶庶37第7號ノ122
指定	ウナ・ニカ・ムニ・ヨイ
電報番號	
起案	昭和12年8月6日 時 分
決裁	昭和 年 月 日 時 分
發電	昭和 年 月 日14時35分
回議者印	總、庶務課長　會計課長
件名	
宛名	天津事務所 庶務課長
發信者	總、庶務課長　經、會計課長

北支事変ニ出動中ノ皇軍将士ノ労苦ヲ慰ヒ戦死者ニ対シ弔慰金、負傷者ニ対シ見舞金ノ意味ニ於テ「事件見舞金トシテ金三〇、〇〇〇円（サンマン）贈呈ノコトトシ近ク赴津ノ阪谷理事ヨリ天津軍司令官ニ贈呈セラルルコトニ決定アリタルニ付」

箇所長　起案箇所　主任者　擔任者　電話　發電取扱者印

南滿洲鐵道株式會社

ヨ-8016　B列5

108

104

支那ノ上陸出警ニ出没シ居リ（事務所支所）

南滿洲鐵道株式會社

ヨ-0003　B列5　(12. 3. 15,000冊 滿日印刷)

109

总裁室庶务课长关于送广告气球附带品事致天津事务所长的电文（一九三七年八月七日）

393

電報回議箋

文書番號	
指定	ウナ・ユカ・ムコ・ヨイ
電報番號	
起案	昭和12年8月7日14時20分
決裁	昭和　年　月　日　時　分
發電	昭和12年8月7日15時45分
回議者印	満 庶務課長
件名	
宛名	天津事務所長
發信者	総裁室庶務課長
箇所長	
起案箇所	
主任者	
擔任者	
電話	
發電取扱者印	12.8.7

アドバールン二個並附属品ハ八日出帆長平丸ニ積込支那駐屯軍司令部（宣傳部）宛発送ス

南滿洲鐵道株式會社

ヨ-8016　B列5

432

总裁室庶务课长关于抚恤金中包含海军部分事致天津事务所长的电文（一九三七年八月九日）

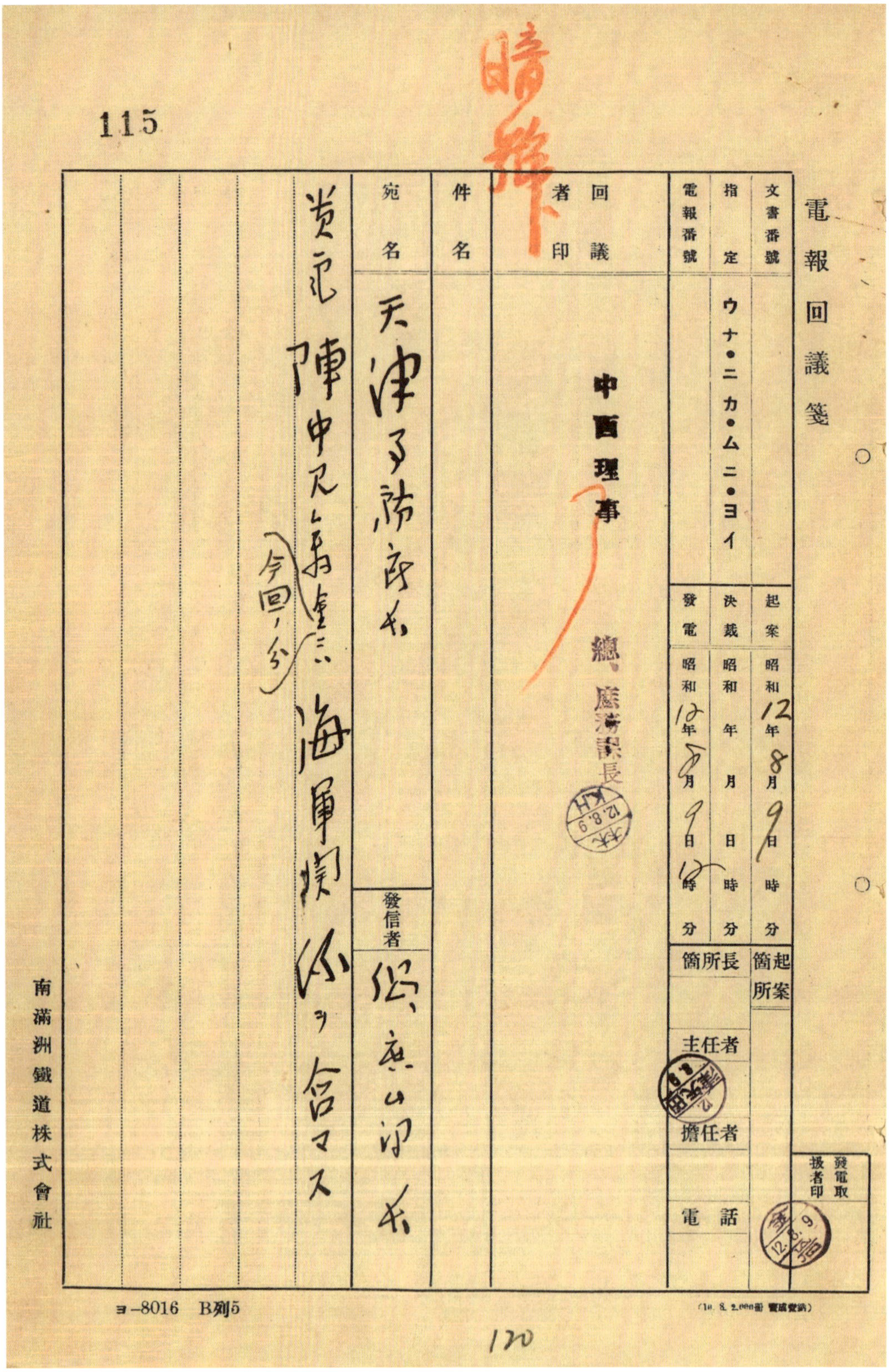

115

晴辦

電報回議箋

文書番號：
指定：ウナ・ニカ・ムニ・ヨイ
電報番號：

起案：昭和12年8月9日 時 分
決裁：昭和 年 月 日 時 分
發電：昭和12年8月9日12時 分

回議者印：中西理事　總、庶務課長（12.8.9 KH）

件名：

宛名：天津事務所長

發信者：総、庶務課長

貴電
陣中見舞金ニハ（今回ノ分）海軍関係ヲ含マス

起案箇所：
所長箇：
主任者：
擔任者：
電話：
發電取扱者印：（12.8.9）

南滿洲鐵道株式會社

ヨ－8016　B列5

(10. 8. 2,000冊 實據堂納)

120

总裁室庶务课长关于无线电新设费用由天津事务所支付事致铁道总局长的电文（一九三七年八月十一日）

261

電報回議箋

文書番號	
指定	ウナ・ニカ・ムニ・ヨイ
電報番號	
起案	昭和　年　月　日　時　分
決裁	昭和　年　月　日　時　分
發電	昭和12年8月11日9時3分
回議者印	中西理事　總、庶務課長　文書課長　主計課長
件名	東亞課長
宛名	総局長
發信者	総、庶務課長
起案箇所	
箇所長	
主任者	
擔任者	
電話	
發電取扱者印	

八月十一日附電報依頼セル無電設置ノ件大連ニ新設ノモノハ関東軍ノ了解ヲ得ザル趣ニ付自然天津ニ新設ノ分モ中止ノコトニ可有之但シ塘沽出張所ニ新設ノモノハ已ニ天津軍ノ了解ヲ得居ルルニ付至急着手方考慮之レ要スル通信手ノ手配保

南滿洲鐵道株式會社

ヨ-8016　B列5

298

283

方手配乞フ
右ニ要スル事業開設費ハ天津事務所・雑
施設、事務所機関設費支弁、派遣員
旅費ハ天津事務所事業費支弁ノ予定ニ兼
含ミ乞フ

南滿洲鐵道株式會社

ヨ-0003　B列5　(12.3.15,000冊 滿日社納)

299

总裁室庶务课长关于送广告气球事致天津事务所长的电文（一九三七年八月十二日）

396

電報回議箋

文書番號	
指定	ウナ・ニカ・ムニ・ヨイ
電報番號	
起案	昭和12年8月12日10時30分
決裁	昭和 年 月 日 時 分
發電	昭和12年8月12日10時50分
起案箇所	
箇所長	
主任者	
擔任者	
電話	
發電取扱者印	12.8.12
回議者印	
件名	
宛名	天津事務所長
發信者	総裁室庶務課長

アドバルーンハ九日塘沽ニ陸上ケシタルニ付塘沽陸軍運輸部ニ問合セ乞フ尚宛先ハ支那駐屯軍司令部（宣伝部）宛差出人ハ奉天特務機関大迫中佐ナリ

南滿洲鐵道株式會社

ヨ-8016 B列5

430

(10. 8. 2,000冊 實成堂納)

总裁室庶务课长关于请求在天津增设无线电设备事致铁道总局长的电文（一九三七年八月十二日）

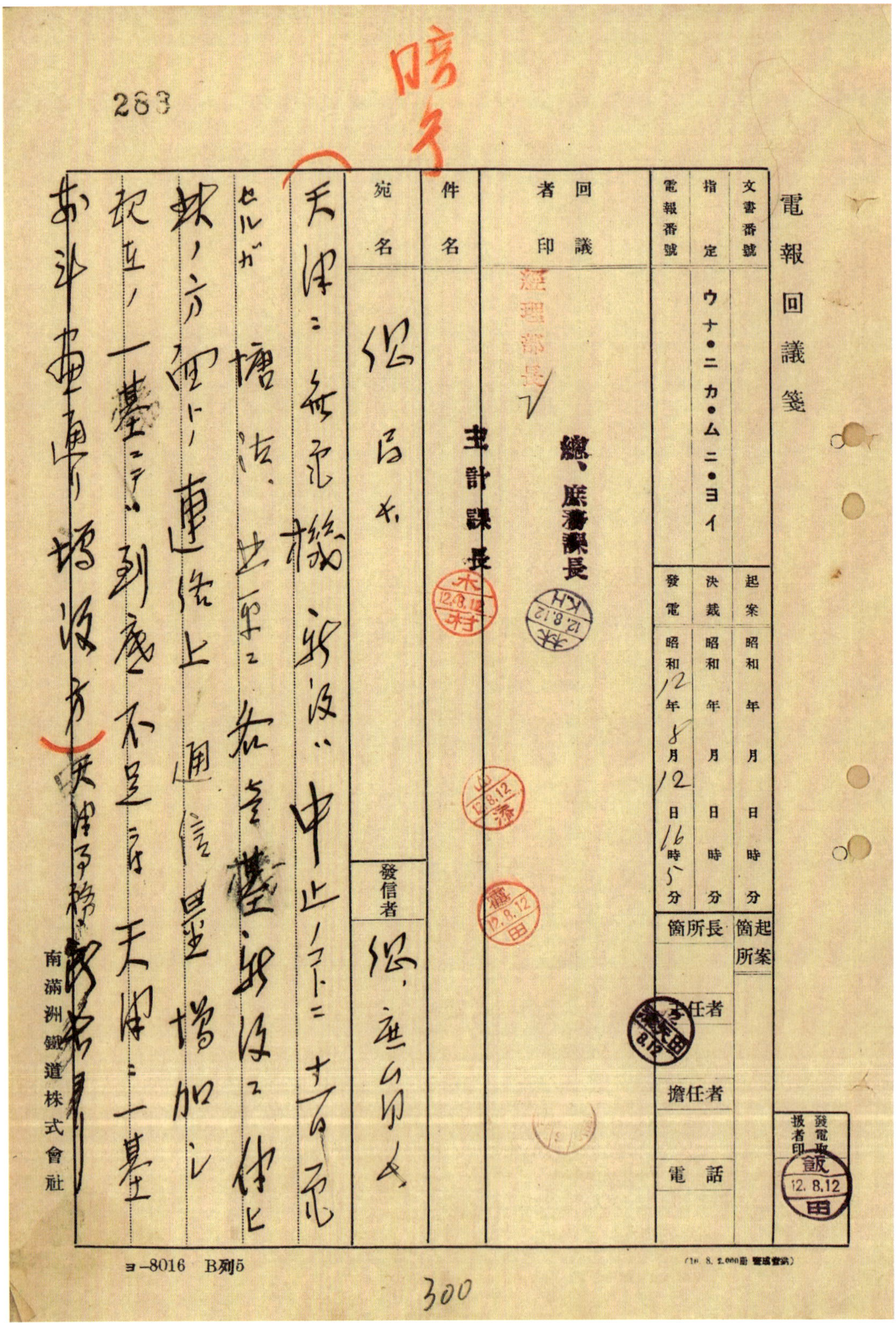

283

暗号

電報回議箋

文書番號	指定	電報番號	回議者印	件名	宛名
	ウナ・ニ カ・ム ニ・ヨイ		經理部長 / 總、庶務課長 / 主計課長		総局長

起案	決裁	發電
昭和 年 月 日 時 分	昭和 年 月 日 時 分	昭和12年8月12日16時5分

起案箇所 箇所長 主任者 擔任者 電話

發電取扱者印

發信者 総 庶務課長

天津ニ無電機新設ハ中止ノコトニナリ居タルガ、増強法、北京ニ於テ各台新設ニ伴ヒ、北支方面トノ連絡上通信量増加シ、現在ノ一基ニテハ到底不足ナリ、天津ニ一基至急増設方（天津事務所長）取計ハレ度

南滿洲鐵道株式會社

ヨ-8016 B列5

300

284

申出アリタル事情已ムヲ得ズト認メラルルニ付至急
手配乞フ 所要ノ営業費ハ経費予定
ノ通リ天津事務所負担ノ事

南滿洲鐵道株式會社

ヨ-0003 B列5 (12.3.15,000冊 滿日社納)

301

总裁室庶务课长关于送上海所需品事致上海事务所长的电文（一九三七年八月十五日）

334

電報回議箋

文書番號	指定	電報番號
	ウナ・ニ・カ・ム・上・ヨイ	

起案	決裁	發電
昭和 年 月 日 時 分	昭和 年 月 日 時 分	昭和12年8月15日13時20分

回議者印：用度部長 總裁室庶務課長 總裁室東亞課長 文書課長

件名：

宛名：上海事務所長

發信者：總、庶務課長

一四日一四五五二七号電見、大沽ノ上海航路八日下青島迄ノ折返シ運航ニ止マルヲ以テ当分要求品送付出来サル見込ナルニ付、不取敢現地ニテ出来得ル限リ補充セラレ度、上海便復旧次第現地購入如何ニ拘ラス送付ス　急

南滿洲鐵道株式會社

ヨ-8016　B列5

358

335

尚自動車運轉手ニ命モ同樣出來ズ

南滿洲鐵道株式會社

ヨ-0003 B列5 (12. 3. 15,000冊 滿日印)

359

总裁室庶务课关于通州殉职社员葬礼安排事的文件（一九三七年八月十六日）

336

遺骨奉遷係……責任者　安東共濟主任
大連事務所長、同所員一名
東亞課（村上、藤原、磯村、那須、田中、西島）
福祉課（安東、香川、本郷、鈴木、龜山、宇野、有賀、藤原）

接待係……責任者　富田秘書主任

場內整理　農林課（村井、三吉、高島）
　　　　　福祉課（本橋、田中政、上村）

場內案內　人事課（山本、和田、伊藤豐政）
　　　　　庶務課（山口、山邊、佐々木）
　　　　　福祉課（成清、秋月）

湯茶接待　福祉課婦人社員全部

遺族送迎　高橋家……北本　小川家……森谷
　　　　　岩崎家……戸高　今井家……前島
　　　　　尾山家……安東　末永家……藤田

神官送迎　福祉課　小川

361

配車係……責任者　里村住宅主任

福祉課（川上、井上、岡野）

設備係……責任者　高橋　平次

福祉課（中澤、大島、永岡）

庶務課（高橋、高野、小名、金岩、松元）

受付係……責任者　吉村社會主任

參會者受付……庶務課（工藤）

弘報課（宮崎）

東亞課（濱　）

福祉課（鈴木）

供物受付……東亞課（濱地）

福祉課（小谷）

弘報課（三浦）

農林課（杉山）

弔辭弔電受付……福祉課（千葉）

338

庶務係……責任者　内山福、[illegible]主任

一般庶務……内山、森川

記錄……佐藤

新聞廣告……佐藤

總裁弔辭……森川

連絡……伴在

經理……宮崎、村川

363

总裁室庶务课长关于请支付无线电新设费用事致天津事务所长的电文（一九三七年八月十八日）

279

電報回議箋

文書番號	
指定	ウナ・ニカ・ムニ・ヨイ
電報番號	
回議者印	總、庶務課長
起案	昭和　年　月　日　時　分
決裁	昭和　年　月　日　時　分
發電	昭和　年8月18日11時5分
宛名	天津事務所長
件名	
發信者	總庶務課長
箇所長	
起案箇所	
主任者	
電話	
扱者印	

無電新設ノ件、大連ニ増設ノ方ハ種々努力セルモ関東軍ノ兼用ヲ得ラレズ、今ハ天津ニ増設ノ方モ今迄ノ情勢自然中止ノ外ナキニ付兼テ為替法及其筋ニ新設ノ件ハ至ニ天津軍ノ兼用浄ナルバ至急着手方総局ニ手配済諒要

南満洲鐵道株式會社

ヨ-8016　B列5　(10. 8. 2,000冊 審査會納)

296

280

事業費ハ営業所雑施設、事務所機器購置
支弁トシ 貴方所属ニ追加ノコトニ承認済
貴方追加ノ手換ノ事、通信費沿道旅費ハ貴方
事業費支弁ノ事 右ニ承知シ了

南滿洲鐵道株式會社

ヨ-0003 B列5 (12.3.15,000冊 滿日社納)

297

总裁室庶务课长关于请拒绝大华及满洲石油使用社内电报事致天津事务所长的电文（一九三七年八月十八日）

360

電報回議箋

文書番號	指定	電報番號
	ウナ・ニカ・ム二・ヨイ	

起案	決裁	發電
昭和12年8月18日15時5分	昭和 年 月 日 時 分	昭和12年8月18日15時20分

箇所長　主任者　擔任者　電話

起案箇所

發電取扱者印

（印：12.8.18）（印：12.8.18）

回議者印：總、庶務課長

件名：

宛名：天津事務所長

發信者：總、庶務課長　[illegible]

昨電通大華石油並満洲石油ノ社内電報利用ノ件ハ電信令改正ニ依リ十日ヨリ和文電報取扱フコトトナリタルニ付電信トノ関係モアリ断ラレ度シ

南満洲鐵道株式會社

ヨ－8016　B列5

(9.7. 3.000冊 松川製)

386

总裁室庶务课长关于请答复大华石油请求使用社内电报事致工务局电气课长的电文（一九三七年八月十八日）

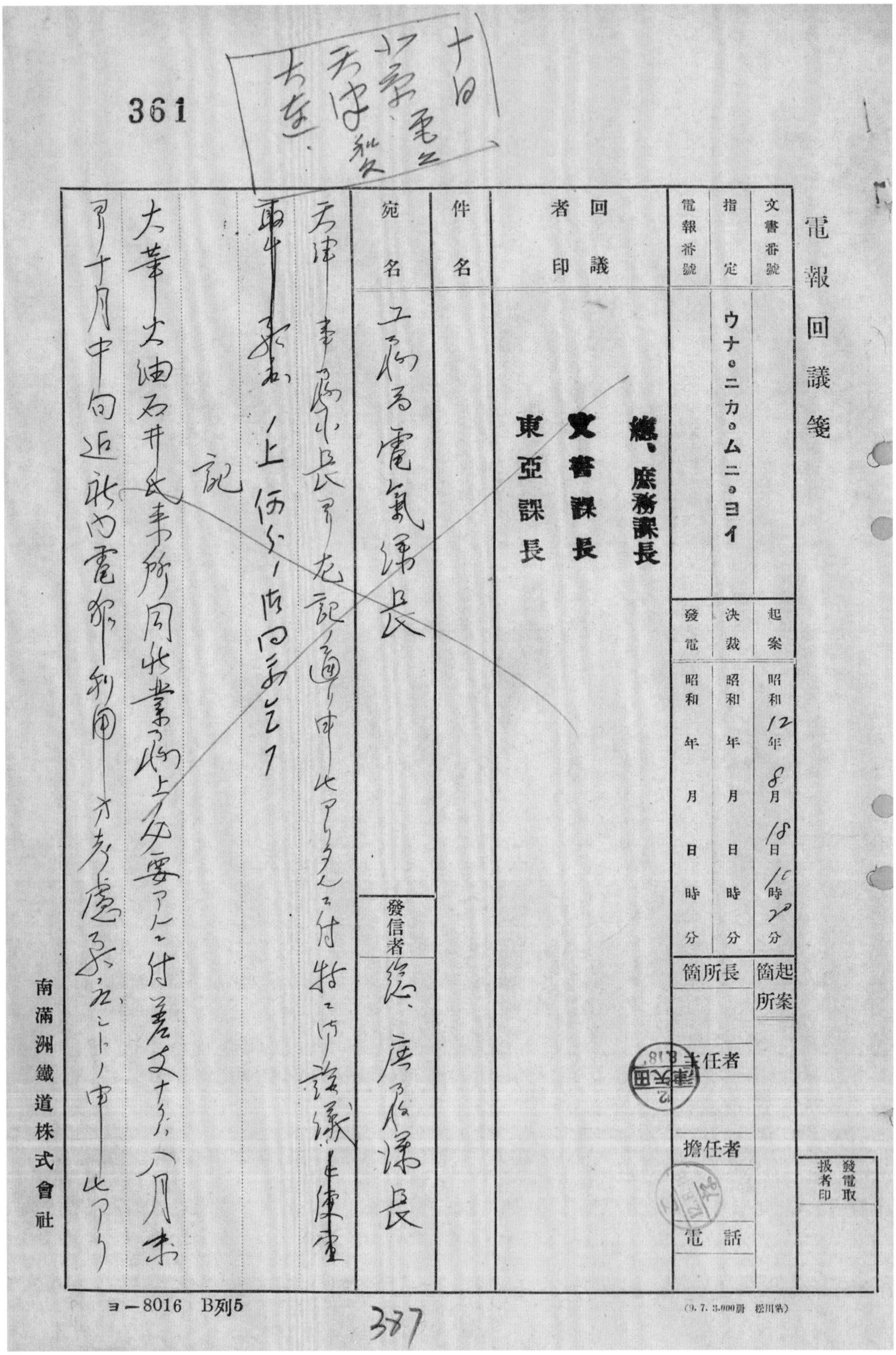

361

十日 北京電之 天津發 大連

電報回議箋

文書番號	指定	電報番號
	ウナ・ニカ・ムニ・ヨイ	

回議者印：總、庶務課長　文書課長　東亞課長

件名：

宛名：工務局電氣課長

發信者：總、庶務課長

起案	決裁	發電
昭和12年8月18日15時20分	昭和　年　月　日　時　分	昭和　年　月　日　時　分

起案箇所　箇所長　主任者　擔任者　電話　發電取扱者印

天津事務所長ヨリ左記ノ通リ申出アリタルニ付特ニ御詮議ノ上便宜取計方ノ上何分ノ御回示乞フ

記

大華火油石井氏事務所開設業務上必要アルニ付差支ナクバ八月末ヨリ九月中旬迄社内電報利用方考慮ヲ煩ヒ度トノ申出アリ

南滿洲鐵道株式會社

ヨー8016　B列5

387

362

多少右ニ関シ満洲石油本社ヨリモ貴課ニ対シ懇請アル由ニ付何分ノ
御配慮ヲ乞フ

此為委員会ノ決議

電ハ会社ニ於テ十日ヨリ私文

電報取扱ヲナスコトニナリ居ルニ付本

件尚考慮中ノ分ハ電信ノ

當係モヨリ報ゼラレタシ

（林 12.8.18 KH）

南滿洲鐵道株式會社

ヨ-0003　B列5　(12. 3. 15,000冊 滿日社納)

388

总裁室庶务课关于向日军第三舰队将士赠送慰问金事的文件（一九三七年八月二十三日）

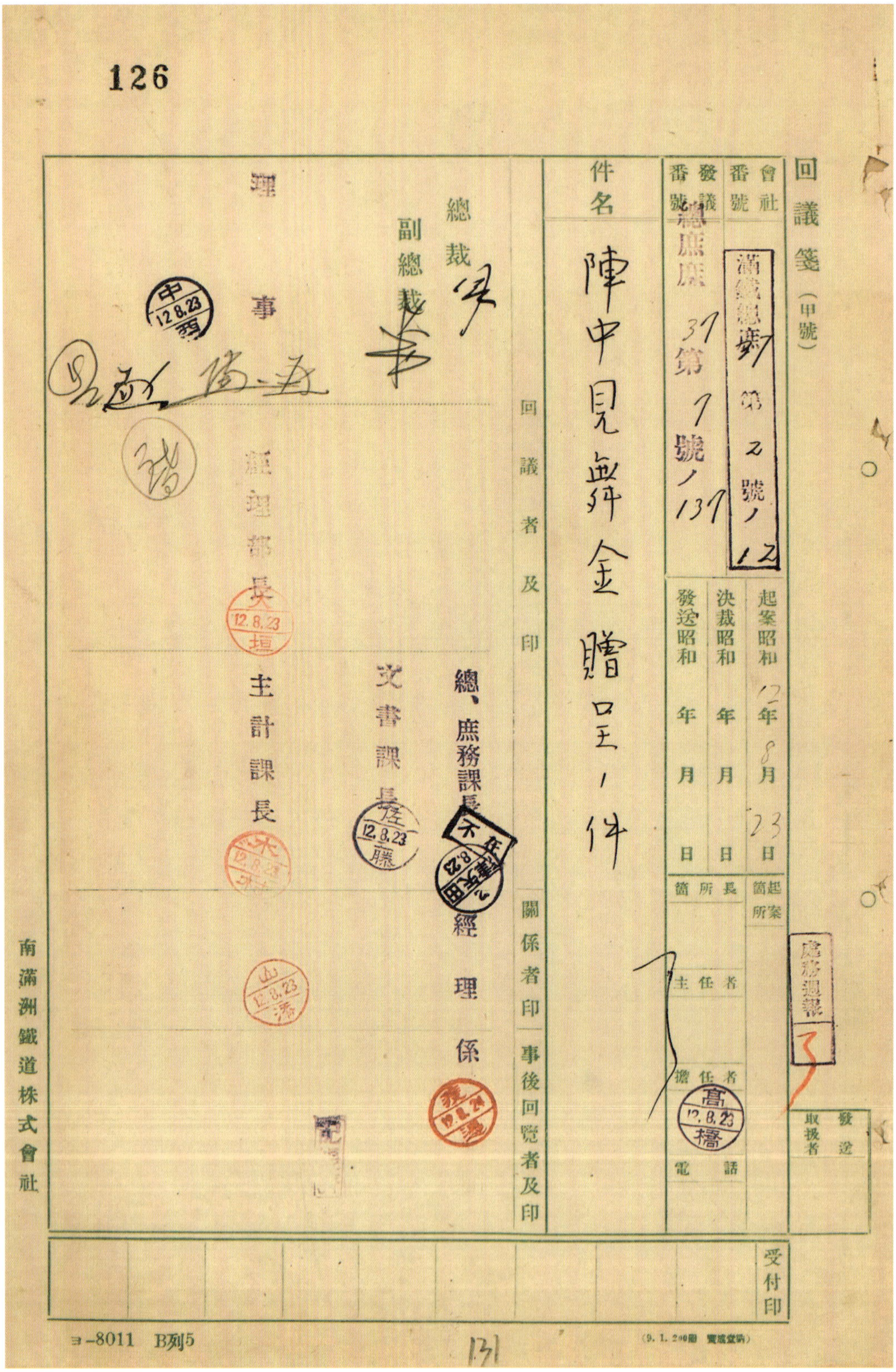
126

回議箋（甲號）

會社番號

發議番號 總庶庶37第7號ノ137

滿鐵總務 第2號ノ12

件名 陣中見舞金贈呈ノ件

起案昭和12年8月23日

決裁昭和 年 月 日

發送昭和 年 月 日

總裁

副總裁

理事

經理部長

主計課長

文書課長

總、庶務課長

經理係

回議者及印

關係者印

事後回覽者及印

起案箇所

箇所長

主任者

擔任者

電話

庶務週報

發送取扱者

受付印

南滿洲鐵道株式會社

ヨ-8011 B列5

131

127

上海方面出動中ノ第三艦隊将士ノ労苦ヲ慰ムニ併セテ戦死者ニ対スル弔慰、負傷者ニ対スル見舞ノ意味ヲ以テ陣中見舞金トシテ金貳万円也支出相成可然哉

時局勘定支弁

南滿洲鐵道株式會社

ヨ-0003 B判5 (11.11. 15,000冊 満日納)

132

总裁室庶务课长关于七七事变相关出差人员报告事致总裁室人事课长的函（之十九）（一九三七年八月二十六日）

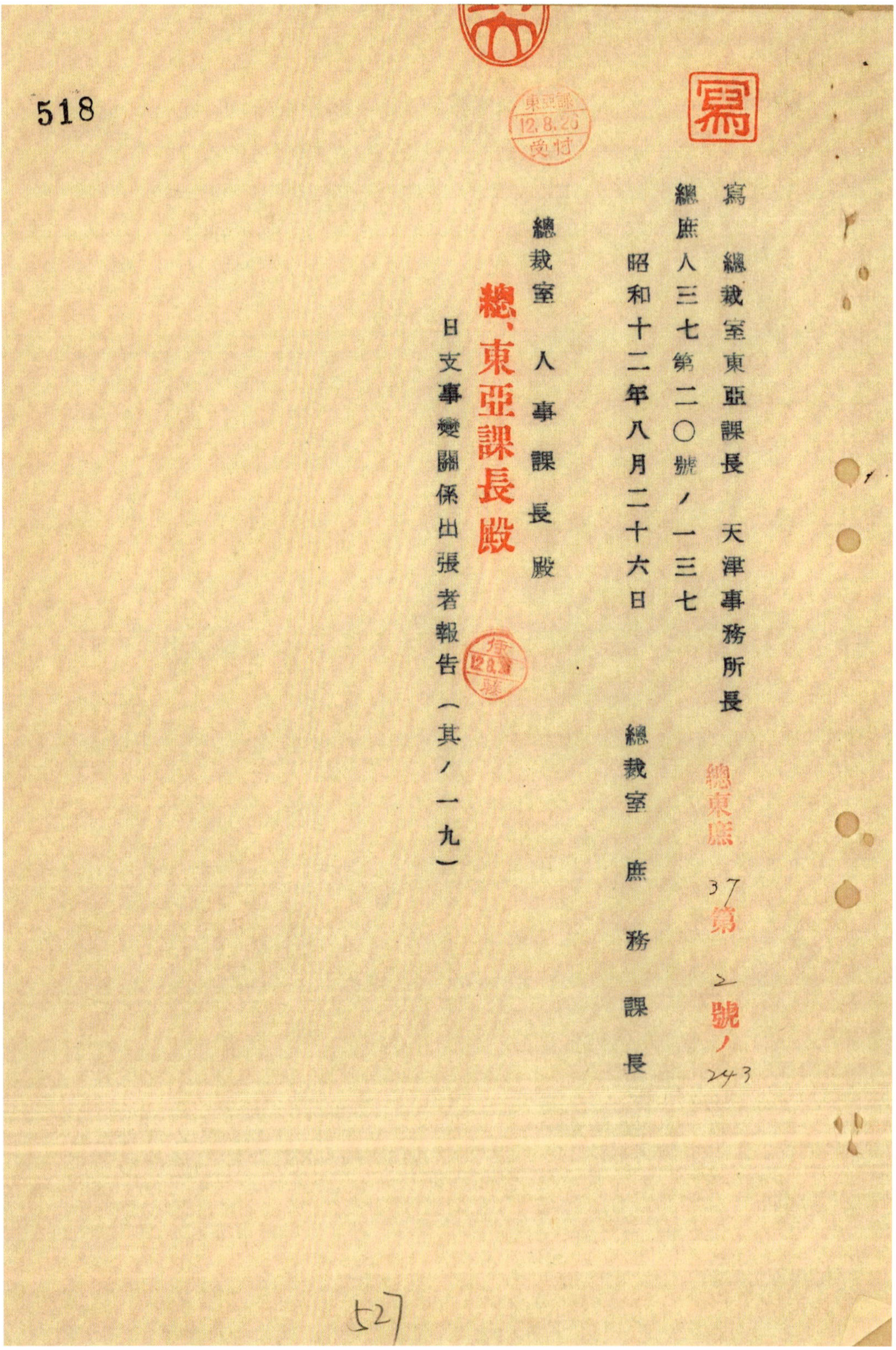

518

寫

東亜課
12.8.26
受付

寫　總裁室東亜課長　天津事務所長

總庶人三七第二〇號ノ一三七

昭和十二年八月二十六日

總裁室庶務課長

總東庶37第2號ノ243

總裁室人事課長殿

總、東亜課長殿

日支事變關係出張者報告（其ノ一九）

527

519

日支事變關係出張者報告

所屬	資格	職名	氏名	年齡	給額	派遣地名	派遣用務	出發月日	豫定日數	備考
文書課	職		清水芳勝	四五	二一五〇〇	天津	事務打合	八、二六	七	
東亞課	參	課長	宮本通治	四一	三三〇〇〇	〃	〃	八、二四	四	

528

二二一

总裁室庶务课长关于七七事变相关出差人员报告事致总裁室人事课长的函（之二十）（一九三七年八月二十七日）

532

寫

寫　總裁室東亞課長　天津事務所長

總庶人三七第二〇號ノ一三八

昭和十二年八月二十七日

總、東亞課長殿

總裁室　庶　務　課　長

總東庶 37 第 2 號ノ 25-2

總裁室　人事課長殿

總、東亞課長殿

日支事變關係出張者報告（其ノ二〇）

541

日支事變關係出張者報告

所屬	資格	職名	氏名	年齡	給額	派遣地名	派遣用務	出發月日	豫定日數	備考
弘報課	職		宮崎源太郎	三三	五三〇〇	天津	事務應援	八二六	三〇	
〃	傭	事	吉津俊雄	二五	一八〇	〃	〃	〃	三〇	
福祉課	〃	〃	西野久左エ門	二七	二一二	〃	〃	〃	三〇	

总裁室庶务课长关于七七事变相关出差人员报告事致总裁室人事课长的函（之二十二）（一九三七年八月三十一日）

570

寫

東亞課 12.8.31 受付

寫 總裁室東亞課長 天津事務所長

總庶人三七第二〇號ノ一四〇

昭和十二年八月三十一日

總東庶37第2號ノ275-XI

總裁室庶務課長

總裁室人事課長殿

總、東亞課長殿

宮本 12.9.2

日支事變關係出張者報告（其ノ二二）

579

571

日支事變關係出張者報告

所屬	資格職名	氏名	年齡	給額	派遣地名	派遣用務	出發月日	豫定日數	備考
人事課	職	田中通德	三五	七〇〇〇	天津	時局用務	八、三〇	一五	

580

572

歸著者氏名

課	氏名		
文書課	佐野チトセ		
〃	澤田律子		
〃	山本早苗		
〃	守永カズエ		
〃	春田俊		
〃	上野きよ		
〃	小山タエ子		
〃	松田初子		
〃	新田アキヨ		
〃	百武以志枝		
〃	松重忠		
福祉課	柏原三郎		
東亞課	宮本通治		

185

总裁室庶务课长关于高级社员定期加薪事致总裁室东亚课长的函（一九三七年八月三十一日）

206

東亞課
12.8.31
受付

發送先　室内各箇所長

總庶八三七第七號ノ四二

昭和十二年八月三十一日

總東庶37第2號ノ383

總裁室庶務課長

總東亞課長殿

高級社員定期昇給ニ關スル件

箇所長（同待遇者、心得ヲ含ム）及參事竝月俸貳百五拾圓以上ノ社員ニシテ本年九月末日ヲ以テ左記條件ニ該當シ十月ニ昇給セシムル要アリト認メラルル者ニ就キ別紙様式ニ依リ昇給申請書作成ノ上九月十日迄ニ小職手許ニ到達スル様御提出相成度

追而調書ハ本年七月末日現在ニ於テ作成ノコト

記

一、箇所長、參事

(イ)月俸四百圓以上者　　昇給三十六箇月以上經過者

282

207

(ロ)月俸參百圓以上者　現給三　十箇月以上經過者

(ハ)〃　參百圓未滿者　〃　二十四箇月　〃

二、其ノ他

月俸貳百五拾圓以上者　現給三十箇月以上經過者

三、特別ノ事由アル者ニ就テハ前二號ニ依ラス現給經過月數十八箇月以上ヲ以テ申請スルコトヲ得

四、箇所長及同待遇者ニシテ月俸百五拾圓未滿ノ者ニ在リテハ經過月數十二箇月ヲ以テ申請スルコトヲ得

五、元鐵路總局限リ採用者ニシテ昨年九月十五日社員トナリタル者ノ經過月數ハ日本人ニ在リテハ昭和十一年九月ヨリ、滿洲國人ニ在リテハ昭和十年九月ヨリ起算ノコト

283

总裁室庶务课长关于请向丰台输送班分发满洲日日新闻报事致北支事务局长的电文（一九三七年九月二日）

583

電報回議箋

文書番號	
指定	ウナ・ニカ・ムニ・ヨイ
電報番號	
起案	昭和12年9月2日　時　分
決裁	昭和　年　月　日　時　分
發電	昭和12年9月3日10時30分
起案箇所	
箇所長	
主任者	
擔任者	
電話	
發電取扱者印	

回議者印：總、庶務課長　經理係

宛名：北支事務局長

件名：

發信者：總務庶務課長

豊台輸送班長ヨリノ申出ニ依リ社員慰問ノ意味ヲ以テ当分ノ内満日紙六〇部貴局宛送付スヘキニ付可然分配願度

新京代ハ總務部庶務課ノ事務費ニテ整理ノコト
六〇部（一部月額一・三五）代金月額八一円

新京ハ本日発行ノ分ヨリ送付ス

南滿洲鐵道株式會社

ヨ-8016　B列5　　(10. 9. 2.000冊 寶盛堂納)

637

总裁室庶务课关于向日军陆军将士赠送慰问金的文件（一九三七年九月四日）

128

回議箋（甲號）

會社番號：滿鐵總庶乙第 二號乙三

發議番號：總庶庶 37第1號/183

件名：陣中見舞金贈呈ノ件

起案昭和12年9月4日

決裁昭和12年9月4日

發送昭和 年 月 日

起案箇所　所長

主任者

擔任者

電話

發送取扱者

回議者及印

總裁（松岡 12.9.4）

副總裁

理事

經理部長（大垣 12.9.4）

主計課長（木村 12.9.4）

文書課長（佐藤 12.9.4）

總、庶務課長

經理係

關係者印

事後回覽者及印

受付印

南滿洲鐵道株式會社

ヨ-8011　B列5

133

（9.1.200冊 實成堂納）

上海方面出動中ノ陸軍將士ノ労苦ヲ慰シ
併セテ戦死者ニ対スル弔慰、負傷者ニ対スル
見舞ノ意味ヲ以テ陣中見舞金トシテ
金弐万円也支出相成可然哉

時局費支弁

总裁室庶务课长关于七七事变相关出差人员报告事致总裁室人事课长的函（之二十四）（一九三七年九月四日）

583

寫

東亞課 12.9.4 受付

寫　總、東亞課長　北支事務局長

總庶人三七第二〇號ノ一四三

昭和十二年九月四日

總東庶 37 第 2 號ノ306

總裁室　庶務課長

總裁室　人事課長殿

總、東亞課長殿

支那事變關係出張者報告（其ノ二四）

591

支那事變關係出張者報告

所屬	資格	職名	氏名	年齡	給額	派遣地	派遣用務	出發月日	豫定日數	備考
文書課	雇	打字	柴谷かる	二七	一七八	天津	時局事務	九、三	二一	
〃	傭	〃	守田春江	二四	一五七	〃	〃	〃	二一	
〃	〃	〃	桑原スマ子	二三	一四三	〃	〃	〃	二一	
〃	〃	〃	赤羽夫美	二二	一二〇	〃	〃	〃	二一	
〃	〃	〃	衣笠三重子	二三	一二〇	〃	〃	〃	二一	
弘報課	雇	事助	菅野正司	四四	三四四	上海	時局資料寫眞撮影	九、五	二一	
參與	參事		田所耕耘	五一	五〇〇〇〇	天津、北平、唐山	支那駐屯軍關係用務	九、三	三〇	
弘報課	准傭	事助	一色辰夫	三〇	三〇〇	上海	時局資料寫眞撮影	九、五	二一	

总裁室庶务课长关于在北平设置无线电事致铁道总局电气课长的电文（一九三七年九月四日）

335

电報回議箋

文書番號	
指定	ウナ・ニカ・ムニ・ヨイ
電報番號	
起案	昭和12年9月4日 時 分
決裁	昭和 年 月 日 時 分
發電	昭和 年 月 日16時10分
件名	暗号
回議者印	総、庶務課長　東亜課長　文書課長
宛名	総局電気課長
發信者	総、庶務課長
起案箇所	
箇所長	
主任者	
擔任者	
電話	
發電取扱者印	

八月十三日附（総局発）廿八電北平無電ノ件時局下軍ノ防及会社機関ノ進出ニヨル連絡並防諜等ニテ必要ニ迫ラレ居ルニ付至急手配方北平軍事務所長ヨリ電アリタルガ右ハ何時頃開設ノ見込ナルヤ返

南滿洲鐵道株式會社

ヨ-8016　B列5　（10. 8. 2.000冊　寶成堂納）

327

总裁室庶务课长关于垫付悬挂广告气球人员旅费事致北支事务局长的电文（一九三七年九月十一日）

394

電報回議箋

文書番號

指定 ウナ。ニカ。ムニ。ヨイ

電報番號

回議者印

件名

宛名 北支事務局長

起案 昭和　年　月　日　時　分

決裁 昭和　年　月　日　時　分

發電 昭和12年9月11日11時20分

起案箇所

箇所長

主任者

擔任者

電話

發電取扱者印

發信者 總・庶務課長

アドバルーン揭揚者ハ八月末日ヲ以テ所用済ノ由ニ付赴津ノ際為

課ヨリ立替支出旅費四〇〇円　廿六人ノ分　文書ヲ収

他費目ヨリ振替

貴方徵收金ニ振替セラレ以降ヨリ支出ヲ要望

ヨ－8016　B列5

(9.7.3.000冊 松川製)

428

总裁室庶务课长财务部会计课长关于请正在上海出差的理事中西支付前线将士慰问金四万日元事上海事务所庶务课长的电文（一九三七年九月十五日）

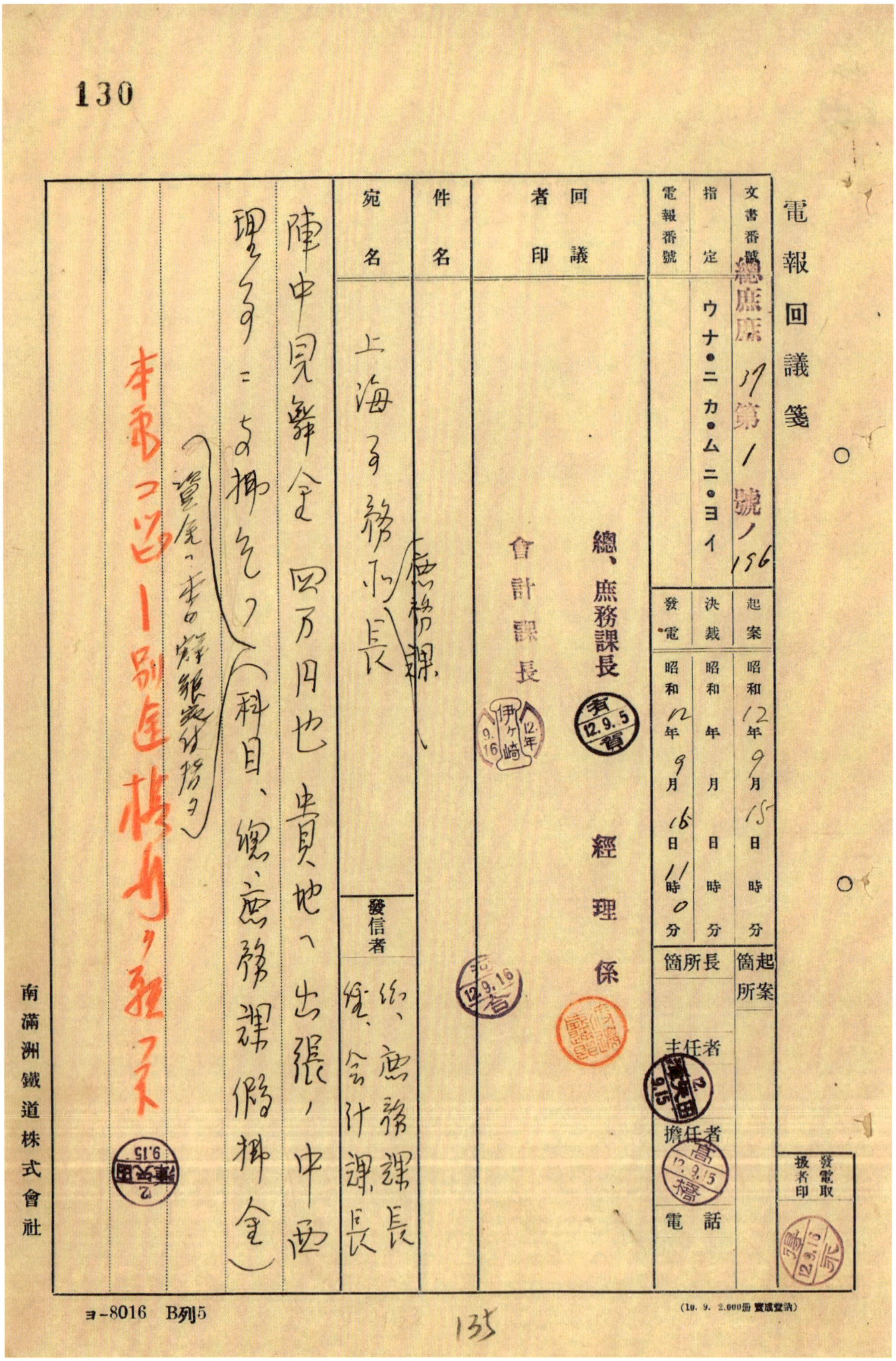

130

電報回議箋

文書番號：總庶庶37第1號ノ156

指定：ウナ・ニカ・ムニ・ヨイ

電報番號：

起案：昭和12年9月15日 時 分

決裁：昭和 年 月 日 時 分

發電：昭和12年9月16日11時0分

回議者印：總、庶務課長　會計課長　經理係

件名：

宛名：上海事務所長（庶務課）

發信者：總、庶務課長　經、会計課長

陣中見舞金四万円也貴地ヘ出張ノ中西理事ニ支拂ヒアリ度（科目、總、庶務課假拂金）

資金ハ當方ヨリ銀行送付済ヲ

本電ハ必ス別途報告ヲ要ス

箇所長　起案箇所　主任者　擔任者　電話　發電取扱者印

南滿洲鐵道株式會社

ヨ-8016 B列5　135　(10. 9. 2.000冊 實成堂納)

总裁室庶务课长关于已在北平设置无线电事致北平事务所长的电文（一九三七年九月十六日）

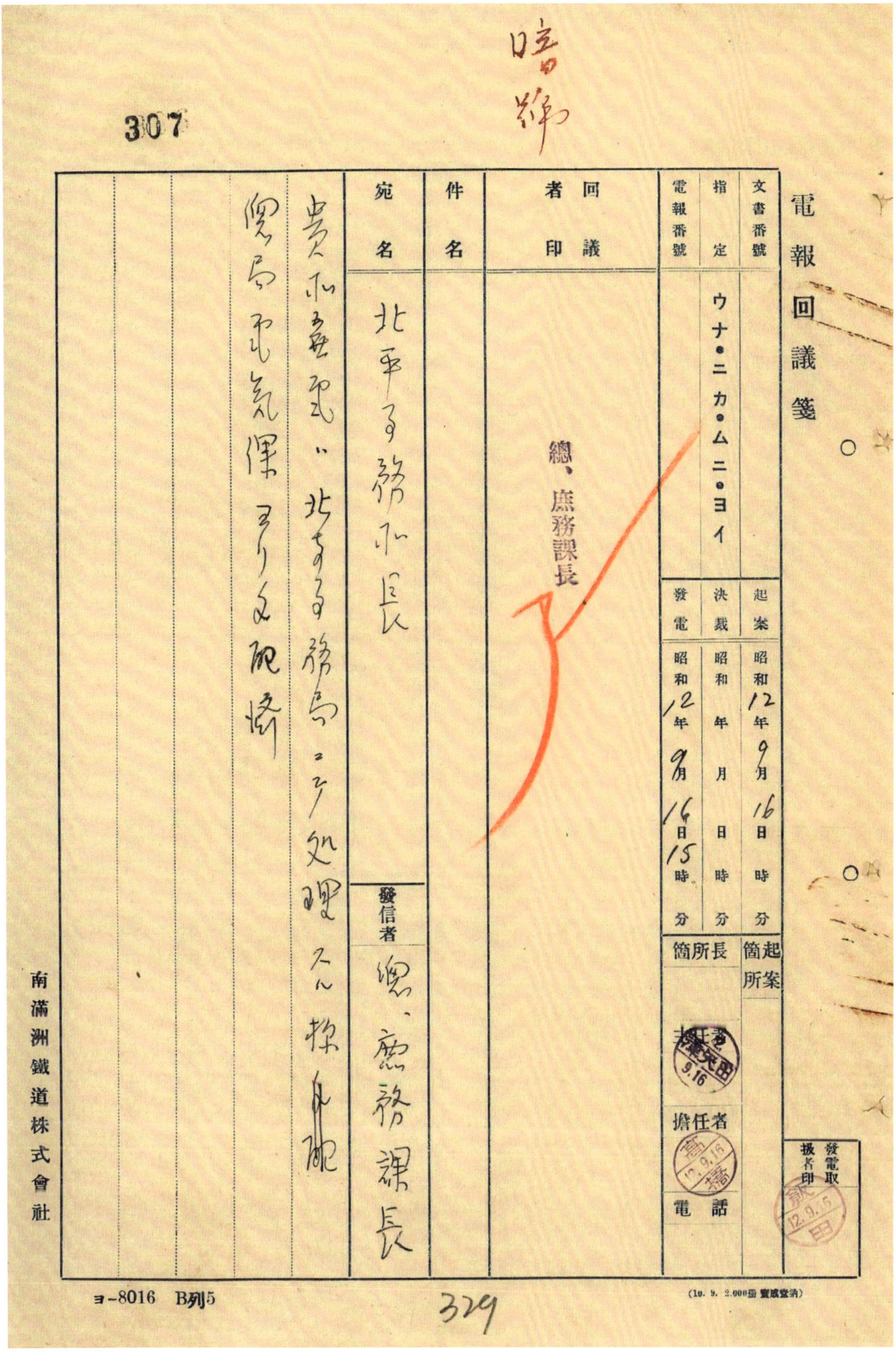

暗號

307

電報回議箋

文書番號	指定	電報番號
	ウナ・ニカ・ム・ニ・ヨイ	

起案	決裁	發電
昭和12年9月16日 時 分	昭和 年 月 日 時 分	昭和12年9月16日15時 分

起案箇所 / 箇所長

擔任者

電話

發電取扱者印

回議者印：總、庶務課長

件名：

宛名：北平事務所長

發信者：總、庶務課長

貴所無電ハ北平事務所ニテ処理スル様手配

總局電氣課ヨリ交渉

南滿洲鐵道株式會社

ヨ-8016 B列5

329

(10. 9. 2,000冊 寶成堂納)

总裁室庶务课长关于七七事变相关出差人员报告事致总裁室人事课长的函（之二十八）

（一九三七年九月二十日）

595

寫

写總、東亜課長　北支事務局長

總庶人三七第二〇號ノ一五七

昭和十二年九月二十日

總東庶37第2號ノ348

總裁室庶務課長

總裁室人事課長殿

總、東亜課長殿

支那事變關係出張者報告（其ノ二八）

東亜課 12.9.21 受付

604

支那事変関係出張者報告（其ノ二八）

所属	資格職名	氏名	年齢	給額	派遣地	用務	出発月日	予定日数	備考
満鉄	副参事	田中幸雄	三六	一五五〇〇	上海	海軍嘱託社員慰問	九、一六	一六	
〃	職員	森谷修造	二八	五〇〇〇	〃	〃	〃	〃	
弘報	〃	水谷[illegible]一	三四	一二六〇〇	天津	臨時局情報處理	九、一七	三〇	
東亜	副参事	伊藤香象	四〇	一九〇〇〇	上海	中西理事随行	九、一八	一四	
弘報	職員	芝田研三	三四	一二五〇〇	〃	事務連絡	〃	一七	
〃	嘱託	満上清喜	四八	二二〇〇〇	天津	北支事務局依頼	九、一七	一〇	
〃	職員	金丸清誠	二四	五三〇〇	〃	〃	〃	〃	
	理事	中西敏憲			上海	海軍嘱託社員慰問	九、一八	一二	

帰任者

弘報	嘱員	奥山勲	九、二
〃	〃	片山康武	九、六
人事	嘱員	桜敷伊一郎	九、一一

605

总裁室庶务课长关于送广告气球用氢气罐事致北支事务局长的电文（一九三七年九月二十日）

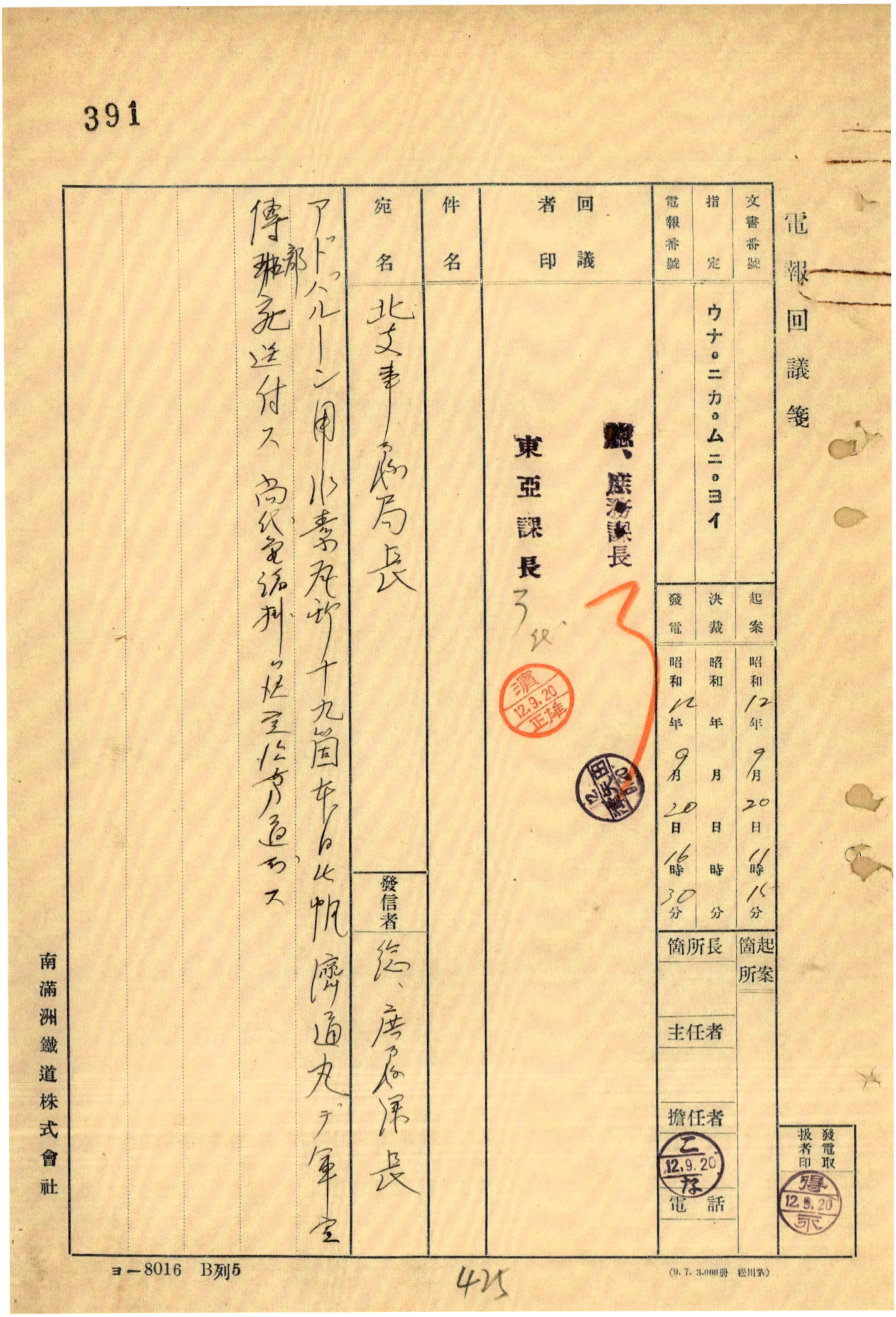

391

電報回議箋

文書番號	指定	電報番號
	ウナ・ニカ・ムニ・ヨイ	

回議者印：總、庶務課長　東亞課長

件名：

宛名：北支事務局長

アドバルーン用水素瓦斯十九箇本日出帆濟通丸デ軍宣傳部班宛送付ス　尚代金請求ハ北支宣傳部ヘ通知ス

發信者：總、庶務課長

	起案	決裁	發電
昭和	12年9月20日11時15分	年月日時分	12年9月20日16時30分

箇所長　起案箇所　主任者　擔任者　電話　發電取扱者印

ヨ—8016　B列5　(9.7.3.000冊 松川)

南滿洲鐵道株式會社

425

总裁室庶务课关于捐助上海居留民事的文件（一九三七年九月二十四日）

167

回議箋（甲號）

會社番號：滿鐵總庶37第2號ノ16

發議番號：總庶庶17第1號ノ202

件名：上海居留民團ヘ寄附ノ件

起案昭和12年9月24日

決裁昭和　年　月　日

發送昭和　年　月　日

起案箇所：庶務課

主任者

擔任者：高橋

電話

總裁　副總裁

理事

經理部

主計課長

文書課長

總、庶務課長

關係者印

經理係

回議者及印

事後回覧者及印

受付印

發送取扱者

南滿洲鐵道株式會社

ヨ-8011　B列5

(9. 1. 200冊 豐國堂納)

172

168

上海居留民慰問ノ為民團ニ対シ各方面ヨリ
寄附アリ會社ヨリモ此際何分ノ寄附ヲ為シ置
ク事適当ト思ハルヽ旨上海事務所長ヨリ
申出アリタルニ付テハ會社ヨリ金壱万円支出
承認相成可然哉

一、時局費ヨリ支弁

二、寄附振合

紡績 一〇万、三井 三万、三菱 二万、住友 一万

南滿洲鐵道株式會社

ヨ-0003 B列5 (12. 3. 15,000冊 滿日印刷)

173

总裁室庶务课长关于七七事变相关出差人员报告事致总裁室人事课长的函（之二十九）
（一九三七年九月二十七日）

597

寫

寫　總、東亞課長　北支事務局長

總庶人三七第二〇號ノ一六〇

昭和十二年九月二十七日

總裁室　庶務課長

總東庶37第2號ノ315

總裁室　人事課長殿

總、東亞課長殿

支那事變關係出張者報告（其ノ二九）

東亞課 12.9.28 受付

606

支那事變關係出張者報告（其ノ二九）

所屬	資格	職名	氏名	年齡	給額	地名	出發月日	豫定日數	用務
人事	雇員	事務手	森田三郎	三〇	二一五	通州	九、二〇	三〇	特信班
弘報	職員		笹季興	二六	七九〇〇	天津	九、二二	〃	時局用務
〃	〃		秋山洋造	二八	六九〇〇	〃	九、二三	〃	駐屯軍情報事務援助
〃	傭員	事務手	稻葉三郎	二三	一九二	〃	九、二四	〃	情報事務補助

歸任者

所屬	資格	氏名	歸著月日
人事	雇員	淺敷伊一郎	九、一一
弘報	職員	笹季興	九、一四
〃	〃	秋山洋造	九、一九

598

607

总裁室庶务课关于赠送前线将士慰问金的文件（一九三七年十月四日）

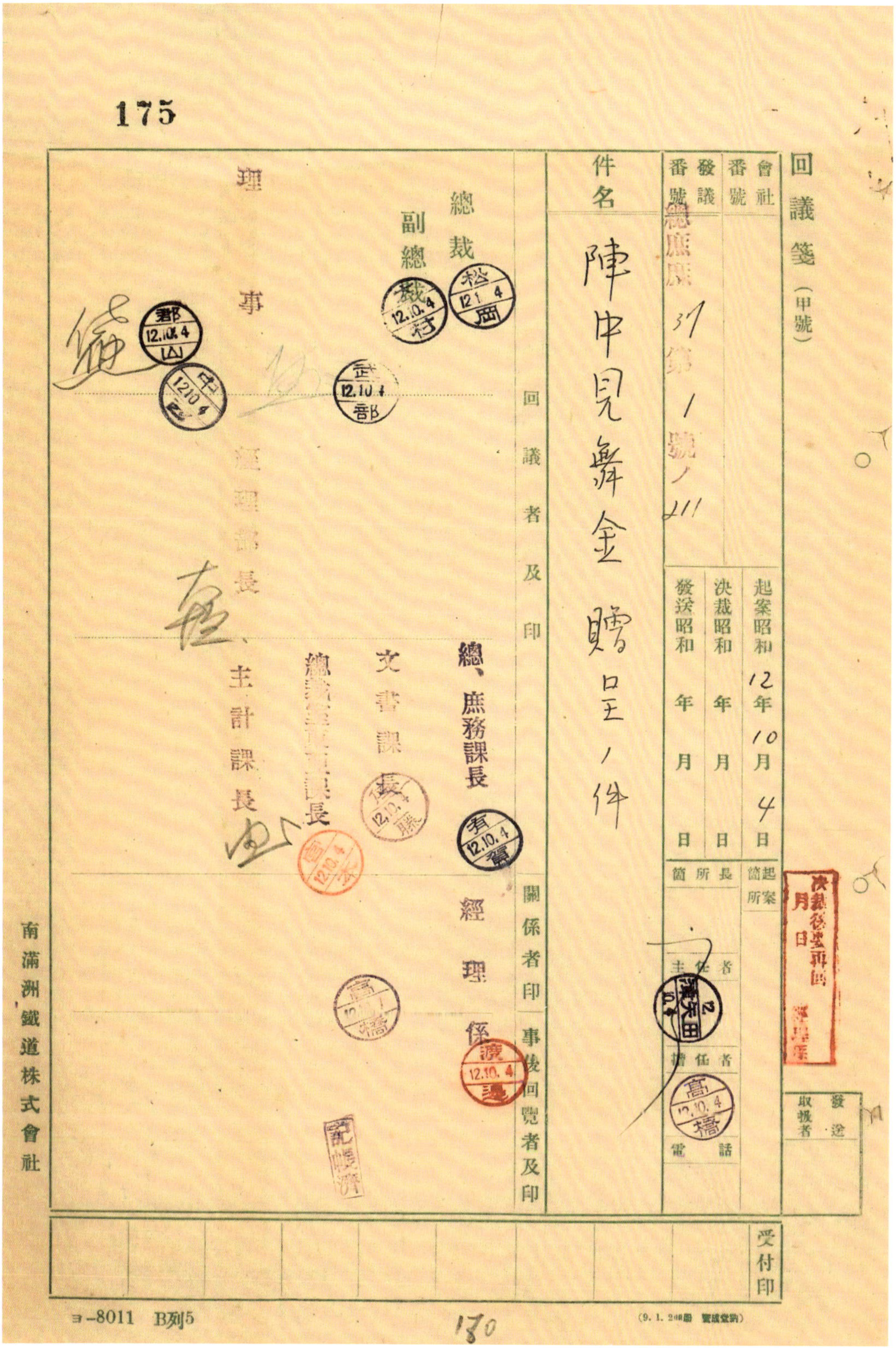

175

回議箋（甲號）

會社番號

發議番號　總庶庶 31第1號ノ211

件名　陣中見舞金贈呈ノ件

起案昭和 12 年 10 月 4 日

決裁昭和　年　月　日

發送昭和　年　月　日

總裁

副總裁

理事

經理部長

主計課長

總、庶務課長

文書課長

回議者及印

關係者印

經理係

事後回覽者及印

起案箇所

箇所長

主任者

擔任者

電話

發送取扱者

受付印

南滿洲鐵道株式會社

ヨ-8011　B列5

180

176

曩ニ會社ハ天津駐屯軍ニ対シ陣中見舞金トシテ不取敢金参万円也ヲ贈呈セルカ其ノ後戦局進行シ過般遂ニ大同、滄州、保定ノ陥落ヲ見ルニ至レリ就テハ此機會ニ於テ北支方面ニ対スルモノハ之ヲ以テ打切ルコトヽシテ更ニ金七万円也贈呈相成可然哉

時局費ヨリ支弁

南滿洲鐵道株式會社

ヨ-0003 B列5 (12. 3. 15,000冊 滿日社納)

181

总裁室庶务课长财务部会计课长关于决定捐赠天津驻屯军慰问金七万日元事致北支事务局长的电文（一九三七年十月四日）

177

暗号

極秘

電報回議箋

文書番號	指定	電報番號	回議者印	件名	宛名
總庶聯37第1號ノ213	ウナ・ニ・カ・ム・ニ・ヨイ		總、庶務課長　會計課長　經理係		北支事務局長

起案	決裁	發電
昭和12年10月4日　時　分	昭和　年　月　日　時　分	昭和　年　月5日10時10分

發信者：總、庶務課長　經、會計課長

天津駐屯軍陣中見舞金七万円支出ノコトニ決定アリタ贈呈方可然取計ヒアリ（事業關係假拂金ニ整理ノコト）

起案箇所　箇所長　主任者　擔任者　電話

發電取扱者印

南滿洲鐵道株式會社

ヨ-8016　B列5

(10. 9. 2.000冊 寶盛堂納)

182

总裁室庶务课长、东京支社庶务课长关于调查收容伤病士兵处所的往来电文

总裁室庶务课长致东京支社庶务课长电（一九三七年十月五日）

412

電報回議箋

文書番號

指定 ウナ・ニカ・ム ニ・ヨイ

電報番號

起案 昭和12年10月5日 時 分

決裁 昭和 年 月 日 時 分

發電 昭和 年 月 6日 18時 0分

回議者印 中西理事

總、庶務課長

件名

宛名 東京支社庶務課長

發信者 總、庶務課長

今次事變ノ傷病者ニシテ内地ニ帰還シ各地病院ニテ加療シツヽアル陸海軍将兵慰問ノ為会社ヨリ満洲產林檎ノ如キモノヲ贈呈致度就テハ陸、海軍省ニツキ之等病院ノ名称、所在並ニ収容者数（各病院毎ニ）等取調ヘ大至急回示願度

南滿洲鐵道株式會社

ヨ-8016 B列5

448

东京支社庶务课长致总裁室庶务课长电（一九三七年十月七日）

411

親展

著電譯文

文書番號	發信局	電報番號	指定
		五九	親展

發電	着電	受付
昭和十二年十月七日十七時二十二分	昭和　年　月　日二十一時七分	昭和　年　月八日九時　分

飜譯者印

供覧：總、庶務課長

有賀 12.10.8

件名：

受信者：總裁室庶務課長

發信者：東京支社庶務課長

電見傷病者ノ件委細明日空便ス

南滿洲鐵道株式會社

祕-8017 B列5　(12.1. 1500冊 …)

447

东京支社庶务课长致总裁室庶务课长电（一九三七年十月八日）

405

親展

特秘

昭和拾貳年拾月八日

東京支社庶務課長

總裁室庶務課長殿

内地帰還傷病將兵数ニ関スル件

十月六日附電報ヲ以テ御照會アリタル首題ノ件陸海両省ニ會社ノ趣旨ヲ説明シ委細問合セタル處十月七日現在左記ノ通ニテ今後ノ各病院相互ノ収容者移動及新規帰還者数等ハ勿論不明ナルモ両省ニテ豫想出来シモノハ附記シ置キタルニ付御承知願度

尚本件数字ハ軍當局ニテモ極秘扱ヒノモノニ付貴職限御覧ノ上

南滿洲鐵道株式會社東京支社

貯—9　B列5　　(12. 8. 300冊　オカモト納)

441

ハ直チニ燒却方特ニ依頼アリタルニ付御含ミ願度

記

一、陸軍省調

別表以外ニ収容人員百名未満ノ病院七十余アリ広範圍ニ亘ルニ付発表ヲ省略致度トノ事ニテ再三話合ヒタルモ之レカ発表ヲ為サス此点如何スヘキヤ（當局ニ於テハ再分配ニ付質問セルモ只管遠慮サレタルノミ）

尚満洲事変関係傷病兵ハ九月二日現在ニテ約二一〇〇名（ヘ昨年度入院者ヲ含ム）アリ右ハ今次事変傷病兵ヲ収容シ居ル各地陸軍病院ニモ在院シ居ル由ニ付御参考マデニ其ノ主ナルモノヲ附記シ置ケリ

一、海軍省調

南滿洲鐵道株式會社東京支社

407

左表ノ通ナルカ湊、嬉野両病院ニハ近日中ニ完成スル病棟モアリ相當数増加（他病院ヨリ移動）サルル由

海軍帰還将兵数調（十月七日現在）

横須賀市	横須賀海軍病院	約二〇五名
呉市	呉 〃	〃二四〇名
佐世保市	佐世保 〃	〃三二〇名
別府市	別府 〃	〃八〇名
静岡縣加茂郡竹麻村	湊 〃	〃二五名
佐賀縣嬉野町	嬉野 〃	〃五〇名

以上

九二〇一

南滿洲鐵道株式會社東京支社

貯－9　B列5　（12. 8. 300冊　オカモトヤ納）

陸軍帰還將兵數調

所在地	病院	支那事変（十月七日現在）	満洲事変（九月二十日）
東京市	東京第一陸軍病院	約三〇〇名（十日後ニ一〇〇〇名見込）	一六六名
名古屋市	名古屋陸軍病院	〃六〇〇名	三〇名
岐阜市	岐阜〃	〃二五〇名	
豊橋市	豊橋〃	〃三〇〇名	
大阪市	大阪〃	〃七〇〇名	一二二名
広島市	廣島〃	〃二〇〇〇名	四一名
香川縣善通寺	善通寺〃	〃六〇〇名	（久留米陸軍病院）六六名
小倉市	小倉〃	〃八〇〇名	
姫路市	姫路〃	〃一五〇名	
岡山市	岡山〃	〃一五〇名	

南滿洲鐵道株式會社東京支社

貯—9 B列5　(12. 8. 300冊 オカモトヤ納)

444

409

松山市　松山陸軍病院　約一五〇名
德島市　德島〃　約一六五名
高知市　高知〃　〃一一五名
龍山　龍山〃　〃二五〇名

以上

$\frac{70\times5-5}{14}=$

七、二三〇

七、六五五

七二五、

南滿洲鐵道株式會社東京支社

貯—9 B列5　(12. 6. 300冊 オカモト印刷)

445

410

在満各衛戍病院患者数（十月廿日現在）

承徳　二三〇名
錦州　四五〇名
奉天　五〇〇名
遼陽　一〇〇名
海城　一七〇名
旅順　三九〇名
新京　二〇名
公主嶺　二〇名

計　一八八〇名

次長同様

南滿洲鐵道株式會社

ヨ-0003　B列5　(12. 3. 15,000冊 滿日納)

446

总裁室庶务课长关于向关东军捐赠前线慰问金之意见事致北支事务局长的电文（一九三七年十月十六日）

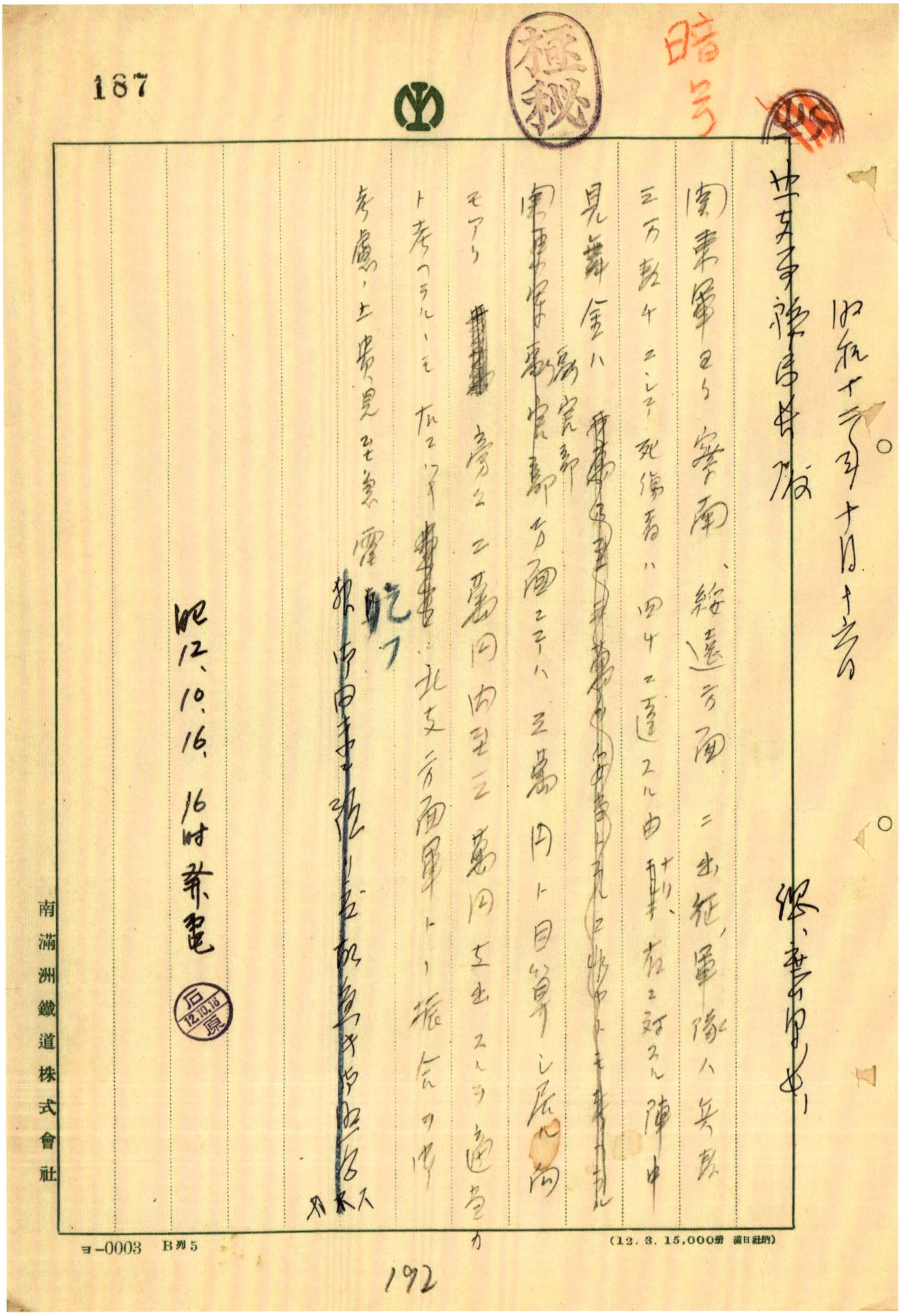
187

極秘

暗号

昭和十二年十月十六日

北支事務局長殿

總、庶務課長

関東軍ヨリ察南、綏遠方面ニ出征ノ軍隊ハ兵数

三万数千ニシテ死傷者ハ四千ニ達スル由

見舞金ハ

方面ニテハ三萬円ト目算シ居ル向

モアリ

壱萬円内至二萬円支出スル方適当カ

ト考ヘラルルモ北支方面軍トノ振合ノ件

考慮ノ上貴見至急電

昭12、10、16、16時発電

石原 12.10.16

南滿洲鐵道株式會社

ヨ-0003 B列5 (12. 3. 15,000冊 滿日社納)

192

总裁室庶务课长关于慰问七七事变中陆海军伤病将兵及送慰问品事的文件（一九三七年十月十九日）

460

回議箋（甲號）

會社番號　滿鐵總庶37第2號ノ20

發議番號　總庶庶37第7號ノ192

件名　陸海軍傷病將兵慰問ニ関スル件

起案　昭和12年10月16日

決裁　昭和12年10月19日

發送　昭和　年　月　日

起案箇所

所長箇所

主任者

擔任者

電話

處務週報

發送取扱者

回議者及印

總裁　不在

副總裁

理事

經理當

主計課長

總、庶務課長

文書課

關係者印

經理係

事後回覽者及印

受付印

南滿洲鐵道株式會社

ヨ-8011　B列5

498

461

今次支那事變傷病者ニシテ內地ニ歸還各地病院ニテ加療シツヽアル陸海軍傷病將士並在滿傷病將士慰問ノ爲會社ヨリ總裁名ヲ以テ左記ニ依リ滿洲產林檎ヲ贈呈致度仰高裁

記

一、傷病者約一六、七〇〇餘名ニ對シ一名當リ林檎約五個ノ割合ヲ以テ別表ノ通各地陸海軍病院長宛送付ノコト

二、各地病院長宛別紙ノ挨拶狀ヲ差出スコト

三、所要經費約三、七〇〇円也ハ事變關係假拂金ニテ整理ノコト

備考

一、林檎一箱ハ四貫目、一〇〇乃至一二〇個入トス

南滿洲鐵道株式會社

ヨ-0003　B列5　499　(12.3.15,000冊 滿日社印)

二、價格ハ一箱（一等品）二圓八〇之ニ運賃、荷造費、諸雜費等一、五〇見當ヲ加算シ四、三〇トス

463

（挨拶状案）

謹啓時下秋冷相催候処愈々御清適之段奉賀候

陳者今次支那事変勃発スルヤ皇軍ノ赴ク処

陸ニ海ニ空ニ連戦連勝以テ赫々タル武威ヲ中外

ニ示サレタル我忠勇ナル将士ノ御奮闘ニ対シ我々

銃後ノ國民タル者感激ニ堪ヘサルトコロニ有之候

而シテ気候風土ヲ異ニセル最前線敵弾（雨飛ノ）

下ニ連日不眠不休ノ奮闘ヲ続ケ遂ニ名誉

アル戦傷病者トシテ凱旋セラレタル勇士各位ニ

對シテハ衷心御見舞申上グルト共ニ其ノ御快癒

ノ一日モ速カナランコトヲ祈念シテ已マサル次第ニ

御座候

就テハ弊社ニ於テ聊カ御慰問ノ微意ヲ表シ度

南満洲鐵道株式會社

ヨ-0003　B列5　（12. 3. 15,000冊 満日社納）

501

464

別便ヲ以テ満洲産林檎　箱御送付申上候間
軍務御多端ノ折柄御手數乍入候ヘ共貴院
並ニ閣下ノ各地病院ニ入院中ノ（今次時局
ヲ蒙リ竝ニ満洲ニ於テ傷病セラレタル）將士各位ニ
可然御分配相煩度此段御見舞旁御依頼迄
如斯御座候　　　　敬具

昭和十二年十月　日

南満洲鐵道株式會社

總裁　松岡洋右

在満陸軍病院中支那事變戰傷病者ヲ收容シ
居ラザル分ニ對シテハ一部文章ヲ改ムルコト

南満洲鐵道株式會社

ヨ－0003　B列5　　　　(12. 3. 15,000冊 滿日納)

502

附一：接收慰问品医院及苹果箱数清单

465

所在	病院名		人員	林檎箱數		價格		備考
	陸軍							
東京市	東京第一陸軍病院	神	1.466	75	73	313	90	
名古屋市	名古屋陸軍病院	神	930	50	49	202	10	
岐阜市	岐阜陸軍病院	神	550	30	28	120	40	
豊橋市	豊橋陸軍病院	神	600	35	30	129	00	
大阪市	大阪陸軍病院	神	1.112	60	56	240	80	
廣島市	廣島陸軍病院	門○	2.341	120	127	503	10	
香川県善通寺町	善通寺陸軍病院	門○	900	50	45	193	50	
小倉市	小倉陸軍病院	門	1.166	60	58	249	40	
姫路市	姫路陸軍病院	神	450	25	23	98	90	
岡山市	岡山陸軍病院		450	25	23	98	90	
松山市	松山陸軍病院		450	25	23	98	90	
徳島市	徳島陸軍病院		465	25	23	98	90	
高知市	高知陸軍病院		415	25	25	90	30	
龍山	龍山陸軍病院	?	550	30	28	120	40	
	小計		11.845	635	~~595~~ 635	2.558	50	
	海軍							
横須賀市	横須賀海軍病院	神	205	15	15	43	00	
吳市	吳海軍病院		240	15	12	51	60	
佐世保市	佐世保海軍病院	門	320	20	26	68	80	
別府市	別府海軍病院	門	80	10	10 4	17	20	
静岡県加茂郡竹麻村	○湊海軍病院	門	25	10	10 2	8	60	
佐賀県嬉野町	○嬉野海軍病院	門	50	10	10 3	12	90	
	小計		920	80	~~47~~ 80	202	10	
	關東軍							
哈爾浜	哈爾浜陸軍病院		364	20	18	77	40	
奉天	奉天陸軍病院		616	35	31	133	30	
新京	新京〃		195	15	10	43	00	
牡丹江	牡丹江〃		234	15	12	51	60	
齊々哈爾	齊々哈爾〃		153	10	8	34	40	
旅順	旅順〃		473	25	24	103	20	
海拉爾	海拉爾〃		141	10	7	30	10	
公主嶺	公主嶺〃		122	10	6	25	80	
佳木斯	佳木斯〃		108	10	5	21	50	
孫呉	孫呉〃		9	2	1	4	30	
密山	密山〃		41	3	2	8	60	
新站	新站〃		55	5	3	12	90	
承德	承德〃		359	20+5	18	77	40	
穆棱	穆棱〃		65	5	3	12	90	
阿城	阿城〃		5	2	1	4	30	
錦州	錦州〃		450	25+5	23	98	90	
湯原	湯原〃		43	3	2	8	60	
北安鎮	北安鎮〃		68	5	3	12	90	
勃利	勃利〃		49	5	3	12	90	
綏芬河	綏芬河〃		21	2	1	4	30	
東寧	東寧〃		30	3	2	8	60	
海城	海城〃		170	10+5	9	38	70	
遼陽	遼陽〃		100	5+5	5	21	50	
黒河	黒河〃		24	2	1	4	30	
寶清	寶清〃		14	2	1	4	30	
	小計		3.909	269	199	855	70	
	合計		16.674		841	3.616	30	

503

丙

明細書

No.

所屬 総裁室庶務課　昭和12年10月　日引受
昭和　年　月　日納

代表者 津矢田種茂殿

滿鐵社員消費組合

品名	數量	單價	金額	現金	摘要
苹果	箱 10	2.80		28.00	十月二日 埠頭陸軍運輸部ニ渡ス
〃	〃 685	2.80		1918.00	十月十六日 内地各方ニ発送
〃	〃 269	2.80		753.20	十月二十九日 奥地ニ発送
				2699.20	

496

536

496

請求書C　發送

請求 No. 623

荷送人　消費組合本部商事係岡崎　殿

昭和12年11月13日發送　No. 939

荷受人　陸軍病院　殿

運送品　慰問品 11 ½

個	噸	瓩
269		7772

證券　發行　No.

金　千　圓　壹貳 20

上記正ニ請求候也

昭和　年　月　日

國際運輸株式會社

着地扱店

月　日　入港

丸　港積

B/L No.

放行單No.

受託書No.

貨車No.

出納係　　集金係

本船運賃	
附帶費	
立替金	
埠頭料金　陸揚賃	
埠頭料金　荷繰賃	
埠頭料金　倉敷料	
埠頭料金　殘荷扱料	
關稅㊣	
鐵道運賃	
取扱料	12 50
通關料	
通關人夫賃	
荷造費　修理賃	
車馬艀引取賃	
合計	12 50

發2173　B6

537　　497

No. 695

貨物運送受託書

運賃料金支拂方法	[illegible]
受付番號	第 1 號
積載貨車記號番號	第　　號

扱種別	8 扱
受託年月日	昭和 21 年 1 月 3 日
發送保管貨物發送年月日	昭和　年　月　日

荷送人 住所又ハ營業所 氏名又ハ商號 大德司

發驛 吾妻　著驛 旅順

荷受人 住所又ハ營業所 氏名又ハ商號 陸軍病院

品名	荷造ノ種類並記號	個數	重量	容積	運賃計算重量	運賃 運賃率	運賃 金額		入換料	
		箇	kg	m³			圓 錢	圓 錢	發驛	圓 錢
[illegible]	[illegible]	[illegible] 25	630		630				著驛	圓 錢
									價格	100 圓
									要償額	金 圓 錢
									表示料	金 圓 錢
合計									特約事項及記事	25 / 269 / 1250

1 荷造ノ種類並記號欄ニ記載シタル㋐㋛等ノ記號ハ下記荷造ノ種類ヲ示ス。㋐ハ安平包、㋛ハ筵、莚又ハ莫蓙包、㋒ハ藁包、㋓ハ縄〆、㋖ハ粋〆、㋑ハ板〆、㋕ハ桶入、㋟ハ樽入、㋙ハ行李入、㋗ハ罐入、㋞ハ叺入、㋡ハ梱合、㋩ハ甕入、㋬ハ俵入、㋘ハ籠入、㋩ハ箱入、㋫ハ袋入、㋢ハ布包帶鐵締、㋜ハ簀卷、㋚ハ高粱殼包、㋮ハ麻袋入、㋤ハ布包、○ハ裸。2特約事項及記事欄ニ記載シタル㊝㊡等ノ略號ハ下記特約條件ヲ示ス。㊝無蓋ノ貨車又ハ特種ノ貨物ヲ積載スル構造ヲ有スル貨車使用ニ因リ生スル損害ハ荷主ノ負擔トス ㊟混載ニ因リ生スル貨物ノ損害ハ荷主ノ負擔トス ㊡延著ニ因リ生スル損害賠償ノ請求ヲ爲サス ㊥開扉ニ因リ生スル貨物ノ損害ハ荷主ノ負擔トス ㊠荷造不完全ニ因リ生スル自他ノ損害ハ荷主ノ負擔トス ㊞何箇平均、㊦荷主積卸、㊧荷主積込、㊨荷主取卸、㊩專用線積卸、㊪專用線積込、㊫專用線取卸、㊬分割檢量、㊭屋內著後寄託委託、㊮屋外著後寄託委託 ㊯着拂特約 3貨物運送ニ關スル一切ノ事項ニ付テハ總テ當社鐵道運送規程ノ定ムル所ニ依ル

ヨテ－2642　B列5　　南滿洲鐵道株式會社　538　　498 (12. 3. 600冊 西川製)

No. 698

貨物運送受託書

運賃料金支拂方法	發　　拂
受付番號	第　3　號
積載貨車記號番號	第　　號

扱種別	小　扱
受託年月日	昭和13年11月14日
發送保管貨物發送年月日	昭和　年　月　日

荷送人 住所又ハ營業所 氏名又ハ商號：大倉司

發驛 吾妻　著驛 紅(?)天

荷受人 住所又ハ營業所 氏名又ハ商號：陸軍病院

品名	荷造ノ種類竝記號	個數	重量	容積	運賃計算重量	運賃率	運賃金額		
		個	kg	m³			圓　錢	圓　錢	
慰問品	㊂	35	852						
合計									

入換料	發驛	圓　錢
	著驛	圓　錢
價格		140－
要償額	金	圓　錢
表示料	金	圓　錢

特約事項及記事

1 荷造ノ種類竝記號欄ニ記載シタル○○等ノ記號ハ下記荷造ノ種類ヲ示ス。○ハ安平包、○ハ筵、蓆又ハ莫蓙包、○ハ藁包、○ハ縄〆、○ハ枠〆、○ハ板〆、○ハ桶入、○ハ樽入、○ハ行李入、○ハ罐入、○ハ叺入、○ハ梱合、○ハ甕入、○ハ俵入、○ハ籠入、○ハ箱入、○ハ袋入、○ハ布包帯鐵締、○ハ簀巻、○ハ高粱殻包、○ハ麻袋入、○ハ布包、○ハ裸。2特約事項及記事欄ニ記載シタル○○等ノ略號ハ下記特約條件ヲ示ス。○無蓋ノ貨車又ハ特種ノ貨物ヲ積載スル構造ヲ有スル貨車使用ニ因リ生スル損害ハ荷主ノ負擔トス ○混載ニ因リ生スル貨物ノ損害ハ荷主ノ負擔トス ○延着ニ因リ生スル損害賠償ノ請求ヲ爲サス ○開扉ニ因リ生スル貨物ノ損害ハ荷主ノ負擔トス ○荷造不完全ニ因リ生スル自他ノ損害ハ荷主ノ負擔トス ○何箇平均、○荷主積卸、○荷主積込、○荷主取卸、○專用線積卸、○專用線積込、○專用線取卸、○分割檢量、○屋内著後寄託委託、○屋外著後寄託委託○着拂特約 3貨物運送ニ關スル一切ノ事項ニ付テハ總テ當社鐵道運送規程ノ定ムル所ニ依ル

ヨチ—2642　B列5　　南滿洲鐵道株式會社　　(12.5.600冊 ……)

539

499

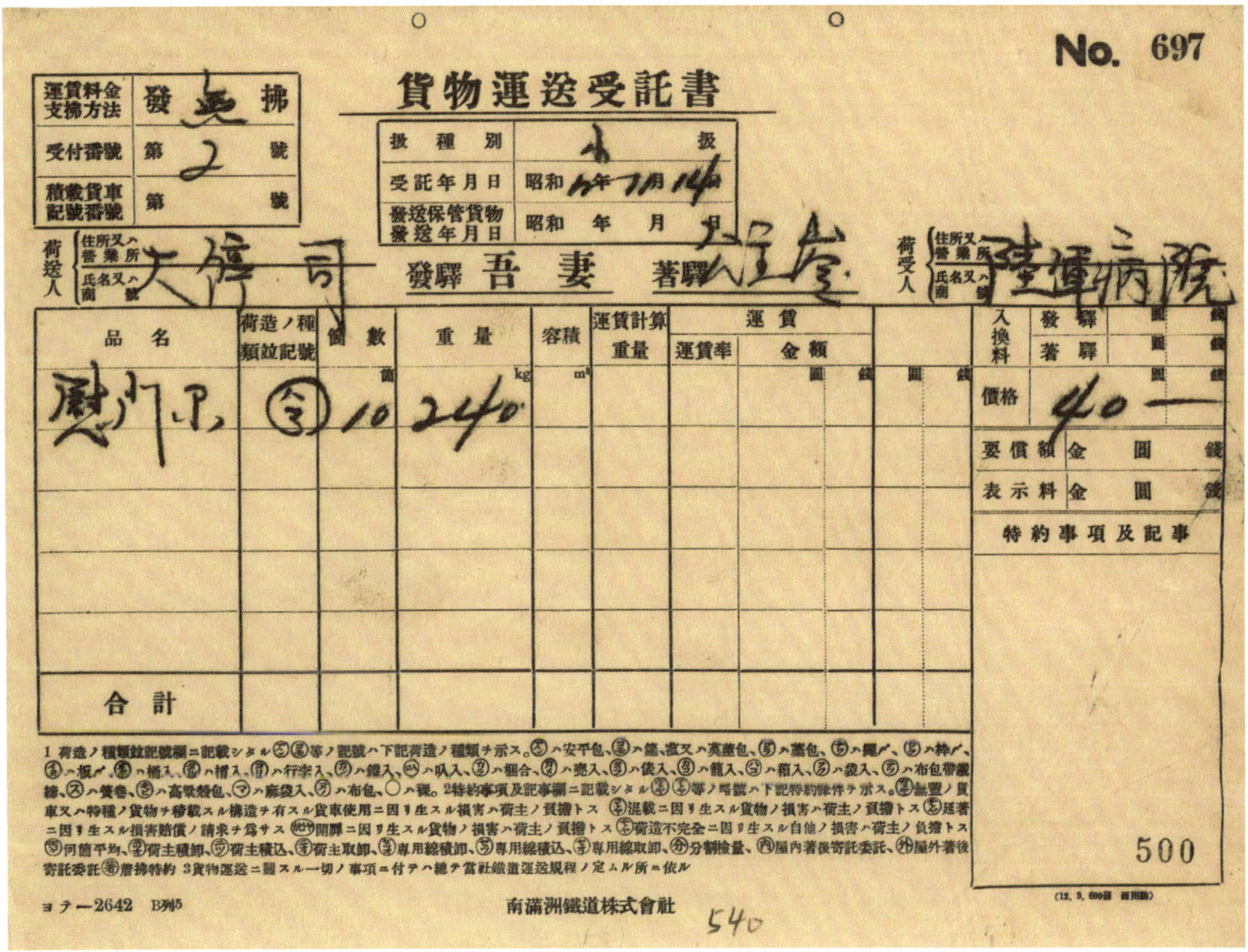

No. 697

貨物運送受託書

運賃料金支拂方法	發 免 拂
受付番號	第 2 號
積載貨車記號番號	第 號

扱種別	小 扱
受託年月日	昭和12年7月14日
發送保管貨物發送年月日	昭和 年 月 日

荷送人 住所又ハ營業所 氏名又ハ商號 大倉司 發驛 吾妻 著驛 公主嶺 荷受人 住所又ハ營業所 氏名又ハ商號 陸軍病院

品名	荷造ノ種類竝記號	個數	重量	容積	運賃計算重量	運賃 運賃率	金額		
		箇	kg	m³			圓 錢	圓 錢	
慰問品	[illegible]	10	240						
合計									

入換料	發驛	圓 錢
	著驛	圓 錢
價格	40—	圓 錢
要償額	金	圓 錢
表示料	金	圓 錢

特約事項及記事

500

1 荷造ノ種類竝記號欄ニ記載シタル[illegible][illegible]等ノ記號ハ下記荷造ノ種類ヲ示ス。[illegible]ハ安平包、[illegible]ハ筵、菰又ハ莫蓙包、[illegible]ハ藁包、[illegible]ハ鐵〆、[illegible]ハ枠〆、[illegible]ハ板〆、[illegible]ハ樽入、[illegible]ハ桶入、[illegible]ハ行李入、[illegible]ハ罐入、[illegible]ハ叺入、[illegible]ハ梱合、[illegible]ハ甕入、[illegible]ハ俵入、[illegible]ハ籠入、[illegible]ハ箱入、[illegible]ハ袋入、[illegible]ハ布包帶縦縛、[illegible]ハ簀卷、[illegible]ハ高粱稈包、[illegible]ハ麻袋入、[illegible]ハ布包、○ハ裸。2特約事項及記事欄ニ記載シタル[illegible][illegible]等ノ略號ハ下記特約條件ヲ示ス。[illegible]無蓋ノ貨車又ハ特種ノ貨物ヲ積載スル構造ヲ有スル貨車使用ニ因リ生スル損害ハ荷主ノ負擔トス [illegible]混載ニ因リ生スル貨物ノ損害ハ荷主ノ負擔トス[illegible]延著ニ因リ生スル損害賠償ノ請求ヲ爲サス [illegible]開扉ニ因リ生スル貨物ノ損害ハ荷主ノ負擔トス[illegible]荷造不完全ニ因リ生スル自他ノ損害ハ荷主ノ負擔トス[illegible]何箇平均、[illegible]荷主積卸、[illegible]荷主積込、[illegible]荷主取卸、[illegible]專用線積卸、[illegible]專用線積込、[illegible]專用線取卸、[illegible]分割檢量、[illegible]屋内著後寄託委託、[illegible]屋外著後寄託委託[illegible]着拂特約 3貨物運送ニ關スル一切ノ事項ニ付テハ總テ當社鐵道運送規程ノ定ムル所ニ依ル

ヨテー2642 B列5

南滿洲鐵道株式會社

540

No. 696

貨物運送受託書

運賃料金支拂方法	發 無 拂	
受付番號	第 1 號	
積載貨車記號番號	第 號	

扱種別	小 扱
受託年月日	昭和 15年 11月 14日
發送保管貨物發送年月日	昭和 年 月 日

荷送人（住所又ハ營業所・氏名又ハ商號）大連倉庫

發驛 吾妻　著驛 新京

荷受人（住所又ハ營業所・氏名又ハ商號）陸軍病院

品名	荷造ノ種類竝記號	箇數	重量	容積	運賃計算重量	運賃率	金額	
		箇	kg	m³			圓 錢	圓 錢
[illegible]	⑦	15	1020					
合計								

入換料	發驛	圓 錢
	著驛	圓 錢
價格		60— 圓 錢
要償額	金 圓 錢	
表示料	金 圓 錢	

特約事項及記事

501

1 荷造ノ種類竝記號欄ニ記載シタル(アン)(ム)等ノ記號ハ下記荷造ノ種類ヲ示ス。(アン)ハ安平包、(ム)ハ筵、莚又ハ莫蓙包、(ワ)ハ藁包、(ナ)ハ繩〆、(ワク)ハ枠〆、(イタ)ハ板〆、(オケ)ハ桶入、(タル)ハ樽入、(コリ)ハ行李入、(カメ)ハ罐入、(ヒ)ハ叺入、(オリ)ハ梱合、(カメ)ハ甕入、(タ)ハ俵入、(カゴ)ハ籠入、(ハコ)ハ箱入、(フ)ハ袋入、(ヌ)ハ布包帶鐵締、(ス)ハ簀卷、(コ)ハ高粱殼包、(マ)ハ麻袋入、(ヌノ)ハ布包、○ハ裸。2特約事項及記事欄ニ記載シタル(特ア)(特イ)等ノ略號ハ下記特約條件ヲ示ス。(特ア)無蓋ノ貨車又ハ特種ノ貨物ヲ積載スル構造ヲ有スル貨車使用ニ因リ生スル損害ハ荷主ノ負擔トス (特イ)混載ニ因リ生スル貨物ノ損害ハ荷主ノ負擔トス (特ウ)延著ニ因リ生スル損害賠償ノ請求ヲ爲サス (開扉)開扉ニ因リ生スル貨物ノ損害ハ荷主ノ負擔トス (特エ)荷造不完全ニ因リ生スル自他ノ損害ハ荷主ノ負擔トス (平均)何箇平均、(荷卸)荷主積卸、(荷込)荷主積込、(荷取)荷主取卸、(専卸)專用線積卸、(専込)專用線積込、(専取)專用線取卸、(分)分割檢量、(内)屋内著後寄託委託、(外)屋外著後寄託委託、(着)着拂特約 3貨物運送ニ關スル一切ノ事項ニ付テハ總テ當社鐵道運送規程ノ定ムル所ニ依ル

ヨテー2642 B列5　南滿洲鐵道株式會社 541

(12. 3. 500冊 西川版)

No. 601

貨物運送受託書

運賃料金支拂方法	無 拂
受付番號	第 5 號
積載貨車記號番號	第 號

扱種別	十八 扱
受託年月日	昭和12年11月14日
發送保管貨物發送年月日	昭和 年 月 日

荷送人 住所又ハ營業所 氏名又ハ商號 大倖　發驛 吾妻　著驛 遼陽　荷受人 住所又ハ營業所 氏名又ハ商號 陸軍病院

品名	荷造ノ種類竝記號	箇數	重量	容積	運賃計算重量	運賃 運賃率	運賃 金額	
		箇	kg	m³			圓 錢	圓 錢
歷门包	2	1/10	280					
合計								

入換料	發驛	圓 錢
	著驛	圓 錢
價格		40 圓 錢
要償額	金	圓 錢
表示料	金	圓 錢

特約事項及記事

502

1 荷造ノ種類竝記號欄ニ記載シタル○○等ノ記號ハ下記荷造ノ種類ヲ示ス。○ハ安平包、○ハ鑵、壺又ハ甕、蓆包、○ハ蓆包、○ハ綑〆、○ハ枠〆、○ハ板〆、○ハ桶入、○ハ樽入、○ハ行李入、○ハ罐入、○ハ叺入、○ハ梱合、○ハ甕入、○ハ俵入、○ハ籠入、○ハ箱入、○ハ袋入、○ハ布包帶織縛、○ハ疊疊、○ハ高粱殼包、○ハ麻袋入、○ハ布包、○ハ裸。2特約事項及記事欄ニ記載シタル○○等ノ略號ハ下記特約條件ヲ示ス。○無蓋ノ貨車又ハ特種ノ貨物ヲ積載スル構造ヲ有スル貨車使用ニ因リ生スル損害ハ荷主ノ負擔トス ○混載ニ因リ生スル貨物ノ損害ハ荷主ノ負擔トス○延著ニ因リ生スル損害賠償ノ請求ヲ爲サス○開扉ニ因リ生スル貨物ノ損害ハ荷主ノ負擔トス○荷造不完全ニ因リ生スル自他ノ損害ハ荷主ノ負擔トス○何箇平均、○荷主積卸、○荷主積込、○荷主取卸、○專用線積卸、○專用線積込、○專用線取卸、○分割檢量、○屋內著後寄託委託、○屋外著後寄託委託○著拂特約3.貨物運送ニ關スル一切ノ事項ニ付テハ總テ當社鐵道運送規程ノ定ムル所ニ依ル

ヨテー2642　B列5

南滿洲鐵道株式會社　542

No. 600

貨物運送受託書

運賃料金支拂方法	發無拂
受付番號	第 4 號
積載貨車記號番號	第 號

扱種別	[illegible] 扱
受託年月日	昭和12年11月14日
發送保管貨物發送年月日	昭和 年 月 日

荷送人 住所又ハ營業所 氏名又ハ商號 大停

發驛 吾妻　著驛 海城

荷受人 住所又ハ營業所 氏名又ハ商號 陸軍病院

品名	荷造ノ種類竝記號	箇數	重量	容積	運賃計算重量	運賃 運賃率	運賃 金額	
		箇	kg	m³			圓 錢	圓 錢
慰問品	[illegible]	15	420					
合計								

入換料	發驛	圓 錢
	著驛	圓 錢
價格		60— 圓 錢
要償額	金	圓 錢
表示料	金	圓 錢

特約事項及記事

503

1 荷造ノ種類竝記號欄ニ記載シタル(安)(籃)等ノ記號ハ下記荷造ノ種類ヲ示ス。(安)ハ安平包、(籃)ハ籃、籠又ハ莫蓙包、(藁)ハ藁包、(縄)ハ縄ゲ、(枠)ハ枠ゲ、(板)ハ板ゲ、(桶)ハ桶入、(樽)ハ樽入、(行)ハ行李入、(鐘)ハ鐘入、(叺)ハ叺入、(梱)ハ梱合、(甕)ハ甕入、(俵)ハ俵入、(籠)ハ籠入、(箱)ハ箱入、(袋)ハ袋入、(帶)ハ布包帶鐵締、(巻)ハ薦巻、(高)ハ高粱殼包、(マ)ハ麻袋入、(布)ハ布包、○ハ裸。2特約事項及記事欄ニ記載シタル(無)(混)等ノ略號ハ下記特約條件ヲ示ス。(無)無蓋ノ貨車又ハ特種ノ貨物ヲ積載スル構造ヲ有スル貨車使用ニ因リ生スル損害ハ荷主ノ負擔トス (混)混載ニ因リ生スル貨物ノ損害ハ荷主ノ負擔トス (延)延著ニ因リ生スル損害賠償ノ請求ヲ爲サス (開)開扉ニ因リ生スル貨物ノ損害ハ荷主ノ負擔トス (荷)荷造不完全ニ因リ生スル自他ノ損害ハ荷主ノ負擔トス (均)何箇平均、(卸)荷主積卸、(込)荷主積込、(取)荷主取卸、(專)專用線積卸、(專)專用線積込、(專)專用線取卸、(分)分割檢量、(內)屋內著後寄託委託、(外)屋外著後寄託委託(着)着拂特約3.貨物運送ニ關スル一切ノ事項ニ付テハ總テ當社鐵道運送規程ノ定ムル所ニ依ル

ヨテ—2642 B列5　南滿洲鐵道株式會社　543

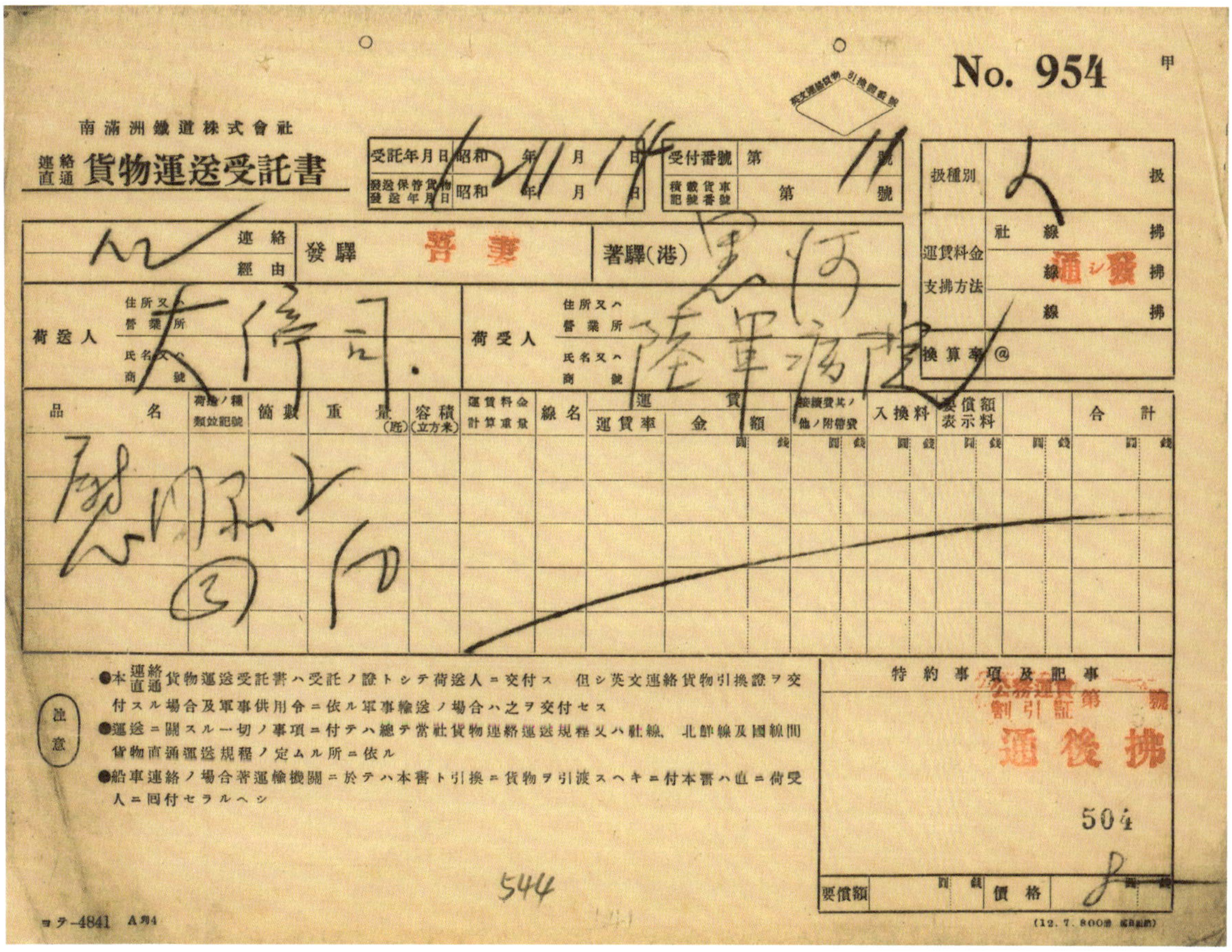

No. 954　甲

南滿洲鐵道株式會社

連絡直通貨物運送受託書

受託年月日　昭和　年　月　日　（手書：12.11.14）

受付番號　第　號　（手書：11）

扱種別　（手書：人）扱

發驛　晉妻（印）

著驛（港）（手書：黑河）

運賃料金支拂方法　社線拂　線拂　線拂　（印：通シ發）

荷送人　（手書：天停司）

荷受人　（手書：陸軍病院）

換算率　@

品名　（手書）

●本連絡直通貨物運送受託書ハ受託ノ證トシテ荷送人ニ交付ス　但シ英文連絡貨物引換證ヲ交付スル場合及軍事供用令ニ依ル軍事輸送ノ場合ハ之ヲ交付セス

●運送ニ關スル一切ノ事項ニ付テハ總テ當社貨物連絡運送規程又ハ社線、北鮮線及國線間貨物直通運送規程ノ定ムル所ニ依ル

●船車連絡ノ場合著運輸機關ニ於テハ本書ト引換ニ貨物ヲ引渡スヘキニ付本書ハ直ニ荷受人ニ回付セラルヘシ

特約事項及記事　（印：公務運賃割引証第　號　運後拂）　504

要償額　圓　錢　價格　圓　錢

544

ヨテ-4841　A列4　（12.7.800冊）

No. 958　甲

南滿洲鐵道株式會社

連絡直通 貨物運送受託書

受託年月日	昭和 6 年 11 月 14 日	受付番號	第 15 號
發送保管貨物發送年月日	昭和　年　月　日	積載貨車記號番號	第　號

扱種別：人 扱

連絡經由	發驛	著驛(港)	哈尔滨
荷送人 住所又ハ營業所 氏名又ハ商號	[illegible]	荷受人 住所又ハ營業所 氏名又ハ商號	陸軍病院

運賃料金支拂方法：社線拂／線 通シ發 拂／線拂

換算率 @

品名	荷造ノ種類並記號	箇數	重量(瓩)	容積(立方米)	運賃料金計算重量	線名	運賃 運賃率	運賃 金額 圓 錢	接續費其ノ他ノ附帶費 圓 錢	入換料 圓 錢	要償額表示料 圓 錢	圓 錢	合計 圓 錢
[illegible] 20													
	(2)		5.20										

●本連絡直通貨物運送受託書ハ受託ノ證トシテ荷送人ニ交付ス　但シ英文連絡貨物引換證ヲ交付スル場合及軍事供用令ニ依ル軍事輸送ノ場合ハ之ヲ交付セス

●運送ニ關スル一切ノ事項ニ付テハ總テ當社貨物連絡運送規程又ハ社線、北鮮線及國線間貨物直通運送規程ノ定ムル所ニ依ル

●船車連絡ノ場合著運輸機關ニ於テハ本書ト引換ニ貨物ヲ引渡スヘキニ付本書ハ直ニ荷受人ニ回付セラルヘシ

特約事項及記事

公務運賃 第　號

後拂

505

要償額	圓 錢	價格	20 圓 錢

545

列4　(12. 7. 800冊)

No. 959 甲

英文連絡貨物引換證要發

南滿洲鐵道株式會社

連絡直通 貨物運送受託書

受託年月日	昭和 12年 11月 14日	受付番號	第 76 號	扱種別	2 扱
發送保管貨物發送年月日	昭和 年 月 日	積載貨車記號番號	第 號		

連絡經由	發驛 吾妻	著驛(港) 錦縣	運賃料金支拂方法	社線 拂 線 拂（通シ發） 線 拂

荷送人	住所又ハ營業所 氏名又ハ商號	大倉司	荷受人	住所又ハ營業所 氏名又ハ商號	陸軍病院	換算率	@

品名	荷造ノ種類及記號	個數	重量(瓩)	容積(立方米)	運賃料金計算重量	線名	運賃 運賃率	運賃 金額 圓 錢	接續費其ノ他ノ附帶費 圓 錢	入換料 圓 錢	要償額表示料 圓 錢	圓 錢	合計 圓 錢
慰問品		2	50										

注意

●本連絡直通貨物運送受託書ハ受託ノ證トシテ荷送人ニ交付ス　但シ英文連絡貨物引換證ヲ交付スル場合及軍事供用令ニ依ル軍事輸送ノ場合ハ之ヲ交付セス

●運送ニ關スル一切ノ事項ニ付テハ總テ當社貨物連絡運送規程又ハ社線、北鮮線及國線間貨物直通運送規程ノ定ムル所ニ依ル

●船車連絡ノ場合著運輸機關ニ於テハ本書ト引換ニ貨物ヲ引渡スヘキニ付本書ハ直ニ荷受人ニ回付セラルヘシ

特約事項及記事

公務運賃 後拂證 第 號

通後拂

506

要償額	圓 錢	價格	圓 錢

546

ヨテ-4841 A列4　(12.7.800冊)

No. 957　甲

南滿洲鐵道株式會社

連絡直通貨物運送受託書

受託年月日	昭和 6 年 11 月 14 日	受付番號	第 14 號	扱種別	扱
發送保管貨物發送年月日	昭和　年　月　日	積載貨車記號番號	第　號		

連絡經由	發驛	著驛(港) 佳木斯	運賃料金支拂方法	社線 拂 / 線 拂 / 線 拂
荷送人 住所又ハ營業所 / 氏名又ハ商號		荷受人 住所又ハ營業所 / 氏名又ハ商號	換算率 @	

品名	荷造ノ種類並記號	箇數	重量(瓩)	容積(立方米)	運賃料金計算重量	線名	運賃 運賃率	運賃 金額 圓 錢	發送ノ附帶費 圓 錢	又換料 圓 錢	要償額表示料 圓 錢	圓 錢	合計 圓 錢
			174										
					180								

注意
- 本連絡直通貨物運送受託書ハ受託ノ證トシテ荷送人ニ交付ス　但シ英文連絡貨物引換證ヲ交付スル場合及軍事供用令ニ依ル軍事輸送ノ場合ハ之ヲ交付セス
- 運送ニ關スル一切ノ事項ニ付テハ總テ當社貨物連絡運送規程ハ又社線、北鮮線及國線間貨物直通運送規程ノ定ムル所ニ依ル
- 船車連絡ノ場合著運輸機關ニ於テハ本書ト引換ニ貨物ヲ引渡スヘキニ付本書ハ直ニ荷受人ニ回付セラルヘシ

特約事項及記事

公務運賃割引證 第　號

通後拂

507

要償額	圓 錢	價格	1/2 圓 錢

547

ヨテ-4841　A列4　(12. 7. 800冊 ……)

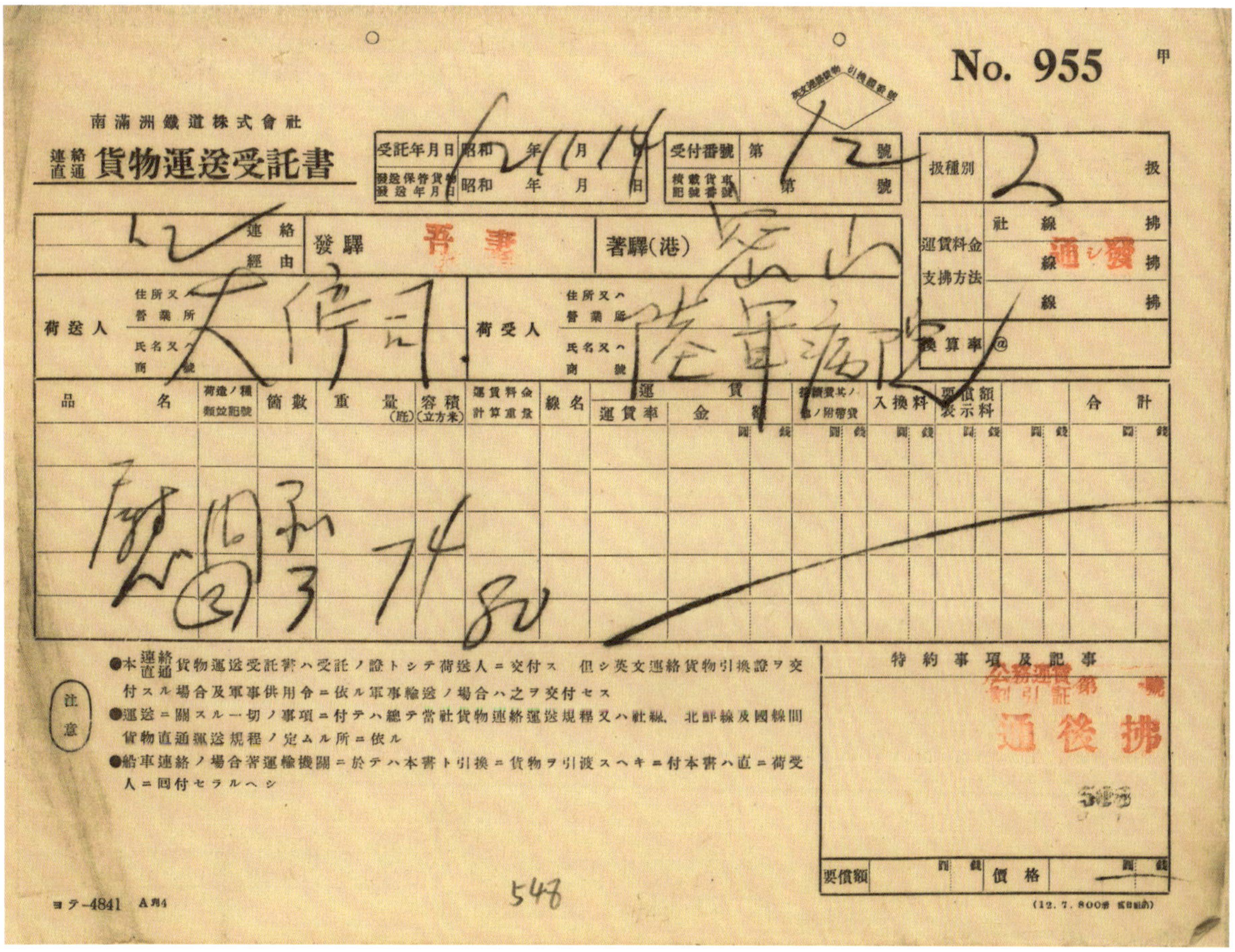

No. 955 甲

南滿洲鐵道株式會社

連絡直通貨物運送受託書

受託年月日 昭和　年　月　日

發送保管貨物發送年月日 昭和　年　月　日

受付番號 第　號

積載貨車記號番號 第　號

扱種別　扱

連絡經由

發驛　吾妻

著驛（港）

運賃料金支拂方法　社線　拂　線　拂　線　拂　通シ發

換算率 @

荷送人　住所又ハ營業所　氏名又ハ商號

荷受人　住所又ハ營業所　氏名又ハ商號

品名	荷造ノ種類並記號	箇數	重量（瓩）	容積（立方米）	運賃料金計算重量	線名	運賃 運賃率	運賃 金額	據置費其ノ他ノ附帶費	入換料	要償額表示料		合計
								圓 錢	圓 錢	圓 錢	圓 錢	圓 錢	圓 錢

注意

●本連絡直通貨物運送受託書ハ受託ノ證トシテ荷送人ニ交付ス　但シ英文連絡貨物引換證ヲ交付スル場合及軍事供用令ニ依ル軍事輸送ノ場合ハ之ヲ交付セス

●運送ニ關スル一切ノ事項ニ付テハ總テ當社貨物連絡運送規程又ハ社線、北鮮線及國線間貨物直通運送規程ノ定ムル所ニ依ル

●船車連絡ノ場合著運輸機關ニ於テハ本書ト引換ニ貨物ヲ引渡スヘキニ付本書ハ直ニ荷受人ニ回付セラルヘシ

特約事項及記事

公務運賃割引證第　號

通後拂

要償額　圓　錢　價格　圓　錢

ヨテ-4841 A判4　548　（12. 7. 800冊 ）

No. 953 甲

南滿洲鐵道株式會社

連絡直通 貨物運送受託書

受託年月日	昭和 12 年 11 月 14 日	受付番號	第 10 號
發送保管貨物發送年月日	昭和 年 月 日	積載貨車記號番號	第 號

扱種別 2 扱

連絡經由	發驛	著驛(港)
	晋妻	

荷送人 住所又ハ營業所 氏名又ハ商號	荷受人 住所又ハ營業所 氏名又ハ商號
	陸軍病院

運賃料金支拂方法：社線 拂；線 拂 通シ發；線 拂

換算率 @

品名	荷造ノ種類並記號	箇數	重量(瓩)	容積(立方米)	運賃料金計算重量	線名	運賃 運賃率	運賃 金額 圓 錢	接續費其ノ他ノ附帶費 圓 錢	入換料 圓 錢	要償額表示料 圓 錢	圓 錢	合計 圓 錢
	③		125	130									

注意

●本連絡直通貨物運送受託書ハ受託ノ證トシテ荷送人ニ交付ス 但シ英文連絡貨物引換證ヲ交付スル場合及軍事供用令ニ依ル軍事輸送ノ場合ハ之ヲ交付セス

●運送ニ關スル一切ノ事項ニ付テハ總テ當社貨物連絡運送規程又ハ社線、北鮮線及國線間貨物直通運送規程ノ定ムル所ニ依ル

●船車連絡ノ場合著運輸機關ニ於テハ本書ト引換ニ貨物ヲ引渡スヘキニ付本書ハ直ニ荷受人ニ回付セラルヘシ

特約事項及記事

公務運賃割引證第 號

通後拂

509

要償額	圓 錢	價格	20 圓 錢

ヨテ-4841 A列4　549　(12. 7. 800冊)

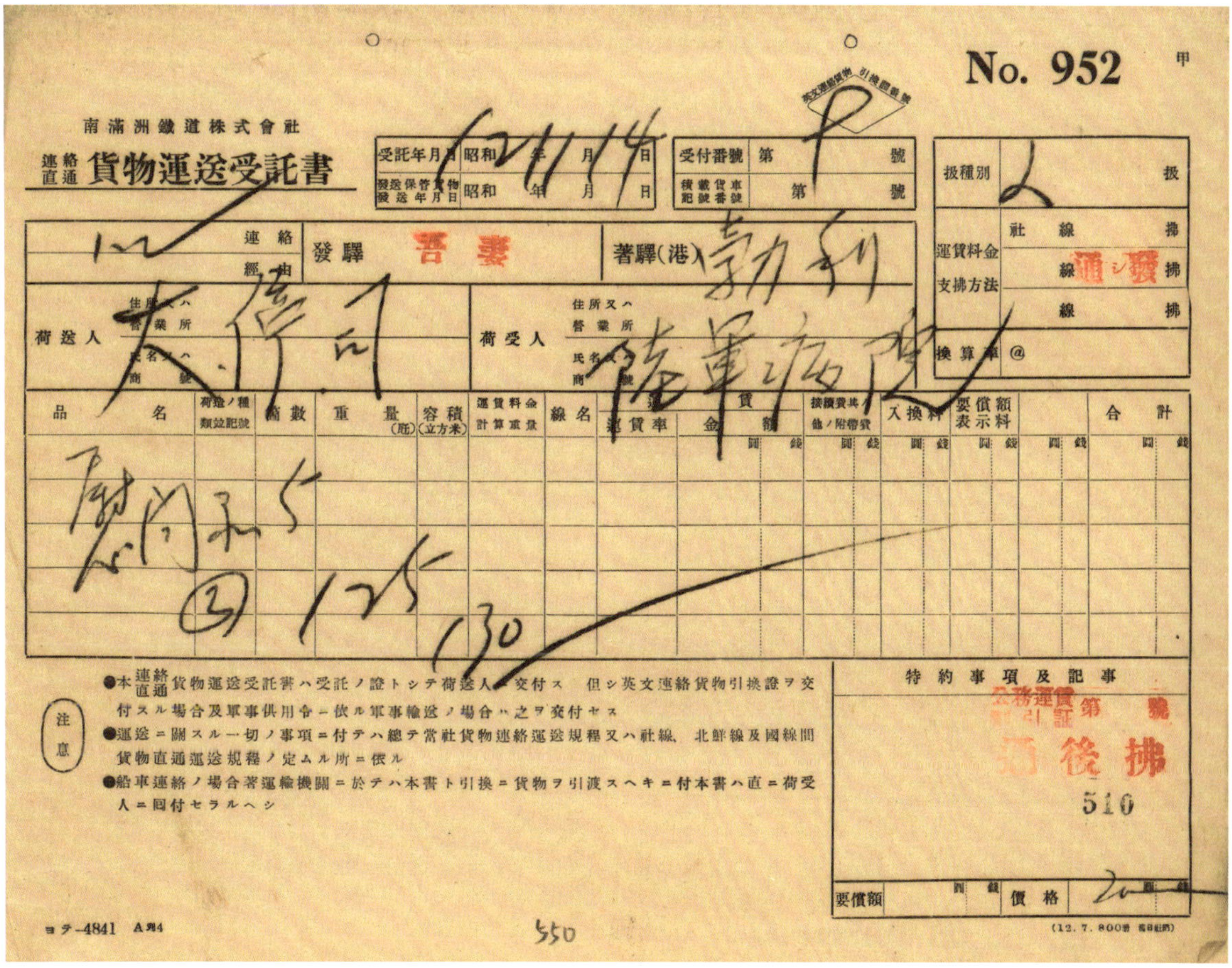
南滿洲鐵道株式會社

連絡直通 貨物運送受託書

No. 952 甲

受託年月日 昭和 年 月 日

發送保管貨物 發送年月日 昭和 年 月 日

受付番號 第 號

積載貨車 記號番號 第 號

扱種別 扱

連絡經由

發驛

著驛(港)

運賃料金支拂方法 社線 拂 線 拂 線 拂

通シ發拂

荷送人 住所又ハ營業所 氏名又ハ商號

荷受人 住所又ハ營業所 氏名又ハ商號

換算率 @

品名	荷造ノ種類並記號	箇數	重量(瓩)	容積(立方米)	運賃料金計算重量	線名	運賃率	運賃金額	接續費其他ノ附帶賃	入換料	要償額表示料		合計
								圓 錢	圓 錢	圓 錢	圓 錢	圓 錢	圓 錢

注意

●本連絡直通貨物運送受託書ハ受託ノ證トシテ荷送人ニ交付ス 但シ英文連絡貨物引換證ヲ交付スル場合及軍事供用令ニ依ル軍事輸送ノ場合ハ之ヲ交付セス

●運送ニ關スル一切ノ事項ニ付テハ總テ當社貨物連絡運送規程ハ又社線、北鮮線及國線間貨物直通運送規程ノ定ムル所ニ依ル

●船車連絡ノ場合著運輸機關ニ於テハ本書ト引換ニ貨物ヲ引渡スヘキニ付本書ハ直ニ荷受人ニ回付セラルヘシ

特約事項及記事

公務運賃 引換證 第 號

通後拂

510

要償額 圓 錢 價格 圓 錢

ヨテ-4841 A列4

550

(12.7.800冊)

No. 951 甲

英文連絡貨物引換證番號

南滿洲鐵道株式會社

連絡直通 貨物運送受託書

受託年月日	昭和 12 年 11 月 14 日	受付番號	第 8 號	扱種別	2 扱
發送保管貨物發送年月日	昭和 年 月 日	積載貨車記號番號	第 號		

連絡經由	發驛	吾妻	著驛(港)	北安

運賃料金支拂方法		
社線		拂
線	通シ發	拂
線		拂
換算率	@	

荷送人	住所又ハ營業所 氏名又商號	大倉司.	荷受人	住所又ハ營業所 氏名又商號	陸軍病院

品名	荷造ノ種類並記號	箇數	重量(瓩)	容積(立方米)	運賃料金計算重量	線名	運賃 運賃率	運賃 金額 圓 錢	接續費其ノ他ノ附帶費 圓 錢	入換料 圓 錢	要償額表示料 圓 錢	圓 錢	合計 圓 錢
慰問品	②	5	125										
			130										

注意

●本連絡直通貨物運送受託書ハ受託ノ證トシテ荷送人ニ交付ス　但シ英文連絡貨物引換證ヲ交付スル場合及軍事供用令ニ依ル軍事輸送ノ場合ハ之ヲ交付セス

●運送ニ關スル一切ノ事項ニ付テハ總テ當社貨物連絡運送規程又ハ社線、北鮮線及國線間貨物直通運送規程ノ定ムル所ニ依ル

●船車連絡ノ場合著運輸機關ニ於テハ本書ト引換ニ貨物ヲ引渡スヘキニ付本書ハ直ニ荷受人ニ回付セラルヘシ

特約事項及記事

公務運賃割引證 第　號

通後拂

511

要償額	圓 錢	價格	20 圓 — 錢

ヨテ-4841 A列4　　551　　(12. 7. 800冊 福田紙納)

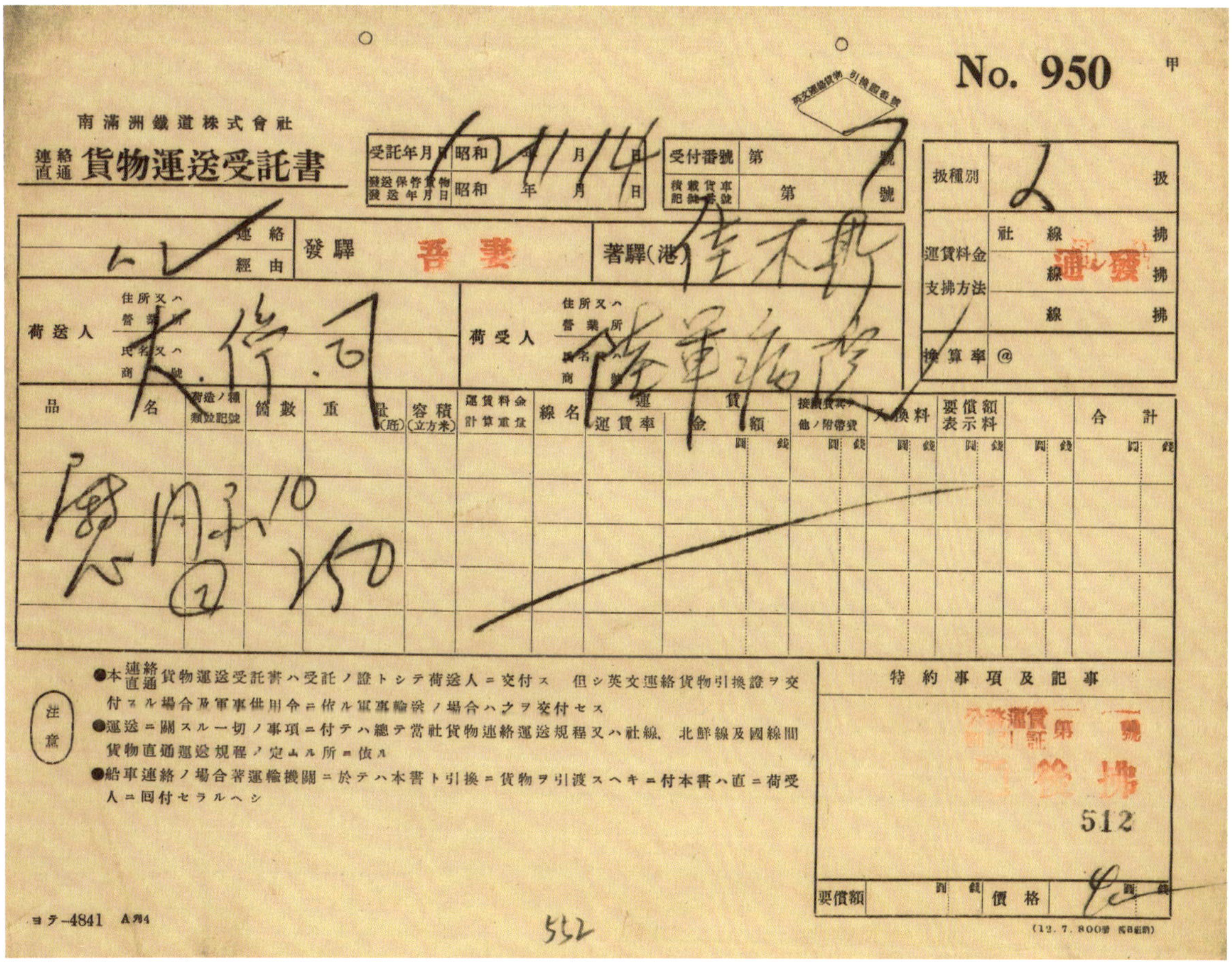

No. 950 甲

南滿洲鐵道株式會社

連絡直通貨物運送受託書

受託年月日 昭和 年 月 日

發送保管貨物發送年月日 昭和 年 月 日

受付番號 第 號

接續貨車記錄番號 第 號

扱種別 扱

連絡經由

發驛 吾妻

著驛(港)

運賃料金支拂方法：社線 拂；線 拂；線 拂

換算率 @

荷送人 住所又ハ營業所 氏名又ハ商號

荷受人 住所又ハ營業所 氏名又ハ商號

品名	荷造ノ種類記號	個數	重量(瓩)	容積(立方米)	運賃料金計算重量	線名	運賃率	運賃金額	接續賃其他ノ附帶費	換料	要償額表示料		合計
								圓 錢	圓 錢	圓 錢	圓 錢	圓 錢	圓 錢

注意

●本連絡直通貨物運送受託書ハ受託ノ證トシテ荷送人ニ交付ス　但シ英文連絡貨物引換證ヲ交付スル場合及軍事徵用令ニ依ル軍事輸送ノ場合ハ之ヲ交付セス

●運送ニ關スル一切ノ事項ニ付テハ總テ當社貨物連絡運送規程又ハ社線、北鮮線及國線間貨物直通運送規程ノ定ムル所ニ依ル

●船車連絡ノ場合著運輸機關ニ於テハ本書ト引換ニ貨物ヲ引渡スヘキニ付本書ハ直ニ荷受人ニ回付セラルヘシ

特約事項及記事

512

要償額 圓 錢　價格 圓 錢

ヨテ-4841 A列4

(12.7.800冊 滿日印刷)

No. 949 甲

英文連絡貨物 引換證番號

南滿洲鐵道株式會社

連絡直通 貨物運送受託書

受託年月日	昭和　年　月　日	受付番號	第 6 號
發送保管貨物發送年月日	昭和　年　月　日	積載貨車記號番號	第　號

扱種別	扱

連絡經由	發驛 晉妻	著驛(港)

荷送人	住所又ハ營業所 / 氏名又ハ商號	荷受人	住所又ハ營業所 / 氏名又ハ商號

運賃料金支拂方法	社線 拂 / 線 拂 通シ發 / 線 拂
換算率	

品名	荷造ノ種類竝記號	個數	重量(瓩)	容積(立方米)	運賃料金計算重量	線名	運賃 運賃率	運賃 金額 圓 錢	接續費其ノ他ノ附帶費 圓 錢	入換料 圓 錢	要償額表示料 圓 錢	圓 錢	合計 圓 錢
		15	375		380								

注意

●本連絡直通貨物運送受託書ハ受託ノ證トシテ荷送人ニ交付ス　但シ英文連絡貨物引換證ヲ交付スル場合及軍事供用令ニ依ル軍事輸送ノ場合ハ之ヲ交付セス

●運送ニ關スル一切ノ事項ニ付テハ總テ當社貨物連絡運送規程又ハ社線、北鮮線及國線間貨物直通運送規程ノ定ムル所ニ依ル

●船車連絡ノ場合著運輸機關ニ於テハ本書ト引換ニ貨物ヲ引渡スヘキニ付本書ハ直ニ荷受人ニ回付セラルヘシ

特約事項及記事

公務運賃割引證 第　號

通後拂

513

要償額	圓 錢	價格	6 圓 錢

ヨテ-4841 A列4　553　(12.7.800冊 ⋯)

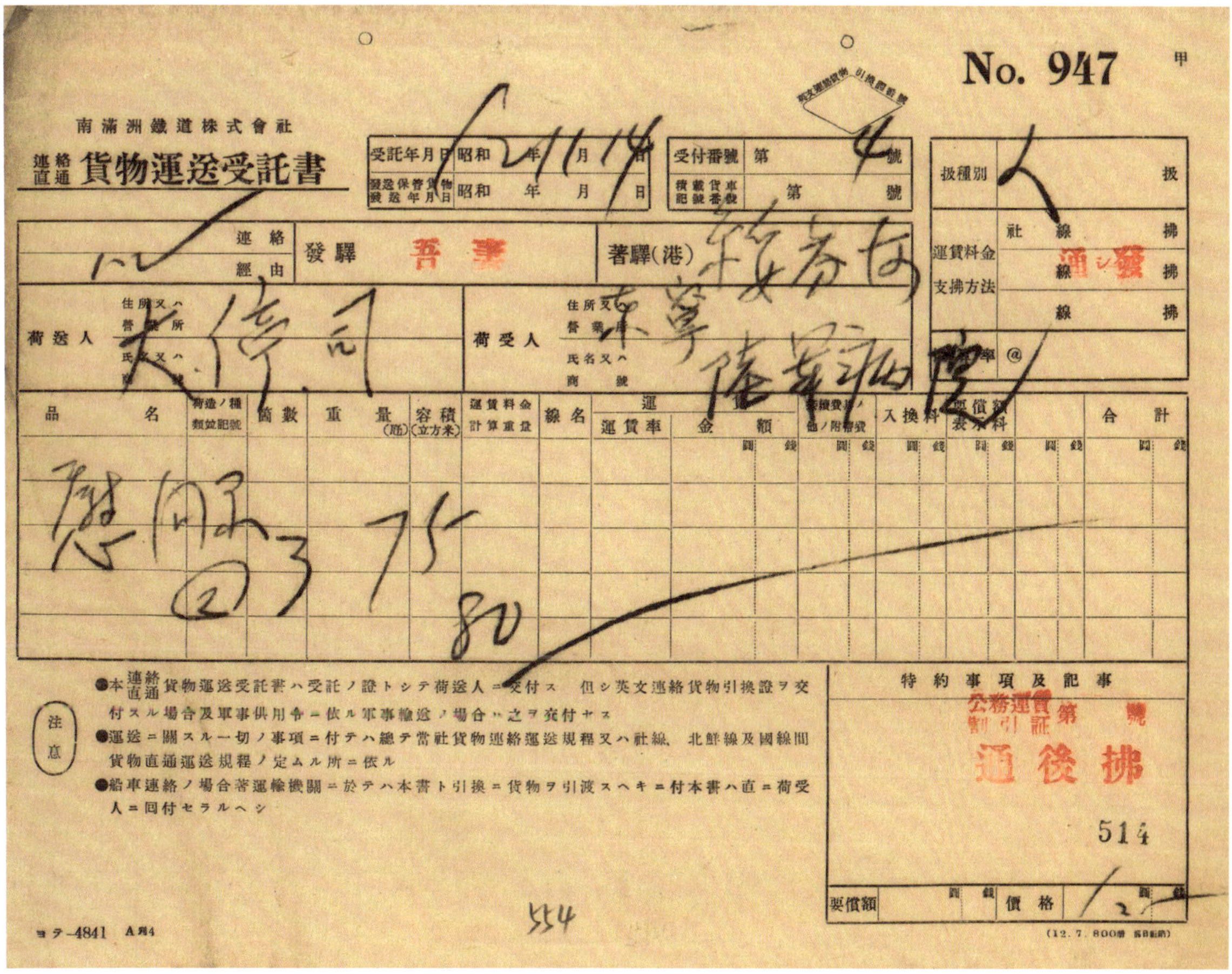

No. 947 甲

南滿洲鐵道株式會社

連絡直通貨物運送受託書

受託年月日	昭和 12年 11月 14日	受付番號	第 4 號	扱種別	人 扱
發送保管貨物發送年月日	昭和 年 月 日	積載貨車記號番號	第 號		

連絡經由	發驛	吾妻	著驛(港)		運賃料金支拂方法	社線 拂 / 線 拂 / 線 拂	通し發
荷送人	住所又ハ營業所 氏名又ハ商號		荷受人	住所又ハ營業所 氏名又ハ商號		率 @	

品名	荷造ノ種類並記號	箇數	重量(瓩)	容積(立方米)	運賃料金計算重量	線名	運賃率	運賃金額 圓 錢	發送費及附帶費 圓 錢	入換料 圓 錢	要償額表示料 圓 錢		合計 圓 錢
	②	3	75		80								

注意

●本連絡直通貨物運送受託書ハ受託ノ證トシテ荷送人ニ交付ス　但シ英文連絡貨物引換證ヲ交付スル場合及軍事供用令ニ依ル軍事輸送ノ場合ハ之ヲ交付セス

●運送ニ關スル一切ノ事項ニ付テハ總テ當社貨物連絡運送規程又ハ社線、北鮮線及國線間貨物直通運送規程ノ定ムル所ニ依ル

●船車連絡ノ場合著運輸機關ニ於テハ本書ト引換ニ貨物ヲ引渡スヘキニ付本書ハ直ニ荷受人ニ回付セラルヘシ

特約事項及記事

公務運賃割引証 第 號

通後拂

514

要償額	圓 錢	價格	圓 錢

ヨテ-4841 A列4

554

(12.7.800冊)

No. 946 甲

南滿洲鐵道株式會社

連絡直通 貨物運送受託書

受託年月日	昭和 12 年 11 月 14 日	受付番號	第 7 號	扱種別	2 扱
發送保管貨物發送年月日	昭和 年 月 日	積載貨車記號番號	第 號		

連絡經由	發驛	着驛(港)	運賃料金支拂方法
47	（印）	甘站	社線 拂 / 線 拂 / 線 拂

荷送人	住所又ハ營業所 / 氏名又ハ商號	大停司．	荷受人	住所又ハ營業所 / 氏名又ハ商號	陸軍病院	換算率 @

品名	荷造ノ種類並記號	箇數	重量(瓩)	容積(立方米)	運賃料金計算重量	線名	運賃 運賃率	運賃 金額	接續費其他ノ附帶費	入換料	要償額表示料		合計
								圓 錢	圓 錢	圓 錢	圓 錢	圓 錢	圓 錢
鹹肉	川和	②5	125		130								

注意

●本連絡直通貨物運送受託書ハ受託ノ證トシテ荷送人ニ交付ス 但シ英文連絡貨物引換證ヲ交付スル場合及軍事供用令ニ依ル軍事輸送ノ場合ハ之ヲ交付セス

●運送ニ關スル一切ノ事項ニ付テハ總テ當社貨物連絡運送規程又ハ社線、北鮮線及國線間貨物直通運送規程ノ定ムル所ニ依ル

●艀車連絡ノ場合著運輸機關ニ於テハ本書ト引換ニ貨物ヲ引渡スヘキニ付本書ハ直ニ荷受人ニ回付セラルヘシ

特約事項及記事

公務運賃割引證 第 號

通後拂

515

要償額	圓 錢	價格	2 圓 錢

555

ヨテ-4841 A列4　　(12.7.800冊)

No. 945 甲

南滿洲鐵道株式會社

連絡直通貨物運送受託書

受託年月日	昭和 16 年 11 月 14 日	受付番號	第 2 號	扱種別	人 扱
發送保管貨物發送年月日	昭和　年　月　日	積載貨車記號番號	第　號		

連絡經由	發驛	吾妻	著驛(港)	釜山
荷送人 住所又ハ營業所 氏名又ハ商號		荷受人 住所又ハ營業所 氏名又ハ商號	陸軍病院	

運賃料金支拂方法：社線 拂　線 拂　線 拂　通シ發拂
換算率 @

品名	荷造ノ種類及記號	個數	重量(瓩)	容積(立方米)	運賃料金計算重量	線名	運賃率	運賃 金額	他ノ附帶費	入換料	要償額表示料		合計
		圓 錢						圓 錢	圓 錢	圓 錢	圓 錢	圓 錢	圓 錢
慰問品 (2)		2	10										

注意

●本連絡直通貨物運送受託書ハ受託ノ證トシテ荷送人ニ交付ス　但シ英文連絡貨物引換證ヲ交付スル場合及軍事供用令ニ依ル軍事輸送ノ場合ハ之ヲ交付セス

●運送ニ關スル一切ノ事項ニ付テハ總テ滿社貨物連絡運送規程又ハ社線、北鮮線及國線間貨物直通運送規程ノ定ムル所ニ依ル

●船車連絡ノ場合著運輸機關ニ於テハ本書ト引換ニ貨物ヲ引渡スヘキニ付本書ハ直ニ荷受人ニ回付セラルヘシ

特約事項及記事

公務運賃割引證 第　號

通後拂

516

要償額	圓 錢	價格	圓 錢

ヨテ-4841 A列4　　556　　(13.7. 800冊)

No. 944 甲

南滿洲鐵道株式會社

連絡直通 貨物運送受託書

受託年月日	昭和 12.11.14 年 月 日	受付番號	第 1 號	扱種別	2 扱
發送保管貨物發送年月日	昭和 年 月 日	搭載貨車記號番號	第 號		

連絡經由	ハル	發驛	晋妻	著驛(港)	綏芬河
荷送人 住所又ハ營業所 氏名又ハ商號	大倉司.	荷受人 住所又ハ營業所 氏名又ハ商號	陸軍病院		

運賃料金支拂方法	
社 線	拂
線	到シ發 拂
線	拂
換算率	@

品名	荷造ノ種類並記號	個數	重量(瓩)	容積(立方米)	運賃料金計算重量	線名	運賃 運賃率	運賃 金額	接續費其他ノ附帶費	入換料	要償額表示料	合計
								圓 錢	圓 錢	圓 錢	圓 錢	圓 錢
慰問品		2.60										
	(2)				6.0							

注意

●本連絡直通貨物運送受託書ハ受託ノ證トシテ荷送人ニ交付ス　但シ英文連絡貨物引換證ヲ交付スル場合及軍事供用令ニ依ル軍事輸送ノ場合ハ之ヲ交付セス

●運送ニ關スル一切ノ事項ニ付テハ總テ當社貨物連絡運送規程又ハ社線、北鮮線及國線間貨物直通運送規程ノ定ムル所ニ依ル

●船車連絡ノ場合著運輸機關ニ於テハ本書ト引換ニ貨物ヲ引渡スヘキニ付本書ハ直ニ荷受人ニ回付セラルヘシ

特約事項及記事

公務運賃割引証 第 號

通後拂

567

要償額	圓 錢	價格	8 圓 錢

ヨテ-4841 A列4

557

(12. 7. 80 […])

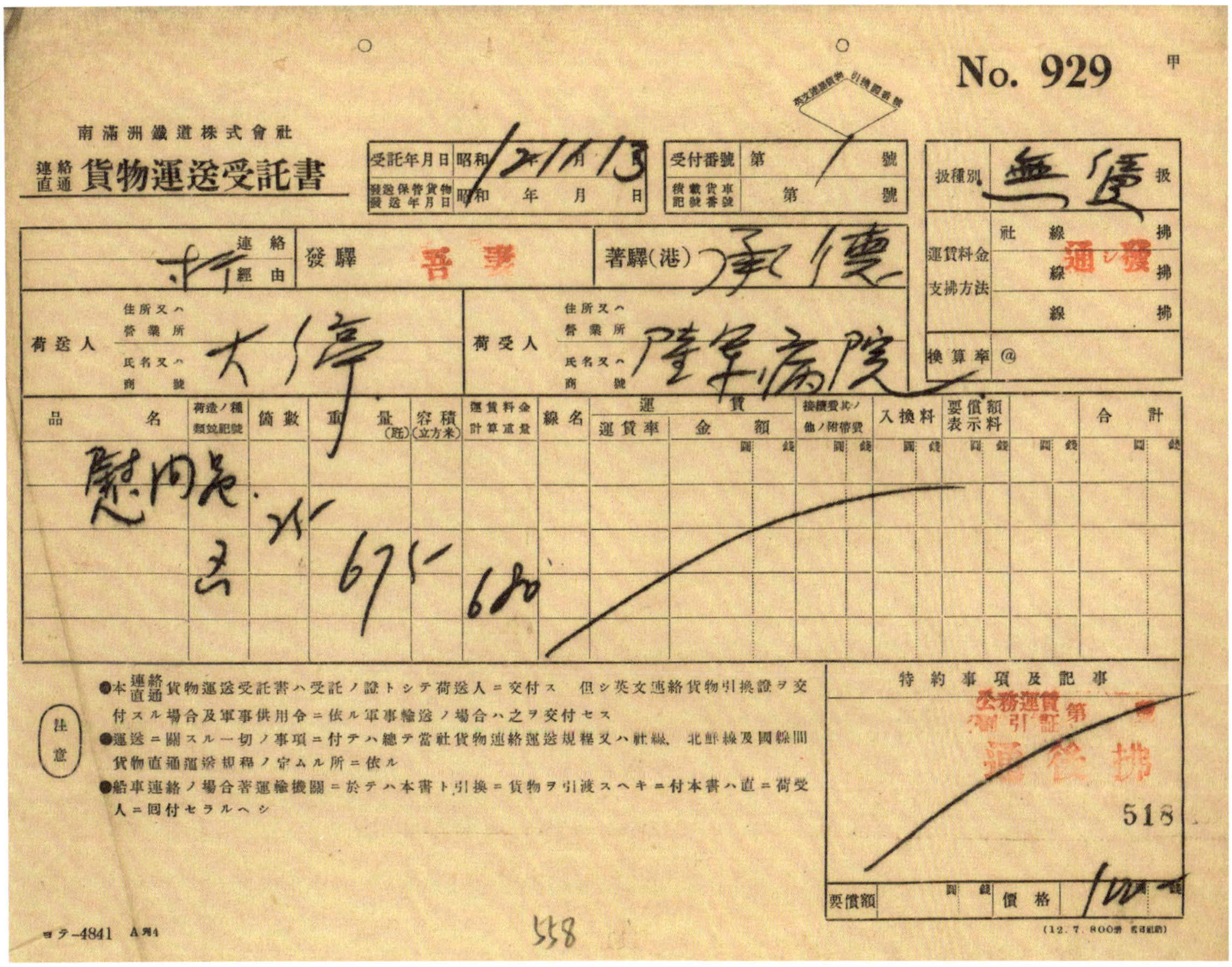
No. 929　甲

南滿洲鐵道株式會社
連絡直通貨物運送受託書

英文連絡貨物引換證番號

受託年月日　昭和12年11月13日
發送保管貨物發送年月日　昭和　年　月　日
受付番號　第1號
積載貨車記號番號　第　號
扱種別　無優　扱

連絡經由　析
發驛　吾妻
著驛(港)　承德

運賃料金支拂方法
社線　通ノ發　拂
線　拂
線　拂
換算率　@

荷送人　住所又ハ營業所　氏名又ハ商號　大停
荷受人　住所又ハ營業所　氏名又ハ商號　陸軍病院

品名	荷造ノ種類記號	箇數	重量(瓩)	容積(立方米)	運賃料金計算重量	線名	運賃率	金額	接續費其ノ他ノ附帶費	入換料	要償額表示料		合計
慰問品		25	675	680									

注意
●本連絡直通貨物運送受託書ハ託受ノ證トシテ荷送人ニ交付ス　但シ英文連絡貨物引換證ヲ交付スル場合及軍事供用令ニ依ル軍事輸送ノ場合ハ之ヲ交付セス
●運送ニ關スル一切ノ事項ニ付テハ總テ當社貨物連絡運送規程又ハ社線、北鮮線及國線間貨物直通運送規程ノ定ムル所ニ依ル
●結車連絡ノ場合著運輸機關ニ於テハ本書ト引換ニ貨物ヲ引渡スヘキニ付本書ハ直ニ荷受人ニ回付セラルヘシ

特約事項及記事
公務運賃　第　號
引証
通後拂
518

要償額　圓　錢　價格　100

ロテ-4841　A列4　558　(12.7.800冊)

No. 930 甲

南滿洲鐵道株式會社

連絡直通 貨物運送受託書

英文連絡貨物引換證番號

受託年月日	昭和 12年11月13日	受付番號	第 2 號
發送保管貨物發送年月日	昭和 年 月 日	積載貨車記號番號	第 號

扱種別：無賃 扱

連絡經由	發驛 吾妻	著驛(港) 錦縣

運賃料金支拂方法：社線 拂 / 線 拂 / 線 拂（須シ要）

荷送人 住所又ハ營業所 氏名又ハ商號：大停

荷受人 住所又ハ營業所 氏名又ハ商號：陸軍病院

換算率 @

品名	荷造ノ種類就記號	個數	重量(瓩)	容積(立方米)	運賃料金計算重量	線名	運賃 運賃率	運賃 金額 圓 錢	接續費其ノ他ノ附帶費 圓 錢	入換料 圓 錢	要償額表示料 圓 錢	圓 錢	合計 圓 錢
附属品	〇	30	810	810									

注意

●本連絡直通貨物運送受託書ハ受託ノ證トシテ荷送人ニ交付ス　但シ英文連絡貨物引換證ヲ交付スル場合及軍事供用令ニ依ル軍事輸送ノ場合ハ之ヲ交付セス

●運送ニ關スル一切ノ事項ニ付テハ總テ當社貨物連絡運送規程又ハ社線、北鮮線及國線間貨物直通運送規程ノ定ムル所ニ依ル

●船車連絡ノ場合著運輸機關ニ於テハ本書ト引換ニ貨物ヲ引渡スヘキニ付本書ハ直ニ荷受人ニ囘付セラルヘシ

特約事項及記事

公務運賃割引証 第 號

運後拂

519

要償額	圓 錢	價格	120 圓

ヨテ-4841 A列4　559　(12. 7. 800冊 ...)

No. 941 甲

南滿洲鐵道株式會社

連絡直通 貨物運送受託書

受託年月日	昭和 17年11月13日	受付番號	第 13 號
發送保管貨物發送年月日	昭和　年　月　日	積載貨車記號番號	第　號

扱種別 2 扱

連絡經由	發驛	著驛(港)
八	（印）	海拉爾

荷送人 住所又ハ營業所 氏名又ハ商號	荷受人 住所又ハ營業所 氏名又ハ商號
大偉司	陸軍病院

運賃料金支拂方法：社線拂　線拂（印）　線拂

換算率 @

品名	荷造ノ種類並記號	箇數	重量(瓩)	容積(立方米)	運賃料金計算重量	線名	運賃 運賃率	運賃 金額	接續費其ノ他ノ附帶費	入換料	要償額表示料		合計
								圓 錢	圓 錢	圓 錢	圓 錢	圓 錢	圓 錢
慰問品 (リンゴ)	回	10	280										

注意

●本連絡直通貨物運送受託書ハ受託ノ證トシテ荷送人ニ交付ス　但シ英文連絡貨物引換證ヲ交付スル場合及軍事供用令ニ依ル軍事輸送ノ場合ハ之ヲ交付セス

●運送ニ關スル一切ノ事項ニ付テハ總テ當社貨物連絡運送規程又ハ社線、北鮮線及國線間貨物直通運送規程ノ定ムル所ニ依ル

●船車連絡ノ場合著運輸機關ニ於テハ本書ト引換ニ貨物ヲ引渡スヘキニ付本書ハ直ニ荷受人ニ回付セラルヘシ

特約事項及記事

公務運賃後拂證第　號

運後拂

520

要償額	圓 錢	價格	圓 錢

ヨテ-4841 A判4　　560　　(12.7.800冊 …)

No. 942 甲

南滿洲鐵道株式會社

連絡直通 貨物運送受託書

受託年月日	昭和 12 年 11 月 13 日	受付番號	第 14 號
發送保管貨物發送年月日	昭和 年 月 日	積載貨車記號番號	第 號

連絡經由	發驛 吾妻	著驛(港) 齊々哈爾	
荷送人 住所又ハ營業所 氏名又ハ商號	大停司	荷受人 住所又ハ營業所 氏名又ハ商號	陸軍病院

扱種別	人 扱
運賃料金支拂方法	社線 拂 / 線 拂 通シ發 / 線 拂
換算率	@

品名	荷造ノ種類竝記號	個數	重量(瓩)	容積(立方米)	運賃料金計算重量	線名	運賃率	運賃 金額 圓 錢	積換費其ノ他ノ附帶費 圓 錢	換料 圓 錢	要償額表示料 圓 錢	圓 錢	合計 圓 錢
慰問品		250											
(リレゴ)	個10												

注意

●本連絡直通貨物運送受託書ハ受託ノ證トシテ荷送人ニ交付ス 但シ英文連絡貨物引換證ヲ交付スル場合及軍事供用令ニ依ル軍事輸送ノ場合ハ之ヲ交付セス

●運送ニ關スル一切ノ事項ニ付テハ總テ當社貨物連絡運送規程又ハ社線、北鮮線及國線間貨物直通運送規程ノ定ムル所ニ依ル

●船車連絡ノ場合著運輸機關ニ於テハ本書ト引換ニ貨物ヲ引渡スヘキニ付本書ハ直ニ荷受人ニ回付セラルヘシ

特約事項及記事

公務運賃割引證 第 號

通後拂

521

要償額	圓 錢	價格	圓 錢

ヨテ-4841 A列4 561 (12. 7. 800冊 ...)

总裁室庶务课长关于请速回复关于前线慰问金事致北支事务局长的电文（一九三七年十月二十一日）

186

暗号

電報回議箋

文書番號

指定　ウナ・ニカ・ムニ・ヨイ

電報番號

起案　昭和12年10月21日　時　分

決裁　昭和　年　月　日　時　分

發電　昭和12年10月21日10時50分

回議者印　總、庶務課長（12.10.21）

件名

宛名　北支事務局長

發信者　總、庶務課長

十六日附電　陣中見舞金ノ件　至急御回示乞フ

箇所長　起案箇所

主任者

擔任者

電話

發電取扱者印（12.10.21）

南滿洲鐵道株式會社

ヨ－8016　B列5　（10. 8. 2.000冊 實盛堂納）

191

总裁室庶务课关于向察哈尔、绥远出动的日军赠送慰问金事的文件（一九三七年十月二十三日）

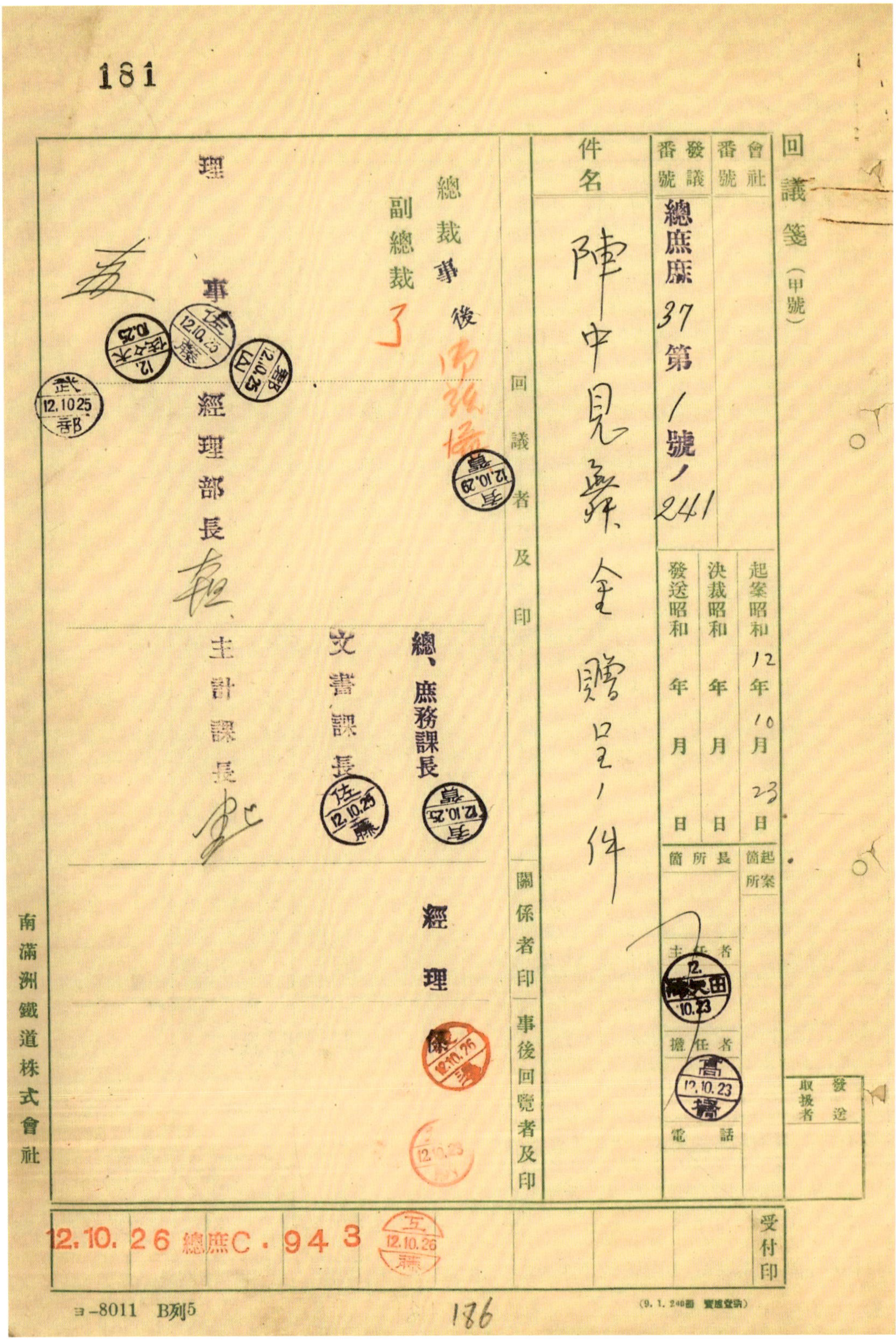

181

回議箋（甲號）

會社番號

發議番號 總庶庶37第1號/241

件名 陣中見舞金贈呈ノ件

起案昭和12年10月23日

決裁昭和 年 月 日

發送昭和 年 月 日

起案箇所 箇所長

主任者 擔任者 電話

發送取扱者

總裁 事後

副總裁 了

理事

經理部長

總、庶務課長

文書課長

主計課長

經理

回議者及印

關係者印

事後回覽者及印

12.10.26 總庶C・943

受付印

南滿洲鐵道株式會社

ヨ-8011 B列5

186

察哈爾、綏遠方面出動ノ関東軍ニ対シ
陣中見舞金トシテ金貳万円也贈呈
相成可然哉

予算遊撥金ニテ整理ノコト

北支第一回　三〇、〇〇〇円
上海海軍　二〇、〇〇〇〃
〃　陸軍　二〇、〇〇〇〃
北支第二回　七〇、〇〇〇〃

10万

南滿洲鐵道株式會社

总裁室庶务课长关于决定向派往察哈尔、绥远的关东军赠送慰问金二万日元事致北支事务局长的电文（一九三七年十月二十五日）

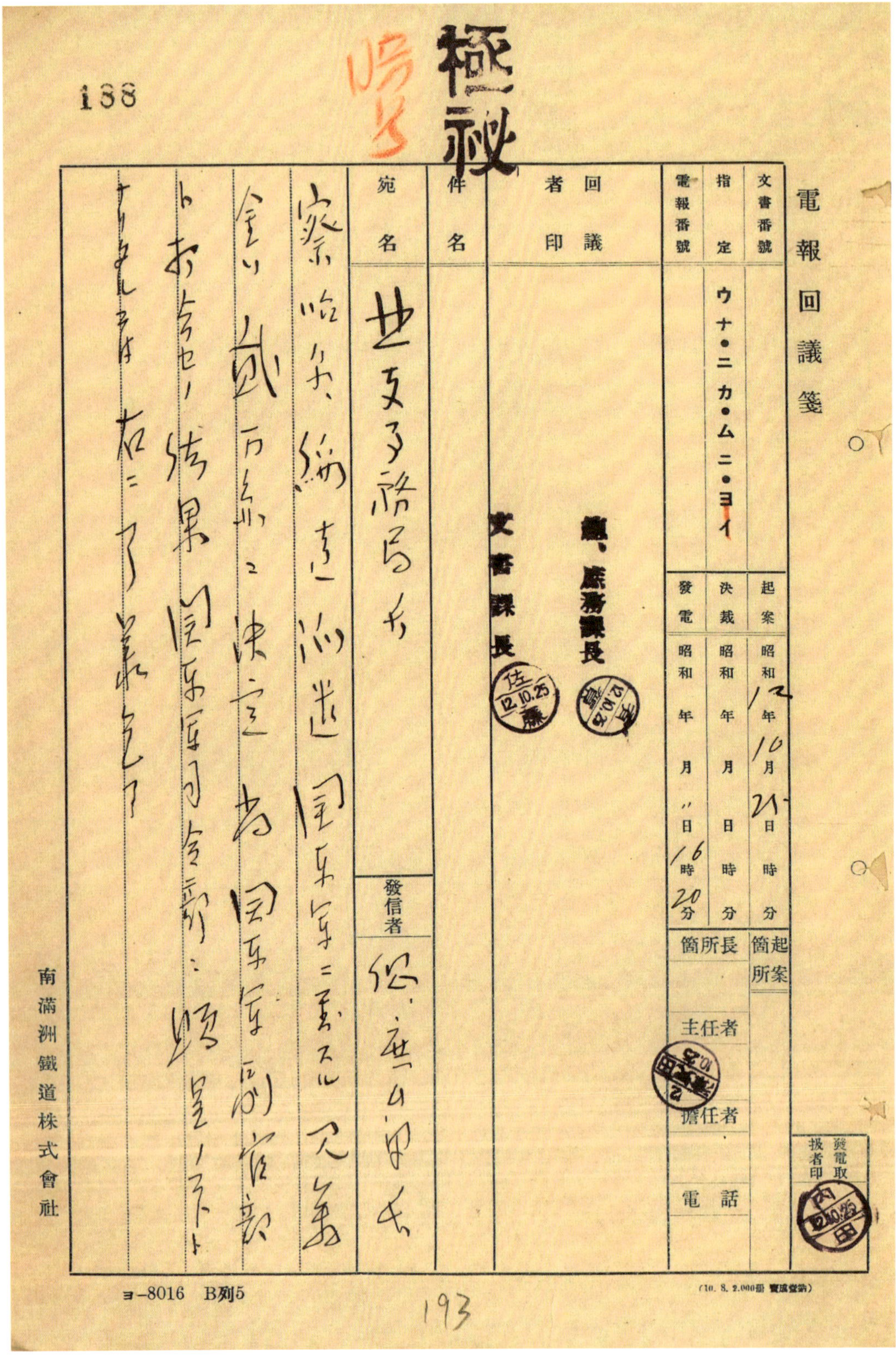

188

極秘

電報回議箋

文書番號	指定	電報番號
	ウナ・ニカ・ム ニ・ヨイ	

起案	決裁	發電
昭和12年10月21日 時 分	昭和 年 月 日 時 分	昭和 年 月〃日16時20分

回議者印：總、庶務課長　文書課長

件名：

宛名：北支事務局長

發信者：總、庶務課長

察哈爾、綏遠派遣関東軍ニ対スル見舞
金ハ弐万円ニ決定 為関東軍副官部
ト打合セノ結果関東軍司令部ニ贈呈ノコトト
ナリタルニ付右ニ了承相成度

南滿洲鐵道株式會社

ヨ-8016　B列5　（10. 8. 2.000冊 實踐堂納）

193

总裁室庶务课长关于感谢协助军事运输事致朝鲜总督府铁道总局长、庶务课长的函（一九三七年十月二十八日）

529

回議箋（乙號）

會社番號	發議番號	回議省長印
	總庶庶37第7號ノ197	

起案	決裁	發送
昭和12年10月28日	昭和 年 月 日	昭和12年10月30日

中西理事

總、庶務課長

起案箇所　箇所長　主任者　擔任者　電話

審查役

發送取扱者

件名　挨拶状ニ関スル件

朝鮮總督府鐵道局長 吉田浩殿

社、總裁名

拜復 陳者今次皇軍輸送ニ関シ御鄭重ナル

御挨拶ニ接シ恐縮至極ニ存ル

今次輸送ノ大任ヲ無事完了致ル段 貴局職

南滿洲鐵道株式會社

ㄖ-8012 B列5　(11. 5. 2,000冊 東亞印)

570

530

員各位ノ御協力ノ結果ニ外ナラス弊社ノ為ニ感謝
罷在候次第ニ有之厚ク御礼申上候
今後共何分ノ御援（指）助賜度御芳書ニ対シ御礼
旁々御依頼申上候如斯御座候　敬具

巻紙ニ浄書ノ事

（其ノ二）

鉄道総局庶務課長宛
総裁室庶務課長

件名

今次ノ軍事輸送ニ関シ朝鮮総督府鉄道局長
トノ間ニ別紙写ノ通挨拶状往復セルニ付御通知ス

南滿洲鐵道株式會社

ヨ-0003　B列5　(12. 3. 15,000冊 満日社納)

571

总裁室庶务课长、东京支社庶务课长关于慰问伤兵的往来文件

总裁室庶务课长致东京支社庶务课长函（一九三七年十一月九日）

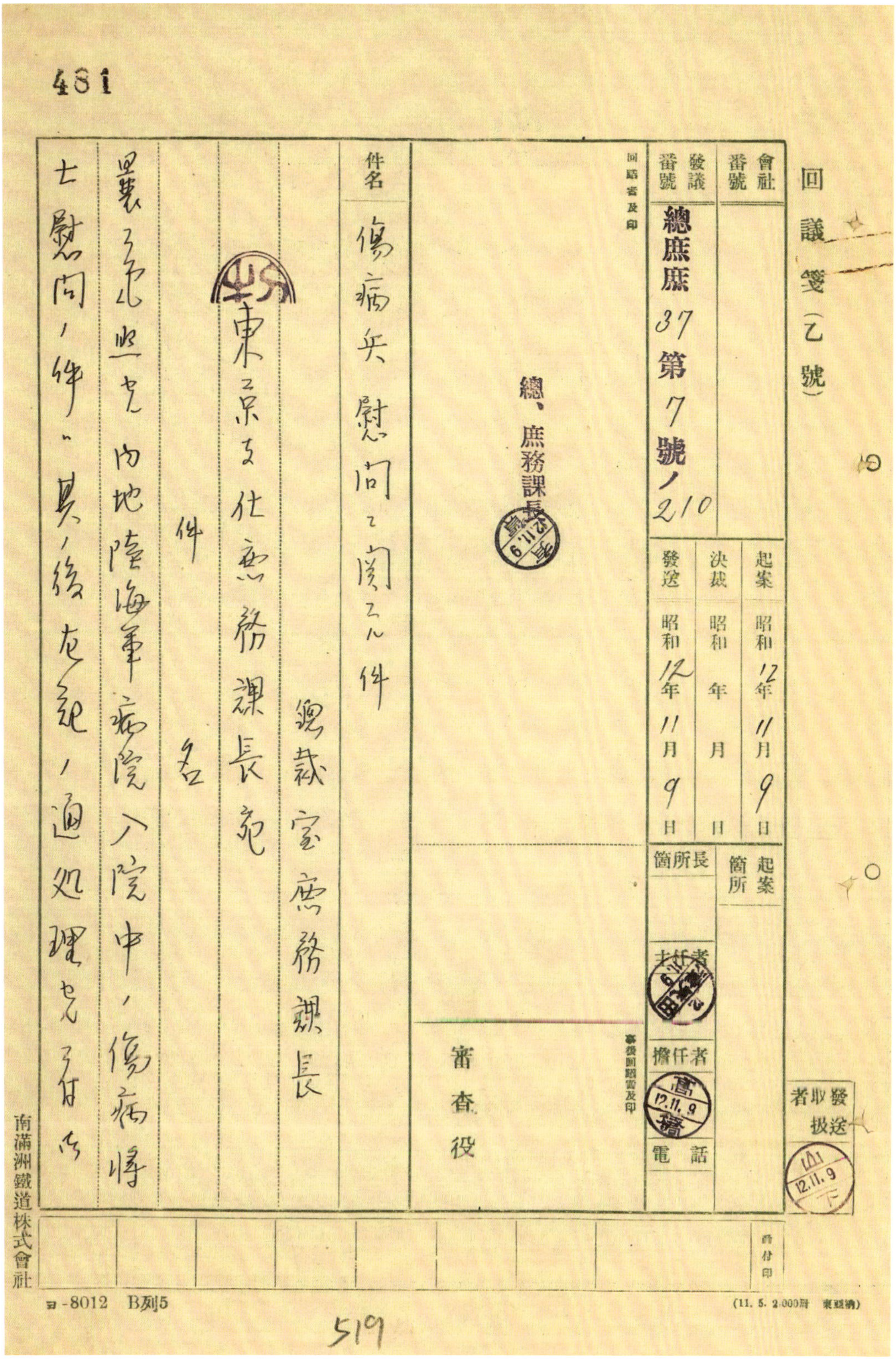

481

回議箋（乙號）

會社番號	發議番號
	總庶庶37第7號ノ210

起案	決裁	發送
昭和12年11月9日	昭和 年 月 日	昭和12年11月9日

起案箇所　箇所長　主任者　擔任者　電話

總、庶務課長

審查役

件名　傷病兵慰問ニ關スル件

東京支社庶務課長宛

總裁室庶務課長

件名

貴方ニ於テ内地陸海軍病院入院中ノ傷病將士慰問ノ件ハ其ノ後左記ノ通処理セラレ度候

發送取扱者

南滿洲鐵道株式會社

ヨ-8012　B列5　(11.5.2,000冊　東京納)

519

482

承知置被度 尚本件ニ関シ陸海軍省ヘモ可然
御報告置相成度

記

一、林檎ハ一名当リ約五箇ノ割合ヲ以テ別表ノ通
贈呈、内地関係ノ分ハ当地国際運輸ノ手ヲ通
シ各地病院宛発送済

二、各地病院長宛ニハ總裁名ヲ以テ別紙ノ通
挨拶状ヲ差出セリ

三、尚林檎一箱ハ四貫目入ニ一〇〇乃至一二〇個入ナリ

南滿洲鐵道株式會社

ヨ-0003 B列5 (12. 3. 15,000冊 滿日社納)

520

478

東庶秘三七第一一號ノ四四

昭和十二年十一月二十六日

東京支社　庶務課長

總、庶務課長

總裁室　庶務課長殿

傷病兵慰問ニ關スル件

本月九日附總庶庶三七第七號二一〇ヲ以テ御通知アリマシタ首題ノ件ハ陸、海軍省副官迄總裁發信書面寫ヲ持參、報告シテ置キマシタ向今回陸軍大臣ヨリ別封禮狀カアリマシタカラ移送致シマス

516

总裁室庶务课长、日满商事京城支社长等关于委托及感谢赠送慰问苹果的文件

总裁室庶务课长致日满商事京城支社长的函（一九三七年十一月二十日）

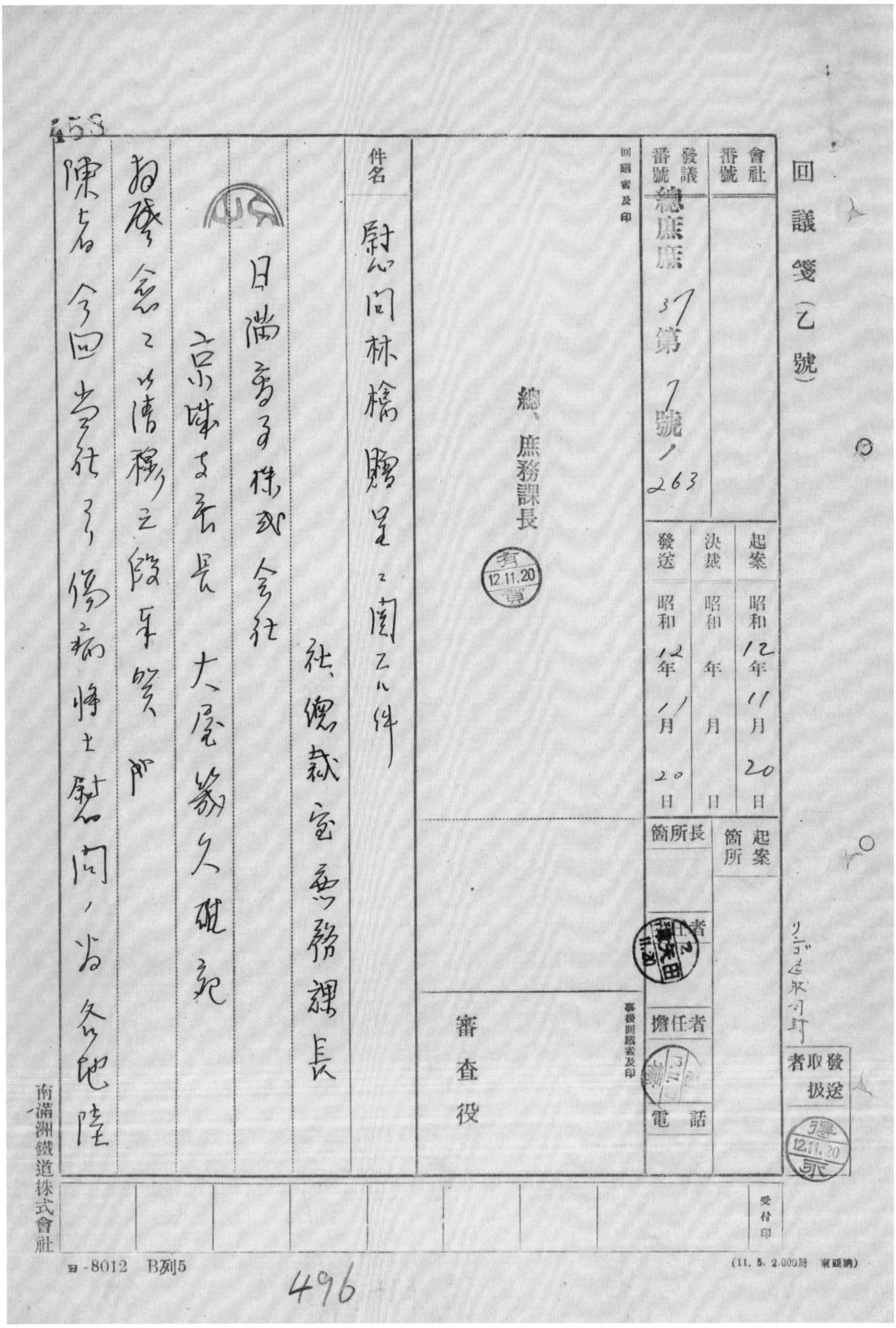

回議箋（乙號）

會社番號	
發議番號	總庶庶37第1號/263
起案	昭和12年11月20日
決裁	昭和　年　月　日
發送	昭和12年11月20日

回議書及印

總、庶務課長

件名　慰問林檎贈呈ニ関スル件

總裁室庶務課長

日満商事株式會社

京城支社長　大屋敬久殿

拝啓　愈々御清穆之段奉賀候

陳者今回当社ニテ傷病将士慰問ノ為冬期陸

起案箇所　箇所長　者　擔任者　電話　審查役

事務回議書及印

發送取扱者　リンゴ送状附

受付印

南滿洲鐵道株式會社

日-8012　B列5　(11.5. 2,000冊 東頭納)

496

海軍病院宛　満洲産林檎贈呈致候処龍山陸軍
病院ニ対シテハ朝鮮ニ於ケル林檎移入禁止ノ為当
地ヨリノ輸送不能ニ有之候ニ就テハ御多用ノ折
柄誠ニ恐入候ヘ共貴地ニ於テ林檎参拾箱
（一箱四貫目入、上等品）御調達ノ上龍山陸軍病
院ヘ送付方御取計願ハシ御煩ヤ御高配煩度
此段御依頼申上候　敬具
追而林檎代金、運送賃、諸掛等ハ御一報次第
御送金可申上~~御承知~~候（同封致）尚龍山陸軍病院長宛（送達方御取計相煩度）
~~ト別途書面差出置候間含御承知候~~
尚荷造箱ニハ「荷送人　満鉄本社」ナル文字ヲ
適宜ニ記載願上候

南滿洲鐵道株式會社

ヨ-0003　B列5　(12.3.15,000冊 滿日社納)

497

总裁室庶务课长致日满商事京城支社长的函（一九三七年十一月二十七日）

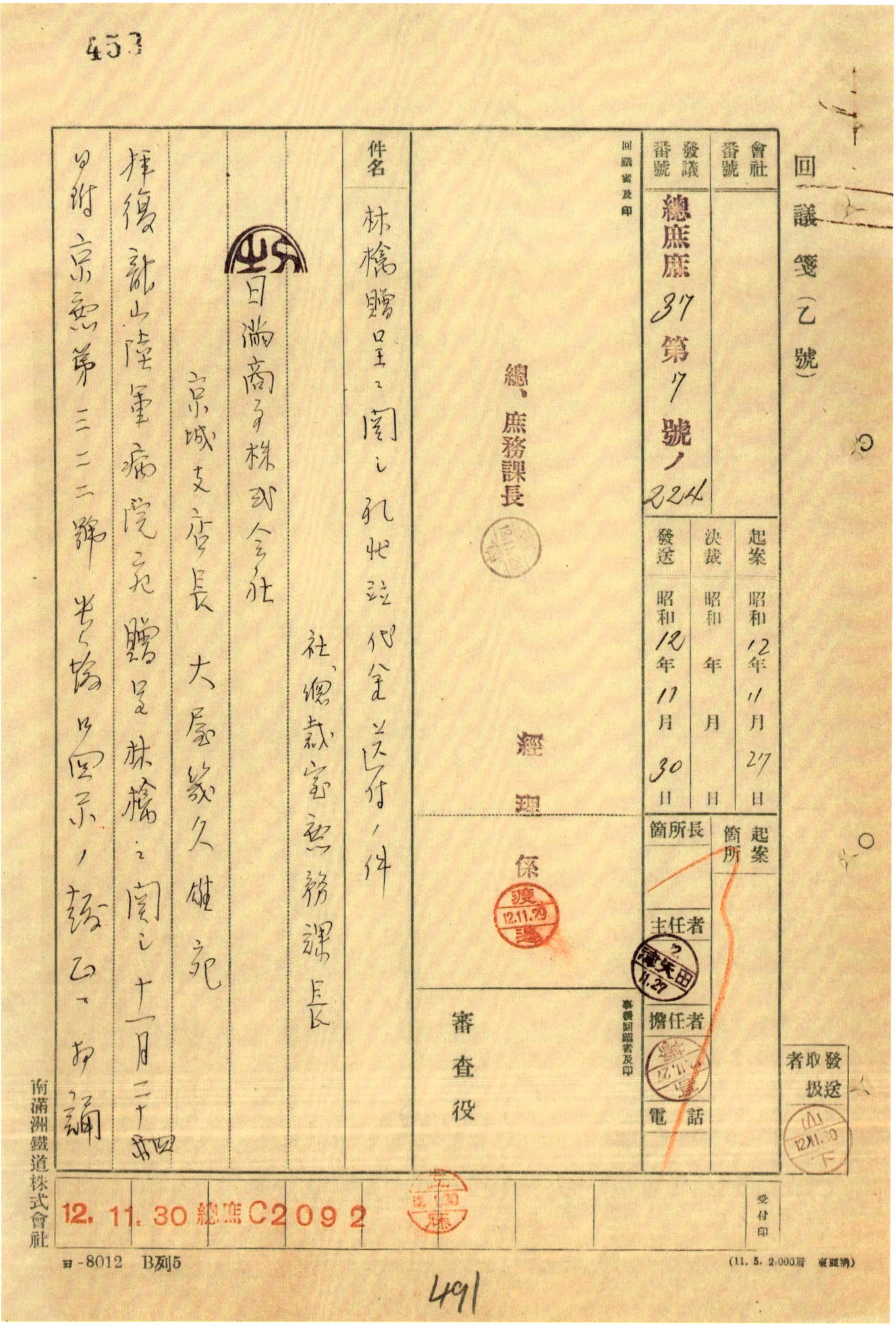
453

回議箋（乙號）

會社番號	發議番號
	總庶庶37第7號ノ224

起案	決裁	發送
昭和12年11月27日	昭和　年　月　日	昭和12年11月30日

件名　林檎贈呈ニ関シ礼状並代金送付ノ件

總、庶務課長

經理係

審查役

社、總裁室庶務課長

日満商事株式会社
京城支店長　大原義久　殿

拝復　龍山陸軍病院宛贈呈林檎ニ関シ十一月二十四日附京庶第三二二號ヲ以テ照会ノ趣拝承

12. 11. 30 總庶 C2092

南滿洲鐵道株式會社

日-8012　B列5　　　(11. 5. 2,000冊 審理濟)

491

454

仕候 早速ノ御手配ヲ蒙リ有難厚ク御礼申上候

林檎代金壹百拾四円也ハ新許銀行為替ヲ同封

致置候間 海市商会ヘ御交付被下度 此段

以御禮旁々御依頼迄 如斯御座候 敬具

追而乍御手数領收證御返送被下度候

財務部関係證據金支拂ノモノ

南滿洲鐵道株式會社

ヨ-0003 B判5 492 (12. 3. 15,000冊 滿日印刷)

总裁室庶务课关于向因列车事故死亡的出征士兵送吊唁金事的文件（一九三七年十一月二十五日）

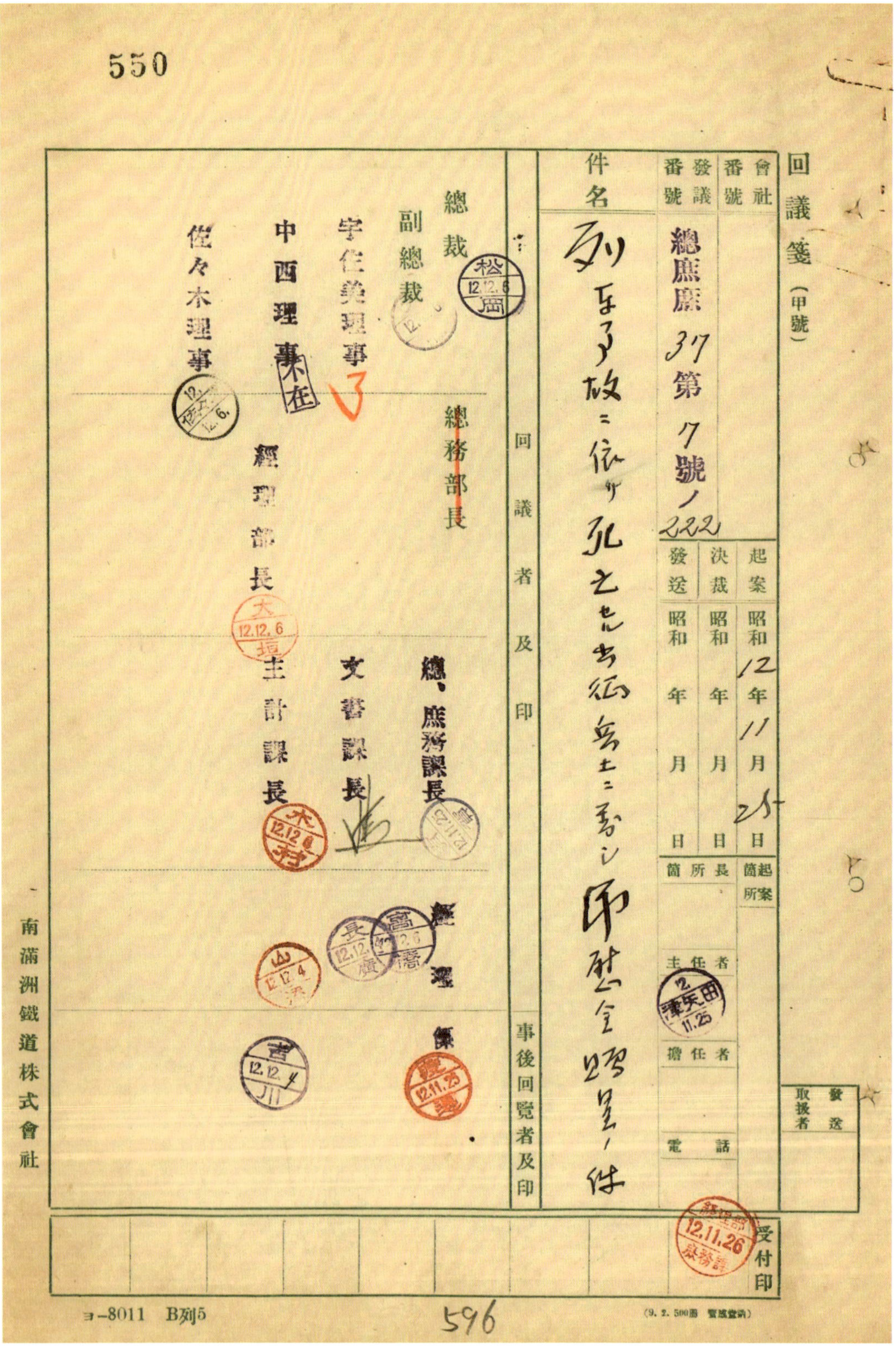
550

回議箋（甲號）

會社番號	
發議番號	總庶庶37第7號ノ222
件名	列車事故ニ依リ死亡セル出征兵士ニ弔慰金贈呈ノ件
起案	昭和12年11月25日
決裁	昭和　年　月　日
發送	昭和　年　月　日
起案箇所	箇所長
主任者	
擔任者	
電話	
取扱者	發送

回議者及印

總裁

副總裁

宇佐美理事

中西理事 不在

佐々木理事

總務部長

經理部長

總、庶務課長

文書課長

主計課長

經理係

事後回覧者及印

受付印

南滿洲鐵道株式會社

ヨ-8011 B列5　596　(9. 2. 500冊)

十月廿四日平綏線西直門ー清華園間ニ於ケル列車衝突事故ニ依リ死亡セル右記出征兵士ニ對シ右事故カ會社従事員ノ過失ニ基因セル点ヲ考慮シ各頭書ノ弔慰金贈呈相成可然哉

記

一金貳千五百圓也　砲兵伍長　金子鐐雄

一金貳千圓也　砲兵上等兵　松田安正

一同　砲兵一等兵　梅沢宗太郎

一同　砲兵二等兵　塚本長治

一同　砲兵一等兵　荻原勝治

一同　歩兵上等兵　井上弥太郎

597

552

一円　歩兵一等兵　石井数馬

一円　輜重兵特務兵　森下儀三男

一円　輜重上等兵　雑古秀一

計　一八、五〇〇円

本件支出金ハ左記支弁ノコトニ致度

仮払金、諸口仮払金、雑口（事変費）、總務課

南滿洲鐵道株式會社

ヨ-0003　B列5　(12. 3. 15,000册 滿日納)

598

社報原稿 [illegible]

回議箋（乙號）

會社番號	發議番號
	總庶庶37第7號ノ227

206

件名 外務大臣ヨリノ感謝状社報掲載ノ件

首題別紙ノ通社報掲載相成可然哉

總、庶務課長

起案	決裁	發送
昭和12年11月30日	昭和　年　月　日	昭和　年　月　日

起案箇所 箇所長

主任者

擔任者 高橋

電話

發送取扱者

文書課 12.12.1 No.53

經濟調查會 社報第9164號 昭和12.12.4附 總裁室文書課

南滿洲鐵道株式會社

ロ-8012 B列5 (11.5. 2,000冊 東亞納)

211

No. 2

207

社報原稿用紙

○在支居留民引揚ニ関シ外務大臣ヨリ感謝状

今次支那事変ニ因ル在支居留民ノ引揚ニ関シ外務

大臣ヨリ當会社宛感謝状ヲ寄セラレタリ

感謝状

今次支那事変ニ因ル在支居留民引揚ノ支障ナク完了シ得タルハ貴下ノ協力ニ俟ツ所極メテ大ナリ茲ニ深甚ナル感謝ノ意ヲ表ス

昭和十二年十月

外務大臣　広田弘毅

南満洲鉄道株式会社御中

加 12.12.3 地

南満洲鐵道株式會社

ヨ—0023　B列5　22字×10＝220字詰　　10.2 1000.册擱内納

212

总裁室庶务课长关于慰问社员及军队事致中西理事的函（一九三七年十二月四日）

548

回議箋（乙號）

會社番號	發議番號	回議者及印

總、庶務課長

起案	決裁	發送
昭和　年　月　日	昭和　年　月　日	昭和12年12月4日

起案箇所

箇所長

主任者

擔任者

電話

審查役

事役回議者及印

發送取扱者

件名　社員軍慰問ノ件

中西理事殿

庶務課長

慰問金共、社員等共ニ支那各地ニ在ル（？）

南滿洲鐵道株式會社

受付印

ヨ-8012　B列5　(11. 5. 2 000冊 東京號)

593

549

方面派遣将兵慰問者其陸軍当局併セテ慰問ノコトトシ一、北寧津浦線、二京漢正太線三、京綏線、四蒙疆古北口通州、五上海ノ各方面ニ慰問班ヲ派遣慰問品ハ餅、鮭其他ノ日常用品トシ右経費ハ會社五三、五〇〇円、社員寄附金合計三、〇〇〇円醵出本月中旬迄ニ出発セシムルコトニ決定アリタルニ付不取敢御報告申上グ

南滿洲鐵道株式會社

ヨ-0003 B列5 (12. 3. 15,000冊 滿日社納)

594

总裁室庶务课长关于向上海方面运送慰问品请免运费事致大连汽船株式会社庶务课长的函（一九三七年十二月十日）

579

回議箋（乙號）

會社番號	發議番號
	總庶庶 37 第 7 號 1238

起案	決裁	發送
昭和12年12月10日	昭和 年 月 日	昭和12年12月11日

起案箇所 箇所長 主任者 擔任者 電話

發送取扱者

總、庶務課長

件名 上海方面行慰問品無賃輸送方依頼ノ件

社 總裁室庶務課長名

大連汽船株式會社庶務課長宛

拝啓 向寒之砌貴台益御清適ノ段奉慶賀候

陳者弊社及社員會、社友會合同ニテ上海方面慰問ノ為

十二月十八日大連出帆奉天丸ニテ代表者六名慰問品携帯

南滿洲鐵道株式會社

ヨ-8012 B列5

626

（12.5. 3,000冊 ……）

580

致度ニ就テハ甚ダ乍勝手特別ノ御詮議ヲ以テ左記慰問品ヲ
右奉天丸ニテ上海迄無貨輸送方御配慮相煩度此段
御依頼申上候　敬具

記

包装	個数	内容品
箱入(ビール箱)	五箱	乾魚
〃	五箱	塩鮭
〃	一箱	タオル及餅袋
〃	七箱	乾餅
〃	五〇箱	華果
樽詰	一〇丁	漬物
	七八箇	

南滿洲鐵道株式會社

ヨ-0003　B列5　(12.3.15,000冊 満日社納)

627

总裁室庶务课长关于拨款购买波长计和万用表事致上海事务所庶务课长的电文（一九三八年一月二十八日）

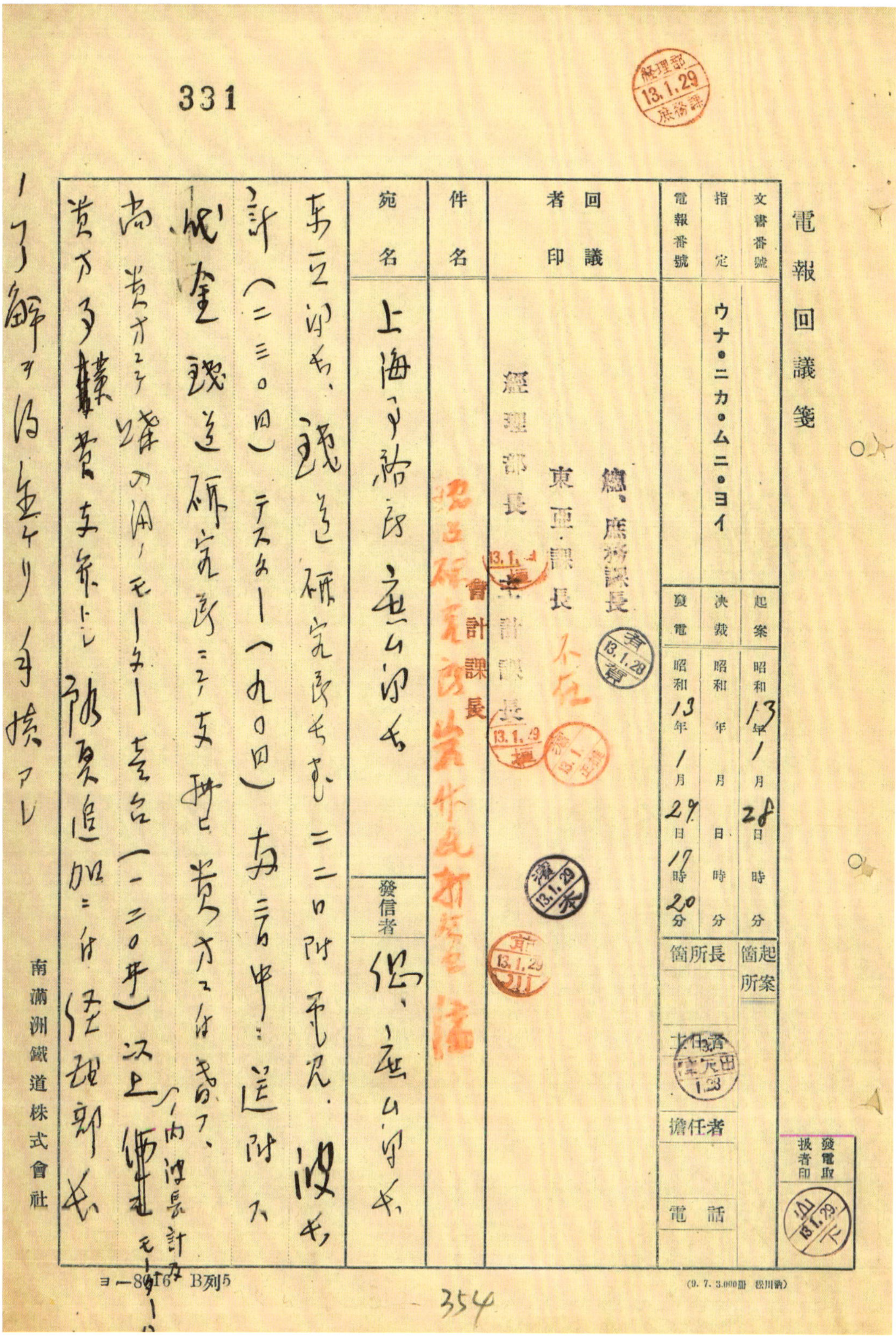

331

電報回議箋

文書番號	指定	電報番號
	ウナ・ニカ・ム二・ヨイ	

起案	決裁	發電
昭和13年1月28日 時 分	昭和 年 月 日 時 分	昭和13年1月29日17時20分

回議者印：總、庶務課長　東亞課長　經理部長　會計課長

件名：

宛名：上海事務所庶務課長

發信者：總、庶務課長

東亞所長、鐵道研究所長ニ二〇附電見．波長計（二三〇円）テスター（九〇円）為替中ニ送附ス、代金鐵道研究所ニテ支拂ヒ貴方ニ付替ヘ、尚貴方ニテ購入ノ萬用メーター壹台（一二〇円）以上ハ價値モ…貴方予算ヨリ支弁トレ波長追加ニ付經理部長

（内波長計及メーター…）

了解ヲ得テ至急手續アレ

南滿洲鐵道株式會社

ヨ—8016 B列5　（9.7.3.000冊 松川納）

354

总裁室庶务课长关于停止寄送报纸事致北支事务局长的电文（一九三八年四月二十二日）

587

發電回議箋

文書番號	
指定	ウナ•ニカ•ム ニ•ヨイ
電報番號	
起案	昭和13年4月22日 時 分
決裁	昭和 年 月 日 時 分
發電	昭和13年4月23日9時50分
起案箇所	
箇所長	
者	
擔任者	
電話	
發電取扱者印	
回議者印	總、庶務課長　經理係
件名	
宛名	北支事務局長
發信者	總、庶務課長

昨年九月三日以降社員慰問ノ意味ヲ以テ貴局宛送付シ来レル満日紙六〇部ハ既ニ満日北京支局ノ設置セラルル今日ソノ如ク本社ヨリ送付ノ必要ナキニ至リタルモノト考ヘラルルニ付爾今発送ヲ中止シタシ了承乞フ

南滿洲鐵道株式會社

ヨ-8016　B列5　(12. 5. 3,000冊 南海堂納)

636

总裁室庶务课长关于汉口陷落公报发电至各司令事致秘书的电文（一九三八年十月二十六日）

198

發電回議箋

文書番號

指定 ウナ・ニカ・ムニ・ヨイ

電報番號

	起案	決裁	發電
昭和	13年10月26日 時 分	年 月 日 時 分	13年10月26日15時20分

起案箇所

箇所長

主任者

擔任者 （印：13.10.26）

電話

發電取扱者印 （印：山 13.10.26 下）

回議者印：中西理事（印：13.10.26）　總、庶務課長

件名

宛名：（札蘭屯）八辻秘書役

發信者：總裁室庶務課長

漢口陷落ノ公報アリ次第（總裁）祝電ヲ~~并木~~寺内、畑、及川、古荘、塩澤各司令官宛（当方ニテ）打電ス右ノ趣總裁ヘ御報告乞フ

南滿洲鐵道株式會社

ヨ—8016　B列5　　(18. 4. 4,000冊—番館納)

224

总裁室庶务课长、东京支社庶务课长、新京支社庶务课长关于表彰私有财产捐赠者的相关文件

总裁室庶务课长致东京支社庶务课长函（一九四〇年二月十四日）

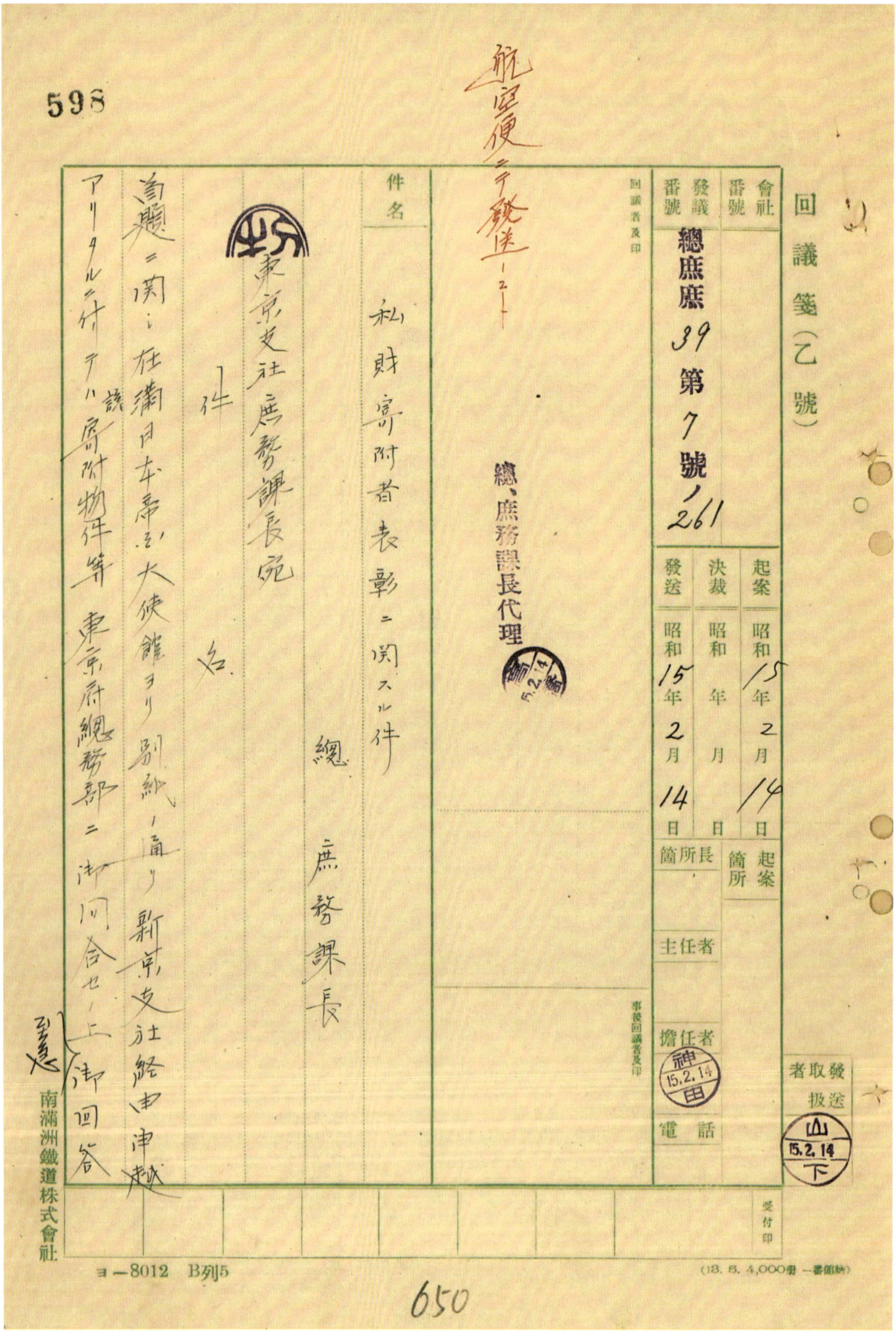
598

航空便ニテ發送 1-2-1

回議箋（乙號）

會社番號	發議番號
	總庶庶39第7號/261

起案	決裁	發送
昭和15年2月14日	昭和　年　月　日	昭和15年2月14日

件名　私財寄附者表彰ニ関スル件

總、庶務課長代理

總　庶務課長

東京支社庶務課長宛　件名

首題ニ関シ在満日本帝國大使館ヨリ別紙ノ通リ新京支社經由申越アリタルニ付テハ該寄附物件等東京府總務部ニ御問合セノ上御回答

主任者　擔任者　電話

發送取扱者

南滿洲鐵道株式會社

ヨ－8012　B列5　（13.5.4,000冊）

650

相煩度

追而別紙ハ御回答ノ際返送瀬度

南滿洲鐵道株式會社

ヨ-0003　B列5　(14.9.20,000冊 滿日社印)

总裁室庶务课长致新京支社庶务课长函（一九四〇年三月二日）

593

回議箋（乙號）

會社番號

發議番號 總庶庶39第7號ノ275

回議者及印

總、庶務課長代理 江 15.3.2

起案 昭和15年3月2日

決裁 昭和 年 月 日

發送 昭和15年3月4日

箇所長

起案箇所

主任者

擔任者

電話

發送取扱者

審查役

事後回議者及印

件名 私賦寄附者表彰ニ關スル件

總裁室庶務課長

新京支社庶務課長宛

件名

一月二十三日附京庶庶三九第四〇號ヲ以テ申越アリタル首題ノ件當方ニテ判明ノ事項ハ記載別紙ノ通送付

受付印

南滿洲鐵道株式會社

ヨ-8012 B列5

(11. 12. 1,500冊 東亞印)

645

久

追テ下四一夫氏ニ付不明ノ事項ハ今氏貴地満洲重工業株式會社ニ勤務ニ付貴方ニテ照會相煩度

总裁室庶务课长关于送交军事功绩调查资料事致新京保养院长的函（一九四〇年三月二日）

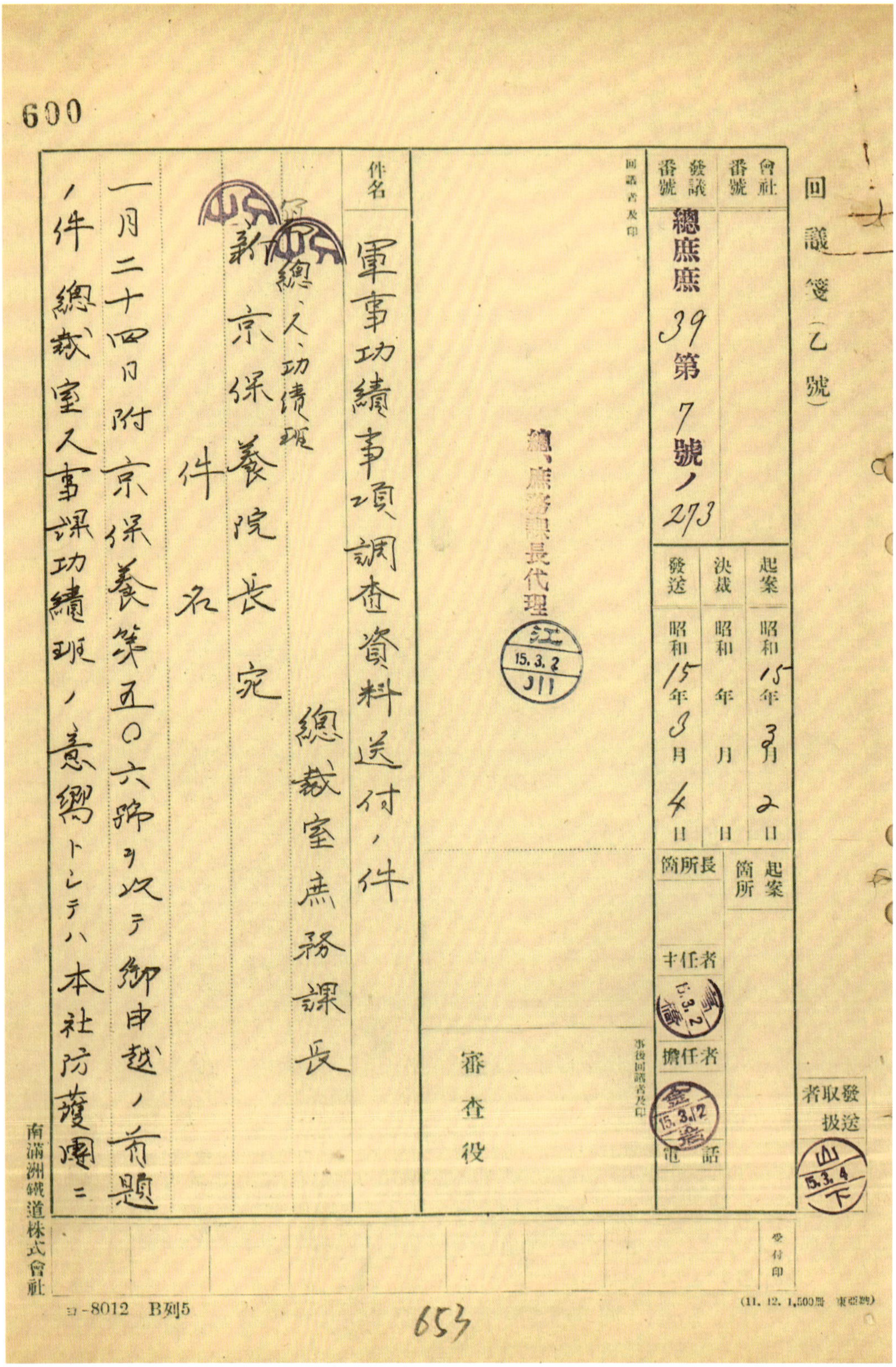
600

回議箋（乙號）

會社番號

發議番號　總庶庶39第7號ノ273

起案　昭和15年3月2日

決裁　昭和　年　月　日

發送　昭和15年3月4日

起案箇所

箇所長

主任者

擔任者

電話

發取扱者

回議者及印

總、庶務課長代理

審査役

事後回議者及印

件名　軍事功績事項調査資料送付ノ件

總裁室庶務課長

新京保養院長　宛

總、人、功績班

件名

一月二十四日附京保養第五の六號ヲ以テ御申越ノ前題ノ件　總裁室人事課功績班ノ意嚮トシテハ本社防護團ニ

南滿洲鐵道株式會社

受付印

ロ-8012　B列5

(11. 12. 1,500冊　東亞印)

653

601

於ケル功績ハ會社自体防衛ニモアリ寧ロ此ノ種程度ノモノハ單独ニ軍事功績トシテ上申セサル方針ナルモ他ニ軍事功績アルモノニシテ而カモ特ニ防護團ニ於テ特殊ノ功績アリタルモノヽ上申致スヘキ趣ニ付貴院小野寺職員ニアリテハ他ニ功績事項アラハ一應別張資料ニ依リ記載申請相成度

總、人ヲ課長宛

南滿洲鐵道株式會社

ヨ-0003　B列5　(14.11.20,000部 [illegible])

654

602

二一六名中第　位

小野寺兵右衛門

支那事変勃発ニ伴ヒ事態急迫ヲ告クルニ至リ七月十二日旅大地区防衛司令部ヨリ防空下令セラルルヤ本名ハ満鉄南北防護団第一防火班員トシテ所定ノ配備ニ就キ昼間ハ社務ノ傍何時ニテモ出動シ得ル如ク待機ノ体制ヲ執リ又防護団ニテ計画ノ諸訓練ニハ率先参加シ優秀ナル成績ヲ示シ夜間ハ交替ニテ徹宵本社施設ノ警備ニ当リ八月十八日防空下令解除セラレ次イテ二十日ニ至リ警備ヲ専任警備員ニ担当セシムルニ及ヒ漸ク平常任務ニ服セルカ其ノ間約四十日間多大ノ困難ニ堪ヘ克ク其ノ任務ヲ全フセリ

昼間服務日数　四一日

夜間服務日数　七日

南滿洲鐵道株式會社

ヨ-0003　B列5　(14.11.20,000冊 滿日印刷)

655

十四、总裁室福祉课

总裁室福祉课长关于向七七事变派遣单身社员提供宿舍及住房津贴事致总裁室庶务课长的函
（一九三七年十月二日）

寫

總福住三七第三一號ノ一二

昭和十二年十月二日

總裁室庶務課長

總裁室福祉課長

總東庶37第1號

總裁室庶務課長殿

總、東亞課長殿

東亞課 12.10.7 受付

支那事變ノ爲派遣セラレタル獨身社員ニ對スル社宅並住宅料ニ關スル件

支那事變ノ爲派遣ヲ命セラレタル獨身社員ニ對シテハ六十一日以上ニ亘ル場合ト雖同地ニ於テ在勤扱トナル迄特ニ現所屬ニ於テ社宅貸與又ハ住宅料ヲ支給スル儀ト御承知相成度

但シ社宅不足ノ折柄ニ付出發ニ先チ可及的社宅外居住又ハ社宅同居ヲ認ムルコトニ御取計相成度

214

290

总裁室福祉课长、人事课长关于为因七七事变应征入伍社员制定特殊救济方案事致总裁室庶务课长的函（一九三七年十月二十五日）

45

總福共三七第五一號ノ九〇
昭和十二年十月二十五日

總裁室福祉課長
總裁室人事課長

總裁室庶務課長殿

總、東亞課長殿

總東庶 37第1號ノ5-61

支那事變ノ為軍ニ應召中ノ社員ニ對シ特別救済方制定ノ件

今次支那事變ノ為軍ニ應召中ノ社員ニ就テハ社員共済規程第九條社務ヲ離レタル者トシテ離任ノ日ヨリ共済社員ノ資格ヲ中断スルモ特ニ社員ヲシテ後顧ノ憂ナカラシメム為左ノ特別救済ヲ為スコトト相成タルニ付通知ス

追而非役入隊中ノ者ニシテ動員下令、充員召集又ハ臨時召集ヲ命セラレタル者、非共済社員及准備員ニ對シテモ之カ適用ヲ為ス尚臨時傭員及囑託員中本年九月總人給三七第四五〇號支那事變ノ為召集ヲ受ケタル社員外従事員ノ給與其ノ他ニ關スル件二ノ口ニ依リ准備員ニ準シ取

62

46

扱フ者ニ對シテモ之カ適用ヲ爲スコトアルヘシ仍テ至急右該當者ヲシテ社員共濟加入届書（本取扱ニ依ル者ナルコトヲ朱書ノコト）ニ依リ離任月日（非役入隊中ノ者ハ動員下令ノ日）竝右非共濟社員ニ就テハ其ノ家族竝弔慰金受領者ヲモ届出セシメラレ度尚歸任又ハ原隊ニ復歸シタル際ハ遅滯ナク社員共濟異動届書ニ依リ其ノ旨届出ツル樣取計願度

記

一、應召期間中（離任ノ日ヨリ歸任ノ前日迄）ノ事故ニ對シ社員共濟規程ニ於ケル給與金中左ノ種目ニ就キ次ノ範圍内ニ於テ給與ヲ爲ス

1、弔慰金
2、病傷救濟金
（以上）月俸額ノ二十倍以内

3、罹災給與金
4、家族治療料
5、家族入院料
6、家族分娩手當金
7、家族葬祭料
（以上）共濟規程所定給與率

65

47

給與手續ハ社員共濟規程ニ於ケルト同一トス（請求書ニ本取扱ニ依ル者ナルコトヲ朱書ノコト）

64

十五、铁道总局

财务局长关于社线、国线转乘站设施及作业合理化事致总裁室文书课长的函（一九三七年五月十日）

187

写 經理部長

鐵總經一經三七第一〇號三ノ六

昭和十二年五月十日

經理局長

文書課長殿

社國線接續驛區ニ於ケル施設及作業ノ合理化ニ關スル件

四月九日附鐵總文三七第五號三ノ一ヲ以テ照會アリタル首題ニ關シ左記ノ通報告致シマス

記

一 接續驛區ニ於ケル國線ノ一部ヲ社線鐵道事務所ノ所管トシ同事務所ノ統制下ニ置カレル關係上之カ勘定モ一應社線ニ於テ管掌スルモノナルカ社國兩線ノ負擔額ヲ決定セムカ爲別案ノ通中間的共通費勘定ヲ設定シ他ノ一般費用ト區別シ別途合理的分配率ヲ定メ社國線當該勘定ニ

經理部長 主計課長 庶務課長 決算係 庶務係

192

188

割賦セムトスルモノナリ

説明

イ 共通費勘定ヲ新設セス本件ニ要スル費用ヲ社線鐵道經費當該勘定支辨トシ從來ノ如ク國線ニ要シタル費用ヲ委託仕業料ノ形式ニ依リ申受クル方法モアルカ斯クテハ接續驛區ニ於ケル委託仕業種別ノ繁夏錯ニ經理處理上特殊操作ヲ要シ煩瑣ヲ伴ヒ且決算ヲ紊ス虞アルヲ以テ此ノ種費用ヲ整理スル特殊勘定ヲ制定シ經理處理方針ノ全面的解決ヲ圖ラムトスルモノナリ。

ロ 接續驛區ニ於ケル共通費概算額ヲ想定計上スレハ次ノ如シ

運輸費	一、五八六、五六六圓（別途給與費ヲ含ム）
運轉費	二、六三七、〇五五圓（〃）
修車費	六六〇、七六九圓（〃）
保存費	一、八六六、八七四圓（〃）
計	六、七五一、二六四圓

193

二　奉天鐵道事務所所管トナル皇姑屯電氣修繕場ハ雜作業收支ヲ以テ又奉天營繕所ハ工務收支勘定ニ組入レ之カ勘定ヲ整理セムトスルモノナリ

三　經理ニ關スル諸規程、帳表、用品ノ統一ニ關シテハ既ニ調査研究中ニシテ近ク草案ヲ作成ノ上別途供覽ス

四　接續驛ニ於ケル旅客誘致費及大倚主招待費ノ調整ニ關シテハ營業局ニ於テ研究サルヘキ事項トス

五　驛收支ノ取扱ヲ地理的ニ一元化ヲ圖ル件ニ關シテハ國線トシテ早急ニ決定致シ難キ事情ニアルモ接續驛ニ關スル限リ現ニ新京、四平街ニ於テハ同一出納機關ニテ取扱ヒ居リ又奉天、黑山頭間ニ於ケル驛收支ハ同一箇所ニ於テ取扱フコトニ不取敢研究ヲ進メツツアリ

六　國際ニ支拂フヘキ社、國線積卸貨ハ運賃收得線別ニ別箇ニ支拂フヘキテ強イテ之カ統一ノ要ナク別途制定セムトスル共通費勘定ヨリモ除外セリ

七　設備ノ社、國線共同使用ノ爲ノ使用料ニ關シテハ別途研究ノ上分擔

190

額ヲ決定スルモノトス

八　社・國線ノ關係機關廢合整理ニ伴ヒ生スヘキ物品ノ引繼方ニ關シテハ別途鐵總經調三七第二號A二二ノ一ニ依リ關係箇所ニ手配濟ミナリ

195

山海关运输班长关于山海关运输班迁至原北宁铁路办公楼重新开展业务事致总裁室文书课长的电文
（一九三七年七月二十日）

215

特秘

寫

電報譯文

寫送付先　經理部長　產業部長　文書課長　人事課長
東亞課長　弘報課長

發電　昭和十二年七月二十日〇時三五分
著電　昭和十二年七月二十日二時五五分

山海關輸送班長

文書課長殿

二十一日零時ヨリ山海關輸送班ヲ天津東部驛前元北寧鐵路局材料所建物內ニ移轉、業務ヲ開始ス山海關ニ（天津輸送班ノ）連絡員ヲ駐在セシム
山海關天津間ノ電話回線ハ當班開設迄ニ完成ノ見込、電話番號追テ通知ス

222

铁道总局长关于设立联络机关事致奉天铁道事务所长、锦县铁路局长的函（一九三七年七月三十一日）

386

鐵總送三七第三號二〇ノ七

昭和十二年七月三十一日

鐵道總局長

奉天鐵道事務所長

錦縣鐵路局長　殿

連絡機關設置ノ件

奉天鐵道事務所錦縣鐵路局ニ時局ニ對スル簡單ナル連絡機關ヲ設置スヘシ、設置ノ上ハ其ノ幹部ノ氏名電話番號電報略號等報告相成度

417

铁道总局嘱托将校关于派遣员乘坐军用列车一案已经向塘沽停车场司令部办理事致人事课长的电文（一九三七年八月三日）

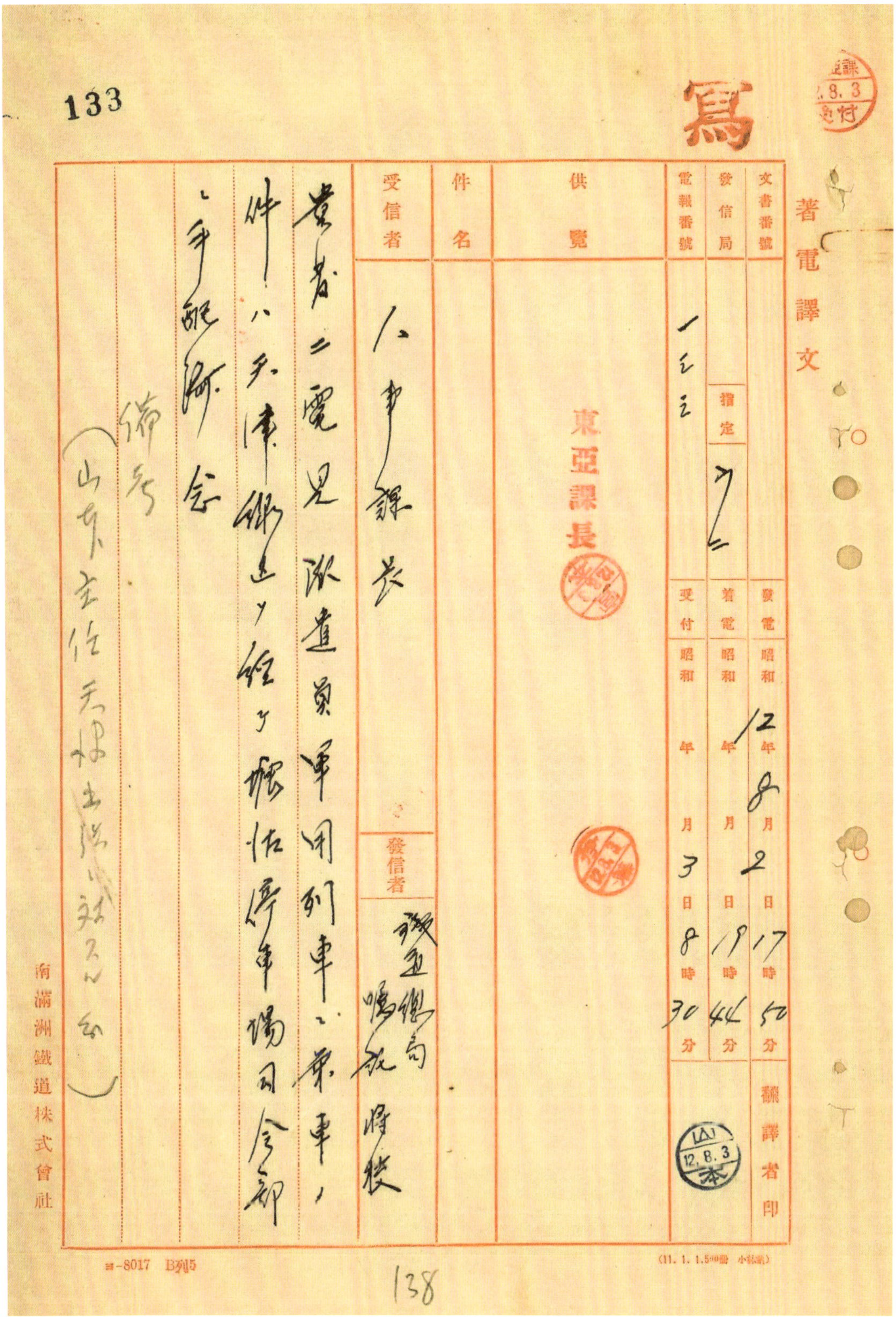

133

寫

著電譯文

文書番號	發信局	電報番號
		一三三

指定

	發電	著電	受付
昭和	12年8月2日17時50分	年月2日19時44分	年月3日8時30分

供覽：東亞課長

件名：

受信者：人事課長

發信者：鐵道總局嘱托將校

貴方ニ電見 派遣員軍用列車ニ乘車ノ件ハ天津鐵道ヲ經テ塘沽停車場司令部ヘ手配済ミ

備考

（山東主任天津出張ニ就テ）

翻譯者印

南滿洲鐵道株式會社

ヨ-8017 B列5　（11.1.1.5000冊 小林版）

138

铁道总局福祉课长关于总裁代理前往天津慰问伤病兵派遣社员事致总裁室东亚课长的电文（一九三七年八月四日）

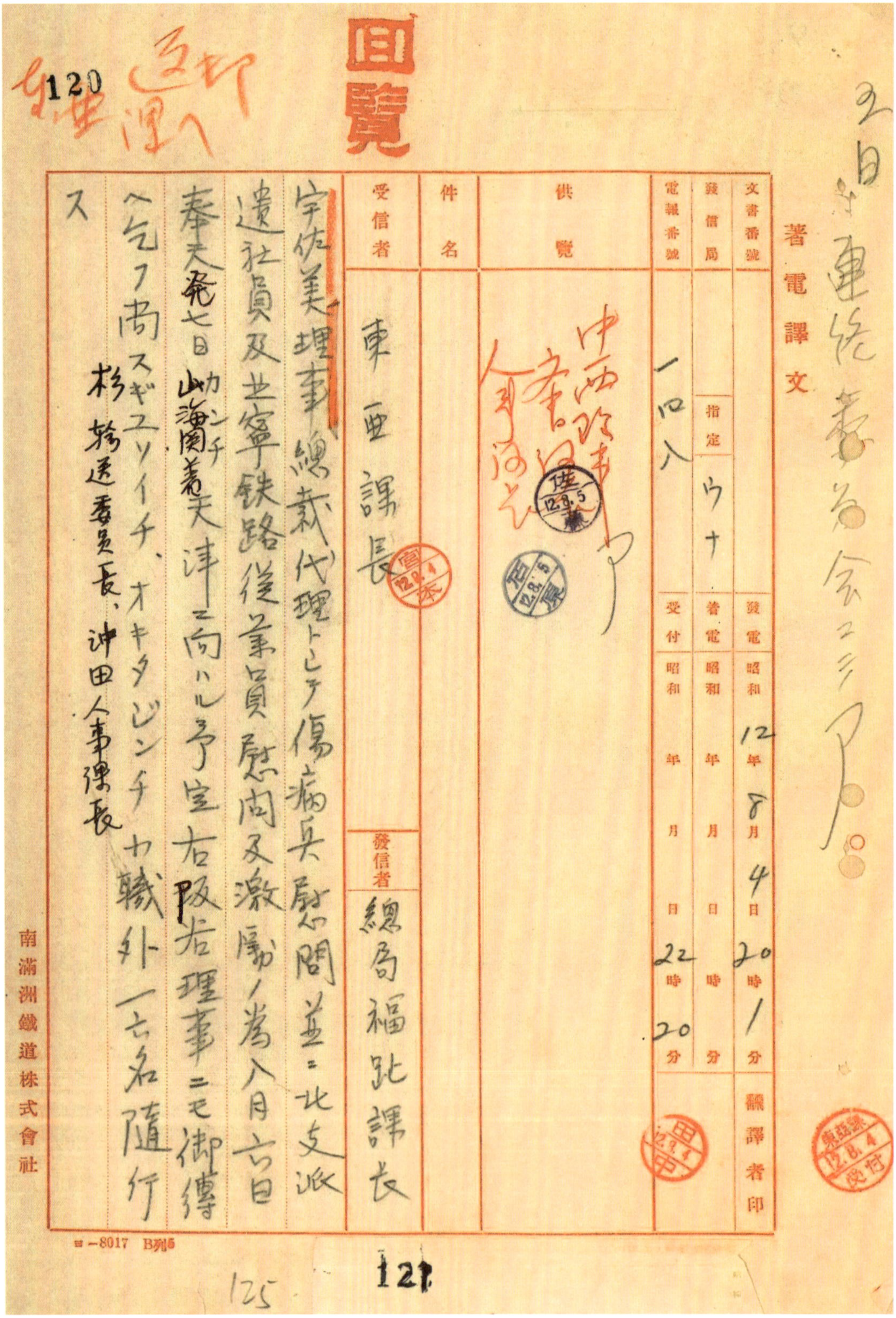

回覽

著電譯文

文書番號	
發信局	
電報番號	一〇八
指定	ウナ
發電	昭和12年8月4日20時1分
着電	昭和 年 月 日 22時20分
受付	昭和 年 月 日 時 分
供覽	
件名	
受信者	東亜課長
發信者	總局福祉課長

宇佐美理事總裁代理トシテ傷病兵慰問並ニ北支派遣社員及北寧鉄路従業員慰問及激勵ノ為八月六日奉天發七日山海関着天津ニ向ハル予定右阪谷理事ニモ御傳ヘ乞フ尚スギユツイチ、オキタジンシチ外職外一名随行ス

杉輸送委員長、沖田人事課長

南滿洲鐵道株式會社

铁道总局福祉课长关于慰问华北派遣伤病兵及日满社员北宁铁路局员工相关报告事致总裁室东亚课长的函（一九三七年八月五日）

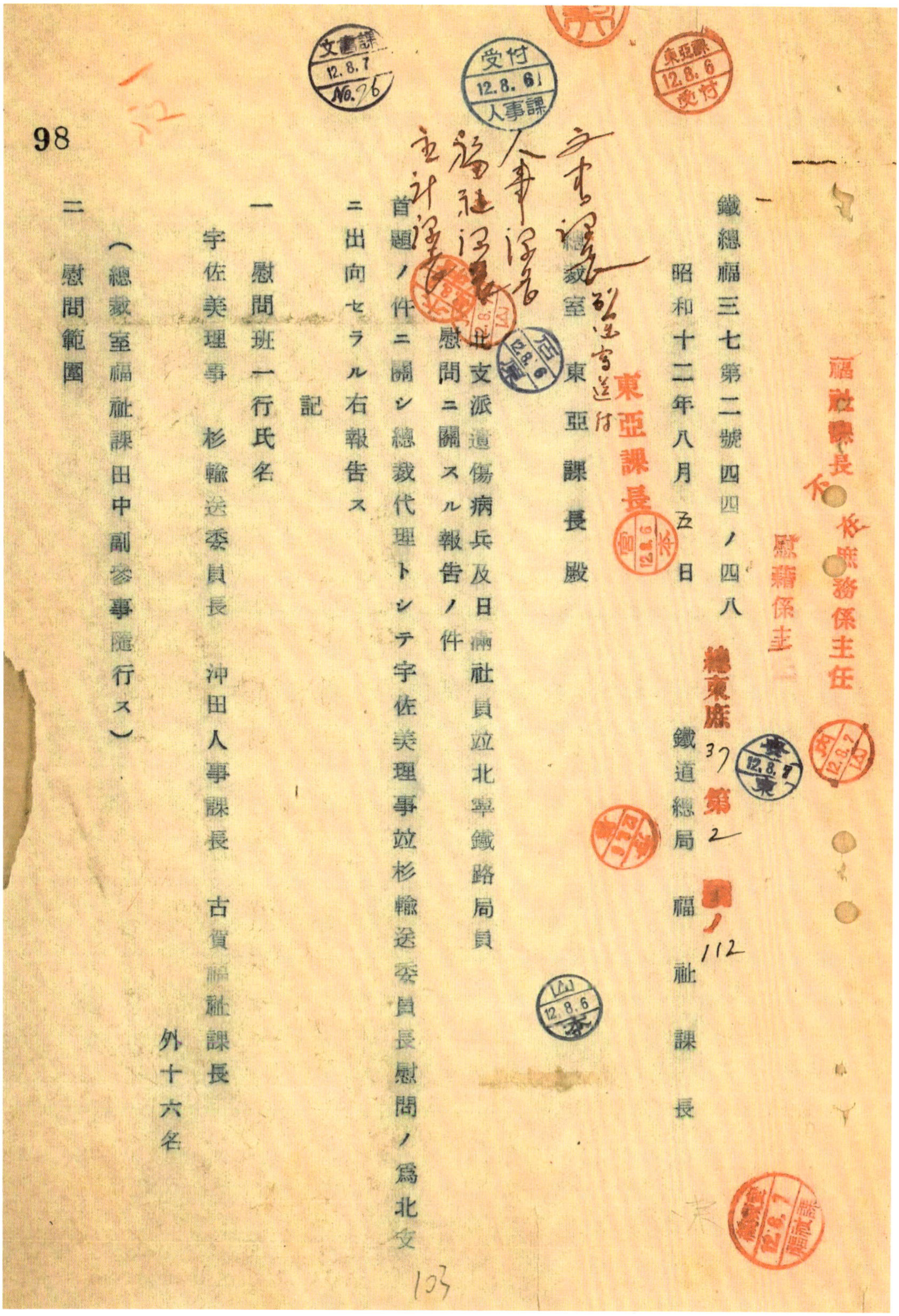
98

鐵總福三七第二號四四ノ四八

昭和十二年八月五日

總裁室東亞課長殿

鐵道總局福祉課長

北支派遣傷病兵及日滿社員竝北寧鐵路局員慰問ニ關スル報告ノ件

首題ノ件ニ關シ總裁代理トシテ宇佐美理事竝杉輸送委員長慰問ノ為北支ニ出向セラル右報告ス

記

一　慰問班一行氏名

宇佐美理事　杉輸送委員長　沖田人事課長　古賀福祉課長

外十六名

（總裁室福祉課田中副參事隨行ス）

二　慰問範圍

99

1 北支派遣日滿人鐵道從業員
2 北寧鐵路從業員
3 傷病兵

三 慰問品
1 日人社員 一人當リ 金五圓也
(內容別紙ノ通) 一、五〇〇人分
2 滿人社員 一人當リ 金壹圓五拾錢也
(內容別紙ノ通) 五〇〇人分
3 北寧鐵路從業員 一人當リ 麥粉三分ノ一袋 約壹圓六拾錢也
八、二〇〇人分
4 傷病兵 一人當リ 金六拾錢也
(內容 ドロツプ) 一、七〇〇人分

124

四　慰問行程

八月六日奉天發、八月七日山海關發

途中各站ヲ慰問シツツ天津ニ至ル豫定

以　上

附：慰问品内容明细

101

慰問品内容明細（日人）

品名	内	容	單	値	數量	金	額	摘要
パインアップル	罐	一		五六	一、五〇〇	八四〇	〇〇	
味ノ素	〃	一		五〇	一、五〇〇	七五〇	〇〇	
金平糖	函	二		二〇	一、五〇〇	三〇〇	〇〇	
スピア	〃	五		二五	一、五〇〇	二七〇	〇〇	
[illegible]紙	[illegible]	一		一八	一、五〇〇	二七〇	〇〇	
スモカ	[illegible]	一		一六	一、五〇〇	二四〇	〇〇	
タオル	枚	二		二六	一、五〇〇	三九〇	〇〇	
花王	個	二		二四	一、五〇〇	三六〇	〇〇	
褌	枚	二		三〇	一、五〇〇	四五〇	〇〇	
マッチ	函	一		〇八	一、五〇〇	一二〇	〇〇	
軍手	双	二		二六	一、五〇〇	三九〇	〇〇	
軍足	〃	二		二六	一、五〇〇	三九〇	〇〇	

106

羊羹	本	一	二五	一、五〇〇	三七、五〇〇
メンソレタム	罐	一	二一	一、五〇〇	三一、五〇〇
甲又	枚	一	六〇	一、五〇〇	九〇、〇〇〇
ビスケット	個	二	二〇	一、五〇〇	三〇、〇〇〇
〃	〃	二	一〇	一、五〇〇	一五、〇〇〇
日人計			四六一	一、五〇〇	六九一、五〇〇

右以外ニ尚奉天発行新聞一人當リ三部宛及古雑誌
一人約十冊宛贈呈手配セリ（本件總局ヨリ電話ニテ追加
方通知ニ接セリ）

107

103

（満 人）

品名	内容		單價	數量	金額	摘要
煙草	箇	二	一〇	五〇〇	五〇〇〇	
金平糖	〃	一	一〇	五〇〇	五〇〇〇	
タオル	枚	二	二六	五〇〇	一三〇〇〇	
花王	箇	一	一二	五〇〇	一六〇〇〇	
ビスケット	箇	二	二〇	五〇〇	一〇〇〇〇	
〃	〃	二	一〇	五〇〇	五〇〇〇	
軍手	双	二	二六	五〇〇	一三〇〇〇	
軍足	〃	一	一三	五〇〇	六五〇〇	
仁丹	箇	一	〇九	五〇〇	四五〇〇	
風呂敷	枚	一	一四	五〇〇	七〇〇〇	
満人計			一五〇	五〇〇	七五〇〇〇	

108

品名	内容	單價	数量	金額	摘要
日人計		四六一	一、五〇〇	六、九一五〇〇	
満人計		一五〇	五〇〇	七五〇〇〇	
野菜類				三二〇〇〇	茄子 三〇貫 キャベツ 三〇貫 馬鈴薯 三〇貫 胡瓜 三〇貫 玉葱 一〇貫
ドロップス		三〇	二、一五八	六四七四〇	
白糖		四六八	二、七三〇	一二、七七六四〇	
合計				二、一一二〇八〇	

总裁室文书课长、东亚课长、财务部长关于购买面粉事致铁道总局长的电文（一九三七年八月五日）

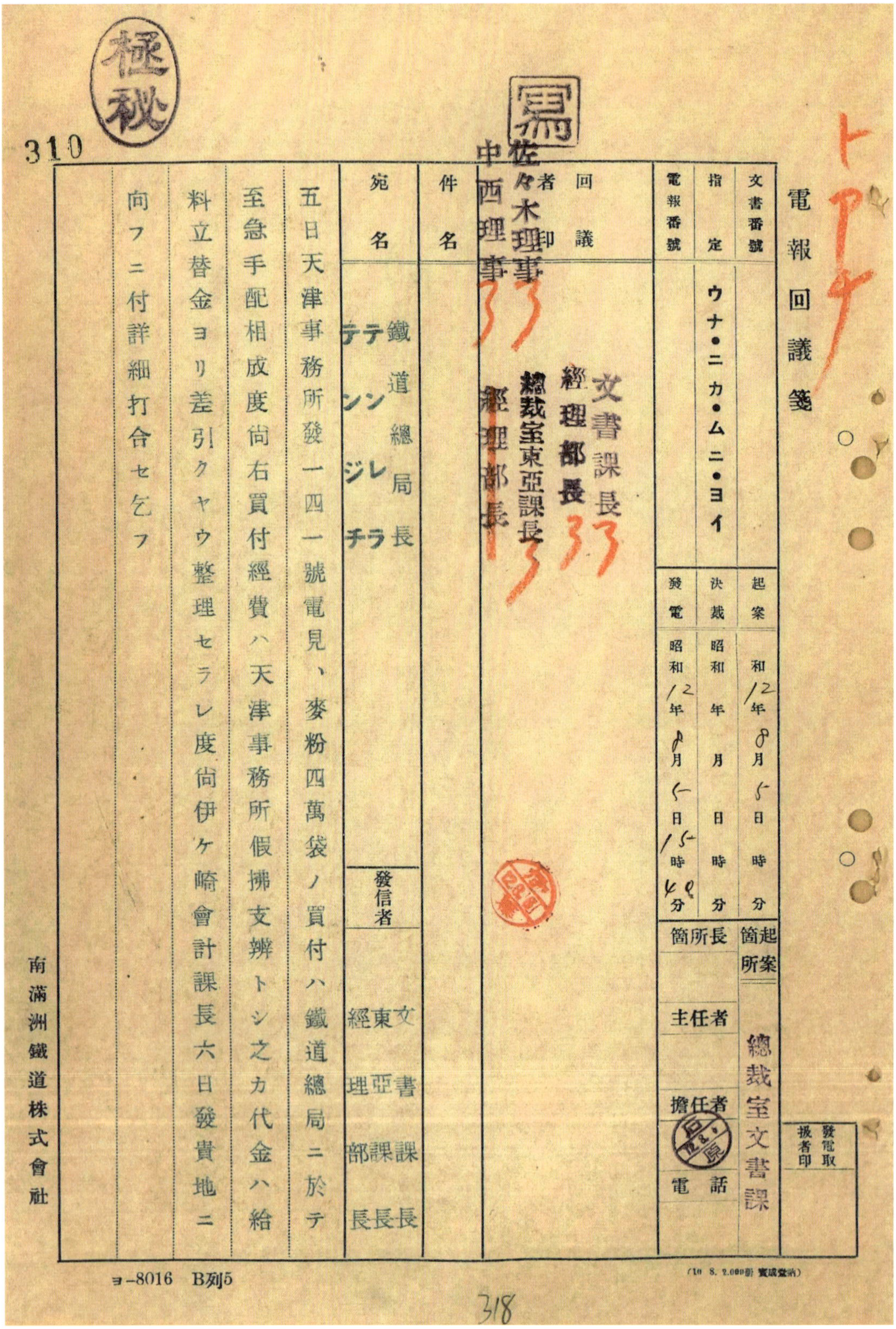

極秘

310

寫

電報回議箋

文書番號	
指定	ウナ・ニカ・ムニ・ヨイ
電報番號	

起案	決裁	發電
昭和12年8月5日 時 分	昭和 年 月 日 時 分	昭和12年8月5日15時40分

回議者印：佐々木理事　中西理事　經理部長　總裁室東亞課長　經理部長　文書課長

件名

宛名：鐵道總局長　テテンンジレチラ

發信者：文書課長　東亞課長　經理部長

五日天津事務所發一四一號電見、麥粉四萬袋ノ買付ハ鐵道總局ニ於テ至急手配相成度尚右買付經費ハ天津事務所假拂支辨トシ之カ代金ハ給料立替金ヨリ差引クヤウ整理セラレ度尚伊ケ崎會計課長六日發貴地ニ向フニ付詳細打合セ乞フ

起案箇所：總裁室文書課

箇所長　主任者　擔任者　電話

發電取扱者印

南滿洲鐵道株式會社

ヨ-8016　B列5

(10 8. 2.000冊 實成堂納)

318

天津联络班关于修护平汉铁路占领区事致铁道总局长、奉天联络本部长的函（一九三七年八月七日）

極秘

196

總裁
副總裁
郡山理事
佐々木理事
佐藤理事
中西理事
阪谷理事
經理部長
文書課長
東亞課長
人事課長
寫配付濟

（総局文書課ヨリ電話）　（八月七日午後十時）

鉄道總局長
奉天連絡本部長　宛

天津連絡班

戸澤部隊（鉄道部隊）ニ於テ平漢鉄路長辛店、定興縣ヲ占領セルモ要員少キ為単ニ監視シ居ルニ過キス　同方面ニ於テ多少修理作業必要ナル状況ニアルヲ以テ社ニ於テ作業開始方取計ラレ度キ旨同部隊長ヨリ非公式相談アリ

幹部級及事務系統ノ者約一〇〇名派遣セバ他職工ヲ現地ニテ狩リ集メ作業ヲ開始スルコトハ困難ナラスト思料ス　之ニ對スル社ノ方針ヲ承リ度、尚社ニテ引受クル場合ハ天津軍ヨリ

南滿洲鐵道株式會社

ヨ—0002　B列5

223

197

関東軍ニ連絡シ関東軍ヨリ社ニ指示ス

取計フベシ

（備考）

總裁ハ八日奉天着、奉天ニハ總局長　宇佐美次長

滞在中ナルヲ以テ社議決定セラルヽヲ予定シアリ

大連ニ連絡アル筈

本件内容ノ尚詳細ニ亘ルノ要アルニ付總局長

ヨリ天津連絡班ニ対シ照会方依頼中ナリ

南滿洲鐵道株式會社

ヨ―0002　B列5

(11. 10. 15,000冊)

204

铁道总局财务局长关于发送粮食事致天津事务所联络班长输送班长、嶺顾问、文书课长、东亚课长、财务部长的电文（一九三七年八月七日）

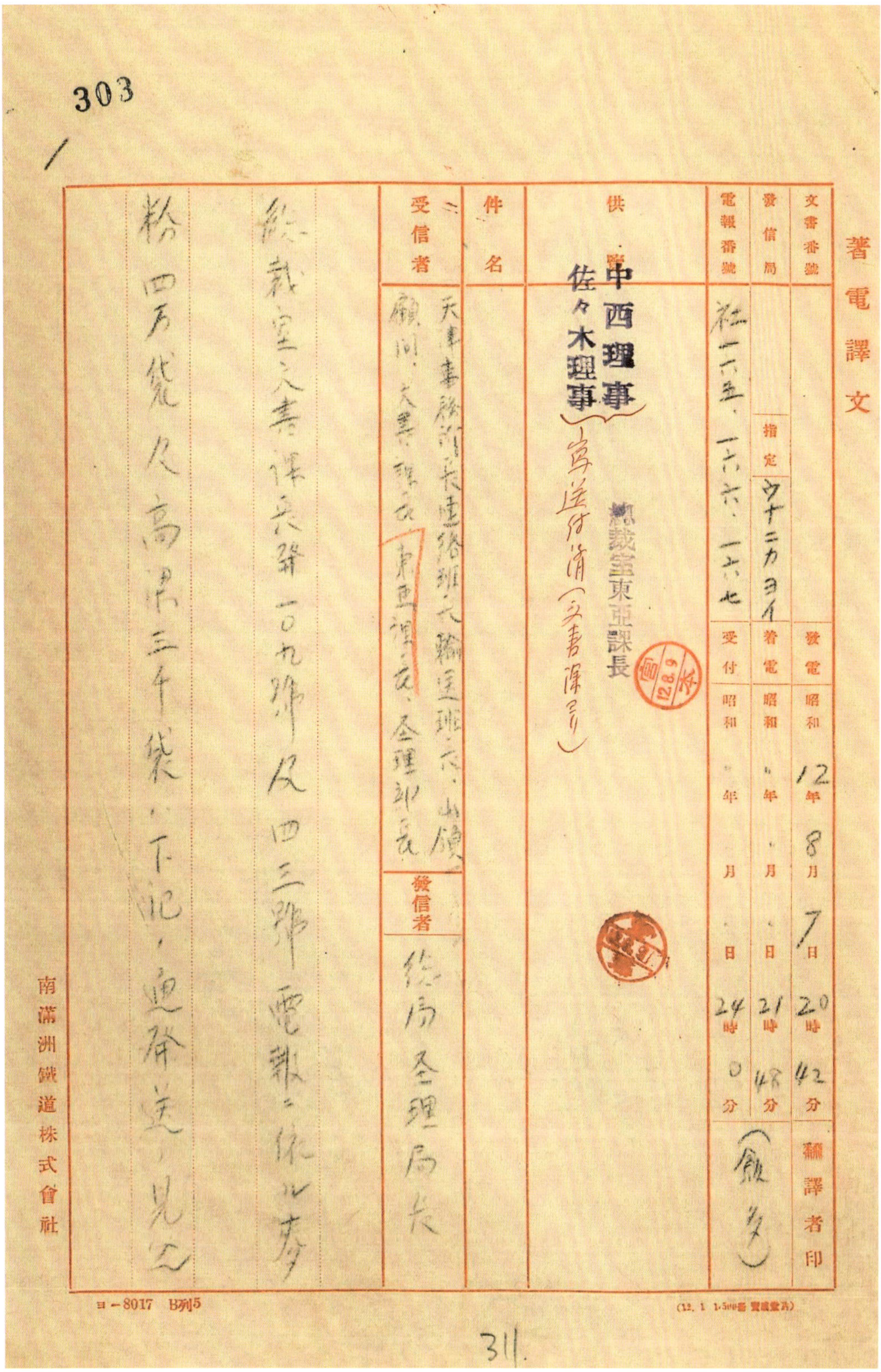
303

著電譯文

文書番號	
發信局	
電報番號	社一六五、一六六、一六七
指定	ウナニカヨイ
發電	昭和12年8月7日20時42分
着電	昭和　年　月　日21時48分
受付	昭和　年　月　日24時0分
飜譯者印	（鐵多）
供覧	中西理事 佐々木理事 写送付済（文書課長） 總裁室東亞課長
件名	
受信者	天津事務所長連絡班長、輸送班長、山嶺顧問、文書課長、東亞課長、経理部長
發信者	総局経理局長

総裁室ニ入電保兵発一〇九號及四三號電報ニ依ル麦粉四万袋及高粱三千袋ハ下記ノ通発送ノ見込

南滿洲鐵道株式會社

日-8017 B列5

311

記

八月八日ヨリ三日间毎日旅客列車ニテ麦粉一千袋

宛合計三千袋発送

八月九日ヨリ二二日迄貨物列車（列車番號後報）

ニテ毎日麦粉二車宛（二一日迄一日計二七二〇袋

二二日ハ一六四〇袋）合計三七〇〇〇袋発送

高梁三千袋ハ麦粉発送完了後発送

南滿洲鐵道株式會社

ヨ—0002 B列5

(14. 10. 15,000冊 [illegible])

3 305

麦粉三千袋（紅印）ハ奉天ニテ買付ケ一袋買入
価格四円二五銭、三万七千袋（宝船印）ハ大連
ニテ買付ケ一袋買入価格四円五八銭、高粱三千袋
ハ大連ニテ買付ケ一袋買入価格九円七〇銭ノ見込
念ノ為

南滿洲鐵道株式會社

ヨ―0002 B列5 (11. 10. 15,000冊 滿鐵發納)

313

铁道总局人事课长关于向华北派遣人员事致天津事务所长、总裁室人事课长、东亚课长的电文（一九三七年八月十日）

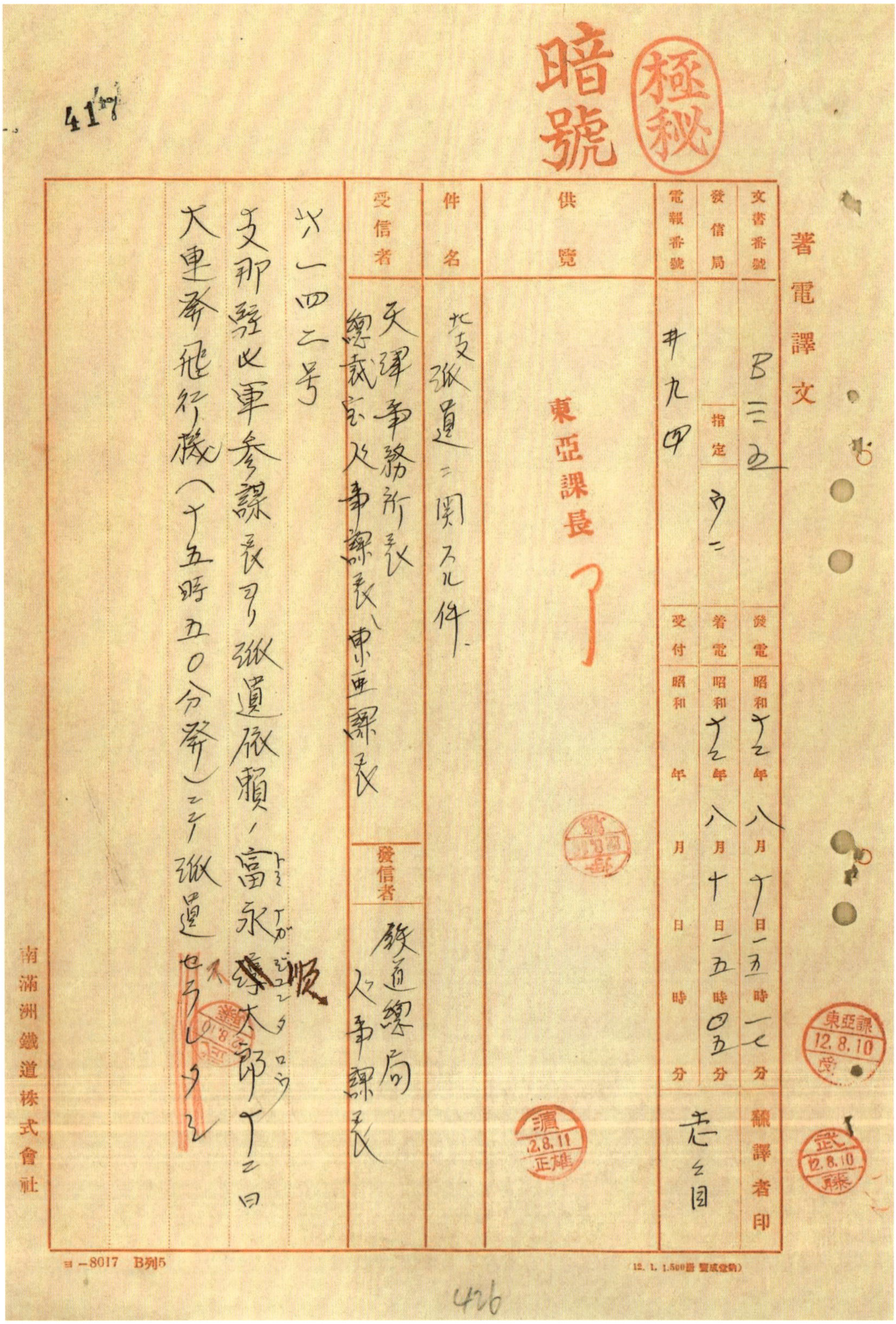
41

暗號 極秘

著電譯文

文書番號	發信局	電報番號
B三五		卅九四
指定 ウ二		

發電	着電	受付
昭和十二年八月十日一五時一七分	昭和十二年八月十日一五時四五分	昭和 年 月 日 時 分

飜譯者印 志□

供覽 東亞課長 了

件名 北支派遣ニ関スル件

受信者 天津事務所長 總裁室人事課長、東亞課長

發信者 鉄道總局人事課長

北一四二号

支那駐屯軍参謀長ヨリ鉄道派遣依頼ノ富永(トガミ)順太郎(ロウ)十二日大連発飛行機（十五時五〇分発）ニテ鉄道セラレタシ

南滿洲鐵道株式會社

日-8017 B列5　　12.1.1,500冊（警成堂納）

426

天津运输班关于军方命令天津运输班由铁道监部领导事致本社联络本部的电文（一九三七年八月十一日）

65

著電譯文

文書番號	發信局	電報番號
13、52		永五〇八

指定	
ヱイ	

	發電	着電	受付
昭和	年	12年	年
月	月	8月	月
日	16日	11日	日
時	16時	20時	時
分	33分	40分	分

飜譯者印

供覽：中西理事　弘報課長　人事課長　文書課長　東亞課長

件名：

受信者：東北連絡本部　ヒラ、ムリテジチ、カタテツチ、ケラセリチ、ホテタクチ、カンセクチ、カンレタ

發信者：天津輸送班

軍ノ命ニ依リ天津輸送班ハ十一日ヨリ鉄道監部指導ノ下ニ編入セラレタルニ付通知ス

「係ニ廻付ス」

南滿洲鐵道株式會社

ヨ－8017　B列5　　（12.1 1.500冊 實成堂納）

66

铁道总局财务局长关于购买粮食价格事致总裁室东亚课长、天津事务所、天津联络班、天津输送班长、文书课长、财务部长的电文（一九三七年八月十一日）

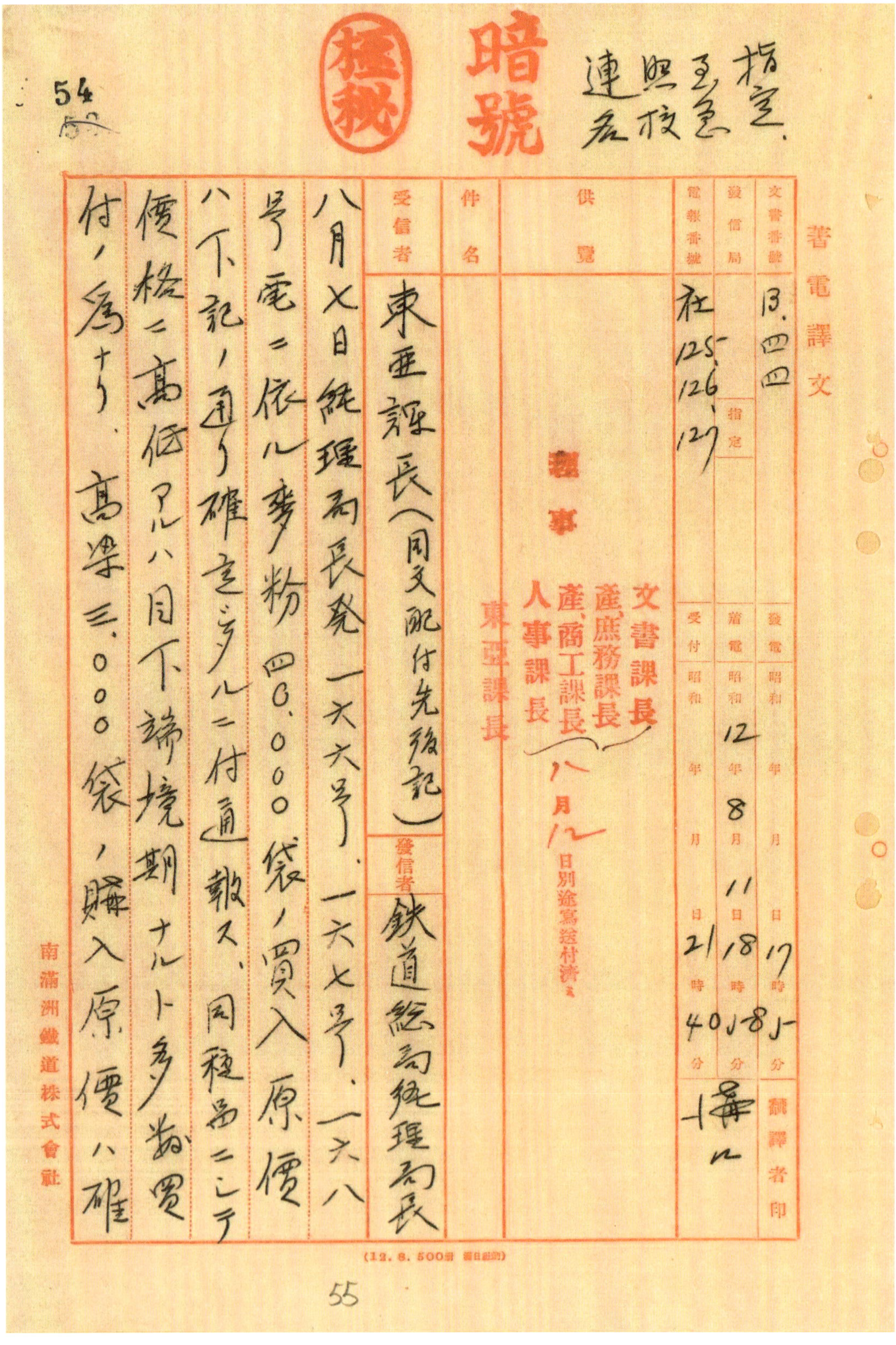

54

極秘　暗號

指定、至急、照校、連名

著電譯文

文書番號：13.四四
電報番號：在125、126、127

受信者：東亜課長（同文配付先後記）

發信者：鉄道総局経理局長

供覧：總裁室　文書課長　産庶務課長　産商工課長　人事課長　東亜課長

八月12日別途寫送付濟

發電：昭和　年　月17日　時5分
着電：昭和12年8月11日18時18分
受付：昭和　年　月　日21時40分

八月七日経理局長発一六六号、一六七号、一六八号電ニ依ル麦粉四〇、〇〇〇袋ノ買入原價ハ下記ノ通リ確定シタルニ付通報ス、同種品ニシテ價格ニ高低アルハ八月下旬帰境期ナルト多数買付ノ為ナリ、高梁三、〇〇〇袋ノ購入原價ハ確

南滿洲鐵道株式會社

（12.8.500冊）

55

55

宜次ノ通報ス

三、〇〇〇袋ハ紅印奉天ニテ買ニ付テハ一袋買入価格四円二五銭。

三七、〇〇〇袋ハ大連ニテ買ニ付テハ内四ツ印一〇、〇一〇袋ハ一袋買入価格四・~~六五円~~（五一一前四円七十五銭ハ八四ツ印一袋買入価格四円六十二銭）宝舟印二、七三〇袋ハ一袋買入価格四・七二円、一三、七八五袋ハ宝舟印一袋買入価格四・七五円。

着電見込総額ヲ二、八四六円ノ増加トナル、急ノ為。

（来電連絡先）

天津事務所長、天津連絡班、天津輸送班長

文書課長、総理部長

南満洲鉄道株式会社

56

铁道总局长关于增设天津无线电事致总裁室庶务课长的电文（一九三七年八月十三日）

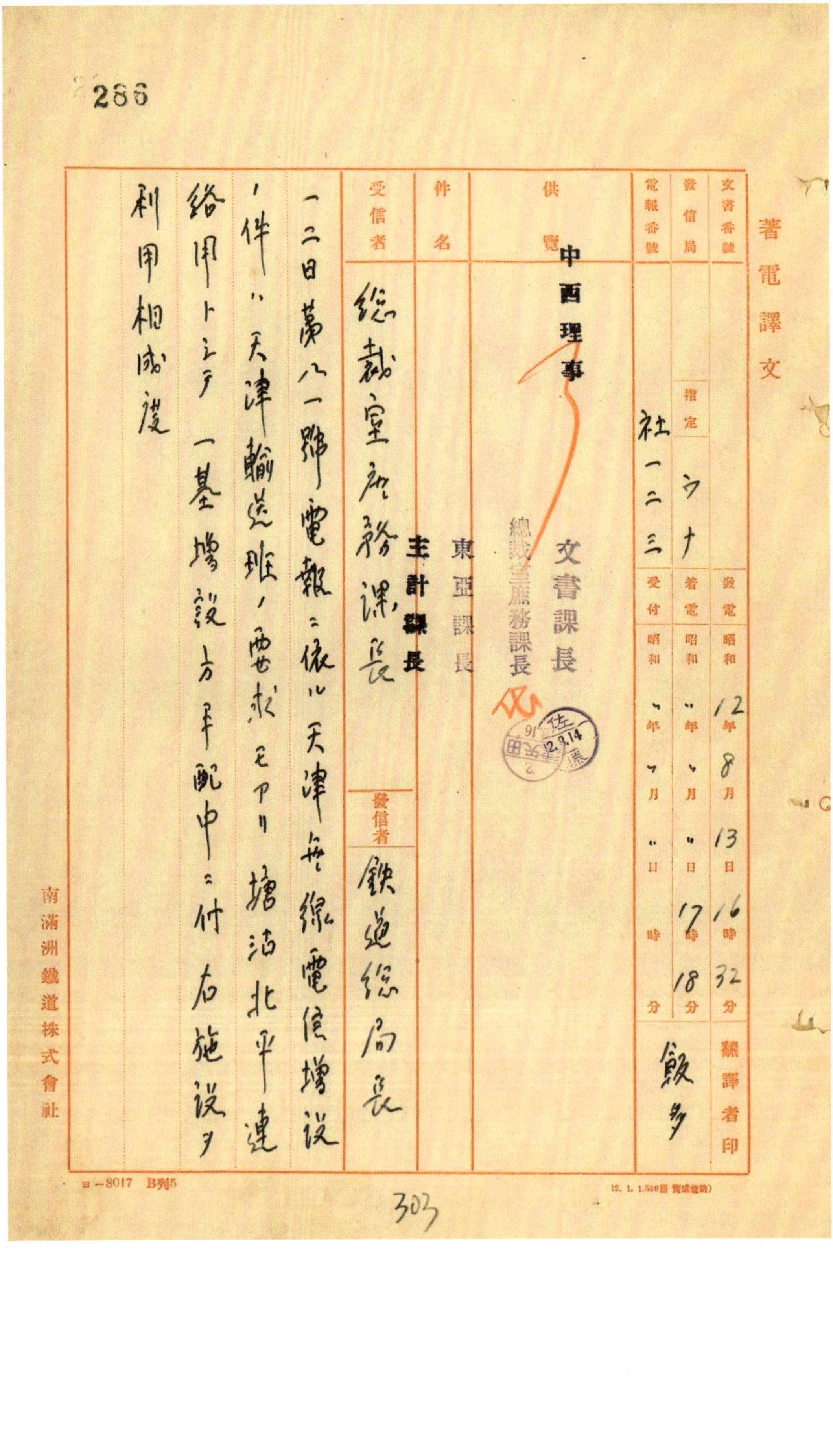
286

著電譯文

文書番號	發信局	電報番號	指定
		社一二三	ウナ

	年	月	日	時	分
發電 昭和	12	8	13	16	32
着電 昭和	〃	〃	〃	17	18
受付 昭和	〃	〃	〃		

翻譯者印 飯多

供覽 中西理事 文書課長 總裁室庶務課長 東亞課長 主計課長

件名

受信者 総裁室庶務課長

發信者 鉄道総局長

一二日第八一號電報ニ依ル天津無線電信増設ノ件ハ天津輸送班ノ要求モアリ塘沽北平連絡用トシテ一基増設方手配中ニ付右施設ヲ利用相成度

南滿洲鐵道株式會社

ヨ—8017 B列5

12.1.1.500冊

303

铁道总局长关于回复塘沽北平无线电设施事致总裁室庶务课长的电文（一九三七年八月十三日）

287

著電譯文

文書番號	發信局	電報番號	供覽	件名	受信者
		五八	中西理事 經理部長 總、庶務課長 東亞課長 主計課長 文書課長		總、庶務課長 サフムナ

發電	着電	受付
昭和12年8月13日17時55分	昭和12年8月13日13時2分	昭和12年8月13日

發信者：鉄道總局長

（トク）八月十一日十七號ニ依ル塘沽、北平無電ノ件ハ已ニ鉄道總局ノ必要ニ依リ施設ノコトニ取運ビヲリ近日開設ノ豫定ニ付依頼ノ無線施設ハ一時見合セ、右施設ヲ利用方御取計成ダル追テ開設ノ際ハ別途報告ス

南滿洲鐵道株式會社

铁道总局长关于发往华北电报的处理方法事致总裁室文书课长的电文（一九三七年八月十六日）

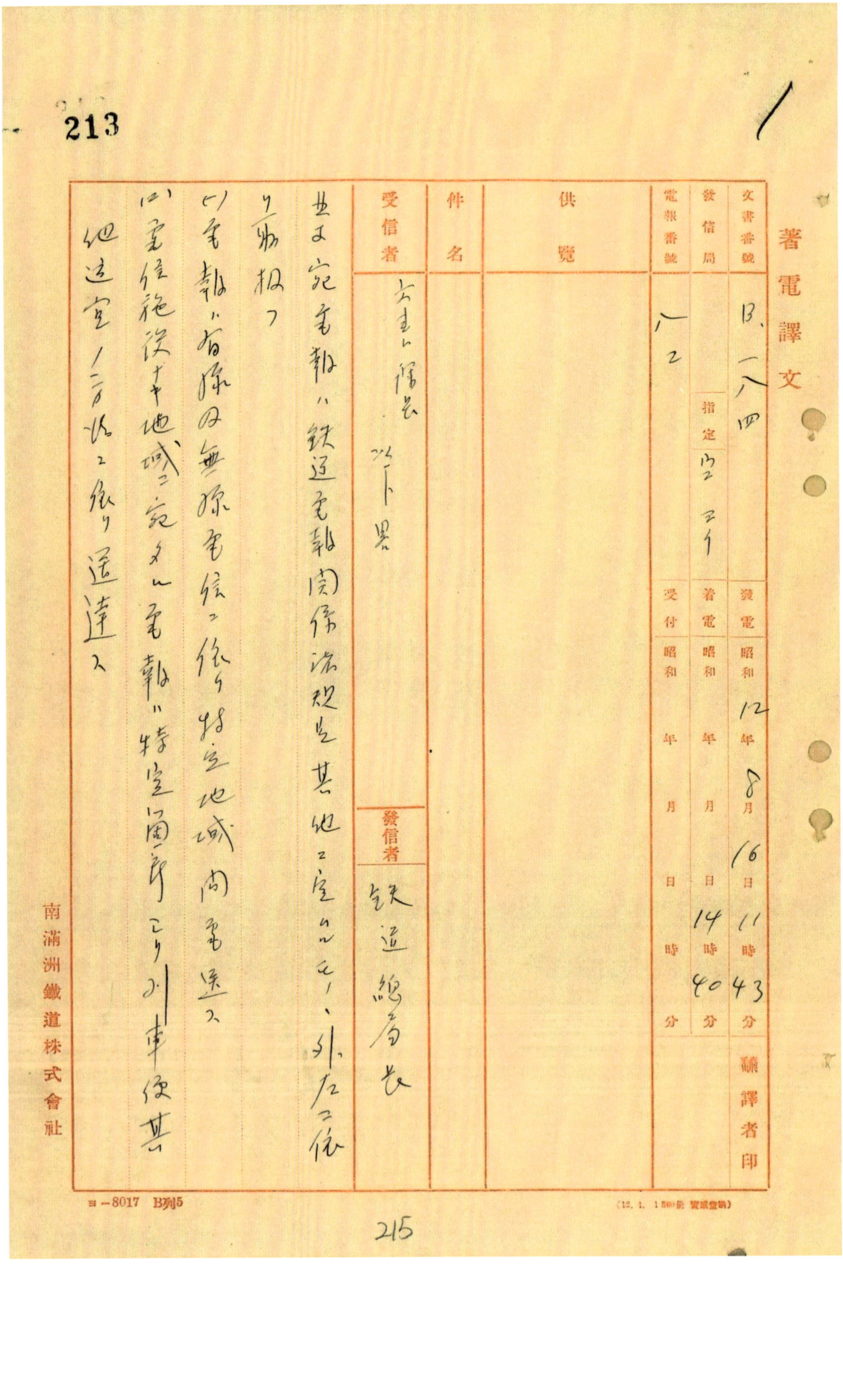

213

著電譯文

文書番號 B、一八四
發信局
電報番號 八二
指定 [illegible]
發電 昭和12年8月16日11時43分
着電 昭和 年 月 日14時40分
受付 昭和 年 月 日 時 分
飜譯者印

受信者 文書課長
以下略
發信者 鉄道總局長

北支宛電報ハ鉄道電報関係諸規定其他ニ定ムルモノヽ外左ニ依リ取扱フ
(イ)電報ハ当線ノ無線電信ニ依リ特定地域内電送ス
(ロ)電信施設ナキ地域ニ宛タル電報ハ特定箇所ヨリ列車便其他適宜ノ方法ニ依リ送達ス

南滿洲鐵道株式會社

ヨ－8017 B列5

215

四、要報ハ日文ヲ以テ記載スヘシ

但シ左ノ達参照遺漏ナキヲ期スヘシ

（昭和十二年七月十三日 鉄総二乙達第七号 A七／一三）

写送付先

総裁室文書課長、総務、用度、産業、地方部長、

撫順炭礦長、中央試験所長、参与、監察役

経済調査委員会委員長、技術委員会委員長

215

3

参照

昭和十二年八月十七日 鉄総、二電三七、第七号（八七ノ一三）

達

時局ニ関スル電報発信及取扱方ハ左記ニ依リ機密保持ニ留意ス
ルベシ

（1）軍事方面ヨリ発受スル私用ノ各線電報ニシテ機密ヲ要スルモノ
ハ暗号ヲ以テ記載スルコト
暗号ノ定ナキ場合ハ電文作成及飜訳ヲ軍ニ依託スルコト

（2）其他ノ事項ニ在リテハ機密ヲ要スル電報ハ可及的郵便
ニテ送受スルコト之ニ依リ難キ場合ハ前項末段ニ依ルコト

南滿洲鐵道株式會社

ヨ-0003 B列5 (12. 3. 15,000冊 満日社納)

217

铁道总局文书课长关于野战铁道司令部向奉天转移事致直属各课长、各局长、输送委员会委员长等的函（一九三七年八月十九日）

383

寫

總裁室文書課長　野戰鐵道司令部　囑託將校

鐵總文三七第一三號四三ノ二

昭和十二年八月十九日　鐵道總局　文書課長

直屬各課長
各局長
輸送委員會委員長
各鐵路局長　殿
各鐵道事務所長
各鐵道工場長
各建設事務所長

野戰鐵道司令部奉天移轉ニ關スル件

野戰鐵道司令官ヨリ別紙ノ通通牒アリタルニ付自今之カ取扱上錯誤ナキ様徹底セシメラレ度

尚文書取扱ノ內右司令官經由ノ文書モ本取扱ニ依ルモノト承知相成度爲念

添附書類　鐵司計壹第三〇九號　一部

412

附：野战铁道司令官关于野战铁道司令部向奉天转移事致铁道总局长的函

383

囑託將校經由

鐵司計壹第三〇九號

野戰鐵道司令部奉天移轉ニ關スル件通牒

昭和十二年八月十六日　野戰鐵道司令官　舞　傳　男

鐵道總局長　大村卓一殿

野戰鐵道司令部ハ八月十六日ヨリ當分ノ間奉天鐵道總局內ニ移轉執務致スヘキニ就テハ野戰鐵道司令官宛ノ文書及連絡事項ハ直接奉天鐵道總局內野戰鐵道司令部宛トセラレ度貴局內及隷下機關ニ傳達方取計ハレ度

413

天津运输班派遣员赤塚关于设立塘沽站密码区事致总裁室文书课长的电文（一九三七年八月二十日）

極秘　寫

180

著電譯文

項目	内容
文書番號	B,一八一
發信局	
電報番號	
指定	ウナムニヨイ
發電	昭和一二年八月二〇日一七時四五分
着電	昭和〃年〃月二一日〇時四七分
受付	昭和〃年〃月〃日二時三〇分
飜譯者印	
供覽	總裁室東亞課長
件名	塘沽站暗號區設定ノ件
受信者	文書課長
發信者	塘沽ニテ 天津輸送班派遣員 赤塚

テンユソチ、テンヂチ、テソチ、ホテヂチ、ホタテソタクセ、レンテヂチ、キテツチ、テンレラ、カンレラソレラヤレラホレラ、キレラ、ケウヤテチ、カンホテヤテシチ

北寧線塘沽站ニ無電臺開設十九日二十一時ヨリ交信ヲ開始ス

寫配付先　總裁室庶務、人事、東亞、弘報課長

南滿洲鐵道株式會社

ヨ—8017　B列5　　12. 1. 1,500冊

187

铁道总局财务局第一财务课长、会计课长关于向北宁铁路局办事员发放八月份薪资事致财务部长、总裁室东亚课长、天津事务所长的电文（一九三七年八月二十一日）

224

極秘

暗号

著電譯文

文書番號	發信局	電報番號
B 一九一	津	一三七、一二八

發電	着電	受付
昭和12年8月21日17時40分	昭和12年8月21日19時25分	昭和12年8月21日21時30分

飜譯者印：今忠

軍事情報ノ文ハ文書課。經理部ノハ文書課カラ連絡。

供覽：中西理事　文書課長　東亞課長

8月23日　別途寫送付濟

件名：北寧鉄路局従事員ニ對スル八月分給料ニ關スル件

受信者：經理部長、東亞課長、天津事務所長

發信者：總局經理局第一經理課長　經理局會計課長

八月二十日附天津事務所長發ニ八ニ電ニ依ル北寧鉄路局従事員ニ對スル八月分給料資金融資七十萬圓經理部ハ八月二十四日迄天津ニ於テ支拂方手配相成度（科目「會社勘定」假拂金、鉄道假拂金、北支、雜口、雜費）又七月分立替金

南滿洲鐵道株式會社

ロ－8017　B列5

226

五十萬圓ヲ右科目ニ附替ヘラレ度。

南滿洲鐵道株式會社

铁道总局长关于请交涉租用北安建筑事务所房屋事致天津事务所长、总裁室庶务课长的电文（一九三七年八月二十四日）

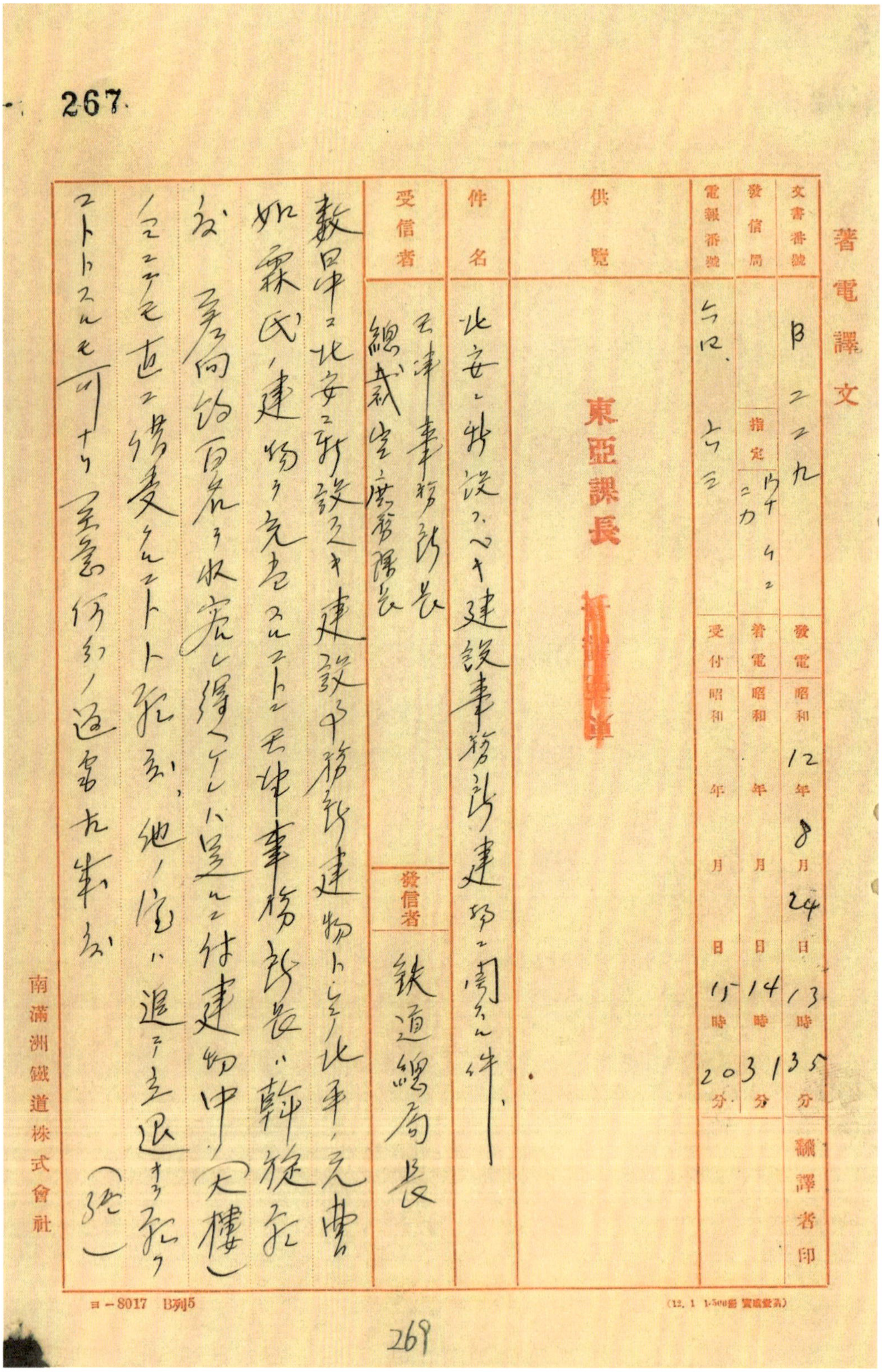

267

著電譯文

文書番號	B二二九
發信局	
電報番號	六〇六三
指定	以下不二
發電	昭和12年8月24日13時35分
着電	昭和年月日14時31分
受付	昭和年月日15時20分
供覧	東亞課長
件名	北安ニ新設スベキ建設事務所建物ニ関スル件
受信者	天津事務所長 總裁室庶務課長
發信者	鉄道總局長

数日中ニ北安ニ新設スベキ建設事務所建物トシテハ北平ノ元曹汝霖氏ノ建物ヲ充当スルコトニ天津事務所長ハ斡旋アリ度

家屋約百名ヲ収容シ得ベキハ差当リ付建物中（大樓）ノミニテモ直ニ借受クルコトト致シ、他ノ分ハ追テ立退カシムルコトトスルモ可ナリ　至急何分ノ返電ありたし

（終）

南滿洲鐵道株式會社

ヨ－8017　B列5

269

丰台运输班长关于开设丰台运输班并开展业务致总裁室文书课长的电文（一九三七年八月二十五日）

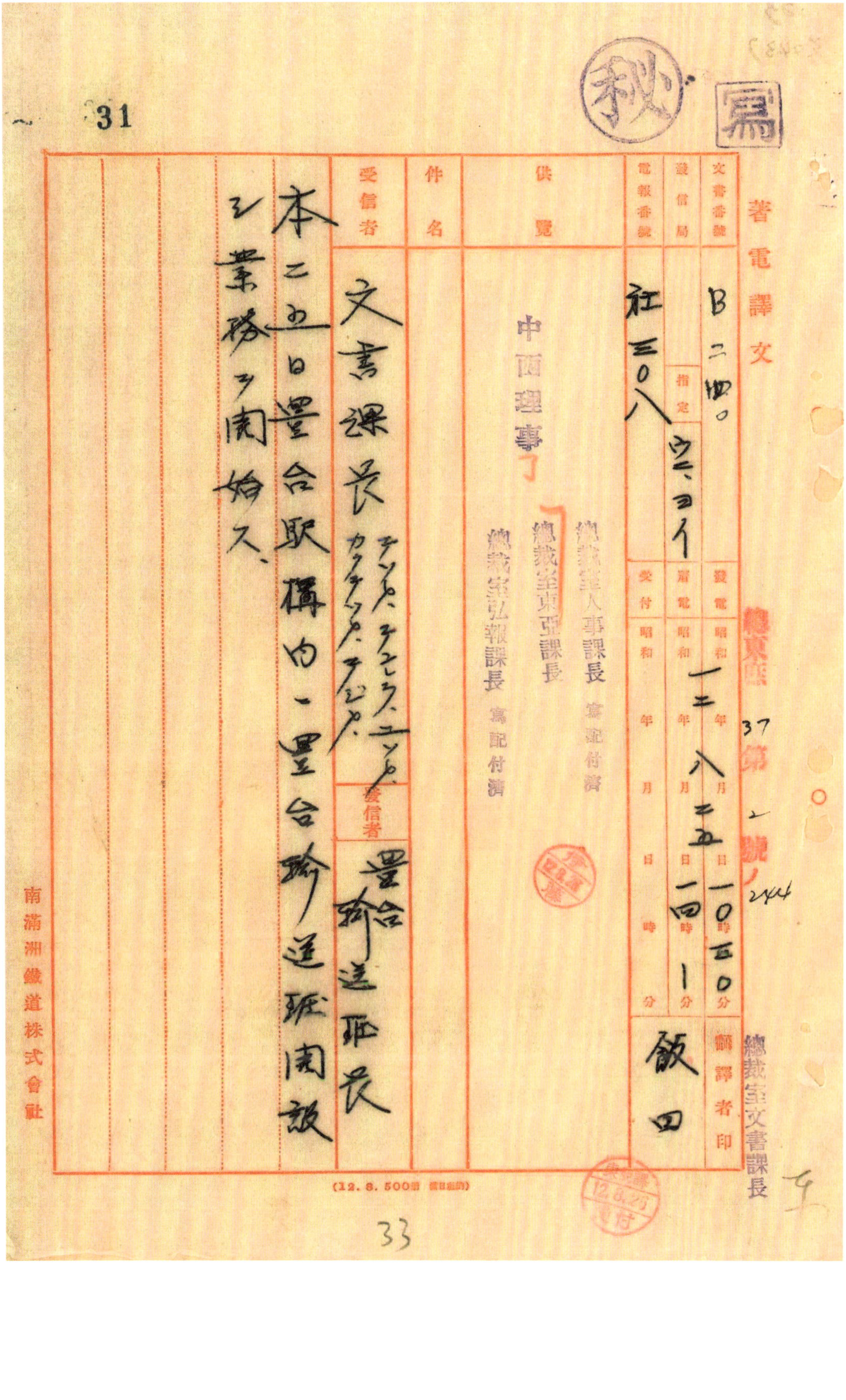
31

秘　寫

著電譯文

文書番號	發信局	電報番號
B二四〇		社三〇八

指定：ウヘコイ

發電　昭和十二年八月二十五日十時五十分

着電　昭和　年　月　日　一一時一分

譯者印：飯田

供覽：中西理事

總裁室人事課長　寫記付濟

總裁室東亞課長

總裁室弘報課長　寫記付濟

受信者：文書課長

發信者：豐台輸送班長

件名：

本二十五日豐台驛構内ニ豐台輸送班開設シ業務ヲ開始ス

總東庶37第2號ノ244

總裁室文書課長

南滿洲鐵道株式會社

(12.8.500冊)

33

铁道总局长关于暂缓交涉新设建设事务所房屋租用事致总裁室东亚课长、天津事务所请转交天津事务所长、小川建设局员的电文（一九三七年八月二十六日）

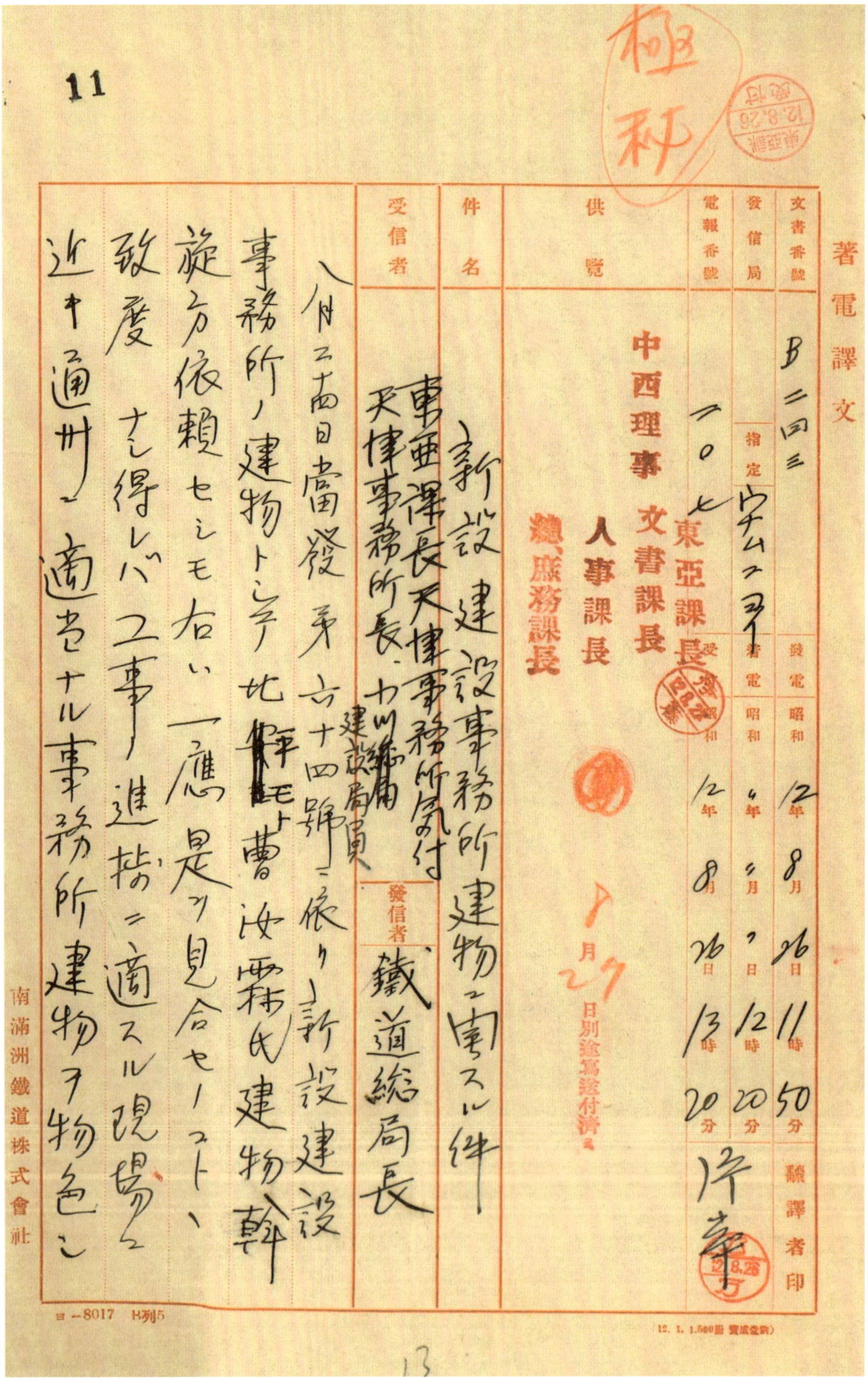

11

極秘

著電譯文

文書番號　B二〇三

電報番號　一〇七

發電　昭和12年8月26日11時50分

着電　昭和　年　月　日12時20分

受　昭和12年8月26日13時20分

飜譯者印

供覽　中西理事　東亜課長　文書課長　人事課長　總、庶務課長

件名　新設建設事務所建物ニ關スル件

受信者　東亜課長　天津事務所長気付　小川建設局員

發信者　鐵道總局長

八月二十四日當發第六十四號ニ依リ新設建設事務所ノ建物トシテ曹汝霖氏建物斡旋方依頼セシモ右ハ一應見合セノコト、致度ナシ得レバ工事ノ進捗ニ適スル現場ニ近キ通州ニ適當ナル事務所建物ヲ物色ニ

南滿洲鐵道株式會社

日-8017　B列5

~2 12

度キニ付キ天津事務所長ニ更ニ才世話願度ク

至急何分ノ返電有度シ

終リ

南滿洲鐵道株式會社

ヨ-0003 B列5 (11. 9. 10,000冊 滿日社印)

14

铁道总局长关于废除联络总部及其他临时设立联络机关事致直属各课长、各局长、输委委员长等的函（一九三七年八月二十八日）

寫　囑託將校　野戰鐵道司令部　同各支部　元天津連絡班　同輸送班

鐵總文三七第一四號二ノ二〇

昭和十二年八月二十八日

鐵道總局長

直屬各課長
各局長
輸委委員長
鐵道警務局長
連絡本部長
各鐵路局長　殿
各鐵道事務所長
總裁室文書課長
新京支社長
北支事務局長

559

連絡本部其ノ他臨設連絡機關廢止ニ關スル件

時局ニ對應スル爲當總局ニ臨設シタル連絡本部ハ八月三十一日限リ之ヲ

568

569

廢止シ爾後ノ時局ニ關スル連絡ハ平常業務ニ準シ之ヲ爲サレ度尙天津ニ於ケル連絡班及輸送班ハ北支事務局ノ設置ト同時ニ之ヲ廢止シタルニ付御承知相成度

追テ夜間又ハ休日等ニ於ケル當總局ニ對スル電話連絡ハ輸送局配車課宛行ハレ度爲念

569

铁道总局长关于回复上海无线电设施事致总裁室庶务课长、铁道研究所长、岩武研究所调查役的电文

（一九三七年八月二十八日）

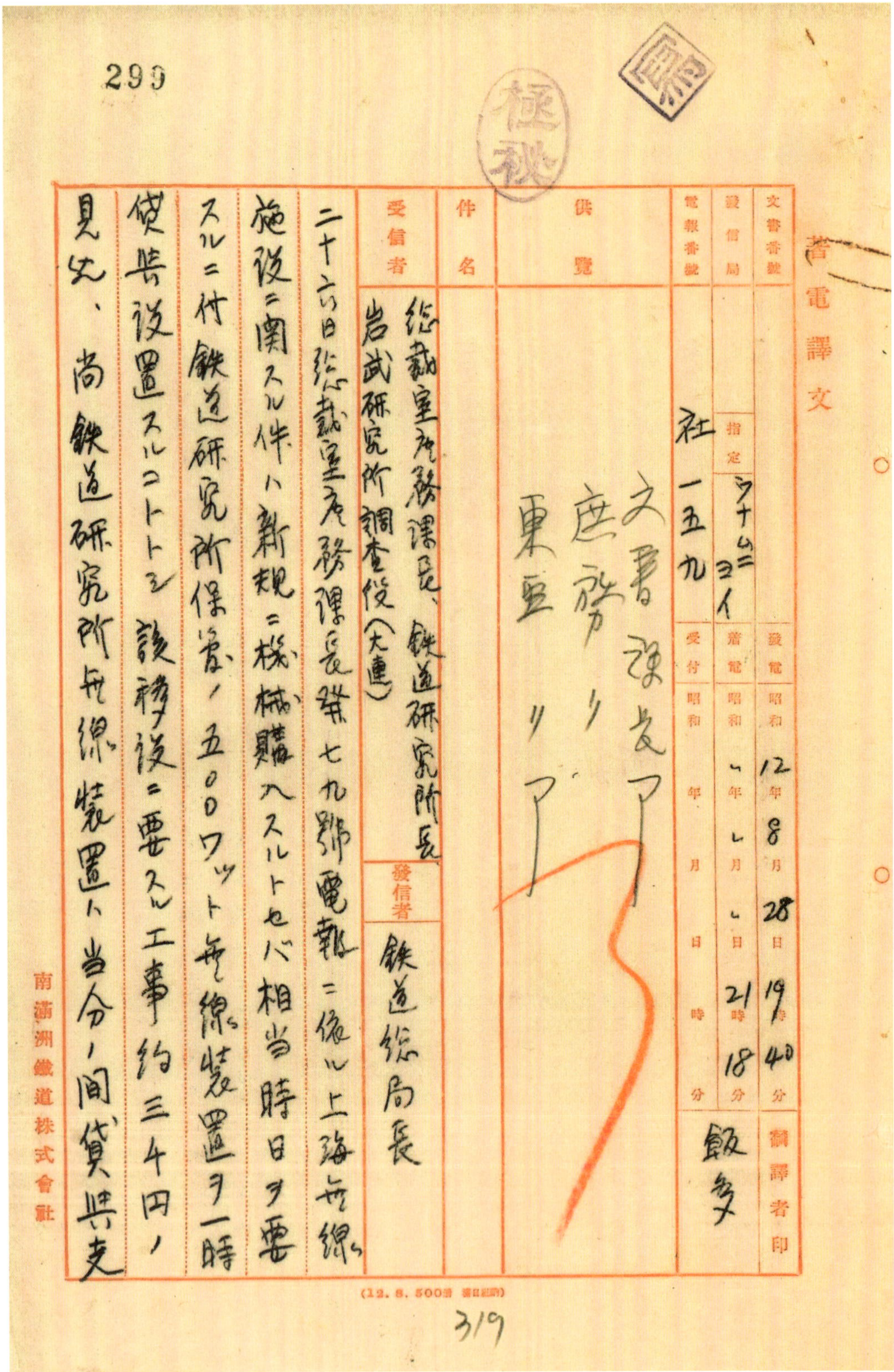
299

極秘

着電譯文

文書番號

發信局

電報番號　社一五九

指定　シナムニヨイ

發電　昭和12年8月28日19時40分

着電　昭和〃年〃月〃日21時18分

飜譯者印　飯多

供覧　文書課長ア　庶務ノ　東亜リア

受信者　総裁室庶務課長、鉄道研究所長　岩武研究所調査役（大連）

發信者　鉄道総局長

二十六日総裁室庶務課長發七九號電報ニ依ル上海無線施設ニ関スル件ハ新規ニ機械購入スルトセバ相当時日ヲ要スルニ付鉄道研究所保管ノ五〇〇ワット無線装置ヲ一時貸与設置スルコトトシ該移設ニ要スル工事約三千円ノ見込、尚鉄道研究所無線装置ハ当分ノ間貸与支

南満洲鐵道株式會社

（12.8.500冊）

319

300

障ナキ見込ナルモ業務上必要ヲ生ジタル場合ハ別ニ
上海事務所負担トシテ機器購入サレ度購入費概
算三萬円、
尚交信係ハ上海天津間ノ通信ハ天津無線ヲ経由
スルモノトス　総裁室庶務課長ハ上海ニ於ケル軍部関
係ノ交渉ヲ　セラレ度

南滿洲鐵道株式會社

ヨ―UUU2　B列5

320

铁道总局长要求向华北输送人员及资源事致北支事务局长的函（一九三七年八月二十八日）

557

寫

極秘

總裁室東亞課長　經理部長　產業部長

總東庶37第2號/268

寫　總裁室文書課長　同人事課長　新京支社長　用度部長

鐵陸文三七第一四號一〇ノ四五B

昭和十二年八月二十八日　鐵道總局長

北支事務局長殿

北支派遣人員及資材ノ要求ニ關スル件

北支派遣人員及資材ノ要求ハ今後一切天津軍鐵道監ヨリ野戰鐵道司令官（在當總局）宛合議ノ上派遣スルコトニ取計ハレ度尚貴局ヨリハ當方ニ於ケル準備ノ都合モ考慮シ成ルヘク早ク內報アリ度

追テ野戰鐵道司令官ハ右ニ依リ合議アリタル場合更ニ關東軍司令部ト合議ノ上當總局ニ對シ何分ノ指示アル筈ニ付爲念

566

铁道总局文书课长关于丰台运输班长申请寄送社报及满洲日日新闻报事致总裁室文书课长的电文
（一九三七年八月二十八日）

569

著電譯文

文書番號	發信局	電報番號	供覽	件名	受信者
		七六	總、庶務課長		文書課長

發電 昭和12年8月28日12時16分

着電 昭和12年8月28日12時52分

發信者 總局文書課長

北寧鐵路豐台輸送班長ヨリ社報、滿日新聞各六十部送付方申出アリタルニ付可然処理を乞フ

北鐵以文書課ヘモ通知ス

（運輸事務所）

飜譯者印 上野

南滿洲鐵道株式會社

ヨ－8017 B列5

638

铁道总局长关于废除联络机关事致奉天铁道事务所长、锦县铁路局长的函（一九三七年八月三十日）

寫

385

寫發送先　總裁室文書課長

鐵送文三七第一四號二ノ三B

昭和十二年八月三十日

鐵道總局長

奉天鐵道事務所長

錦縣鐵路局長　殿

連絡機關廢止ノ件

七月三十一日附鐵總送三七第三號二〇ノ七ヲ以テ設置方指令シタル首題機關ハ錦縣鐵路局長限リ設置セル承德連絡班ヲ除キ八月三十一日限リ之ヲ廢止スヘシ

416

铁道总局长关于向驻上海海军部派遣黑岛丸事致总裁室东亚课长的电文（一九三七年九月十日）

146

著電譯文

文書番號 B三六二

發信局

電報番號 社一一一

指定

發電 昭和12年9月10日16時25分

着電 昭和〃年〃月〃日16時33分

受付 昭和 年 月 日 時 分

飜譯者印

供覽 大連鐵道事務所長

件名

受信者 東亜課長

發信者 鐵道總局長（営業局小運課）

黒島丸ヨリ先記手配ノ上上海駐在海軍部ヘ至急派遣方問合セ　一、傭船料ハ一日ニツキ金百拾参圓六拾銭ノ処ニツキテハ曩ニ發與セシ大連丸ノ例ニ依リ問合セ　尚東亜課長發十九號電報ニ依レバ既ニ發與差支ヘナキ旨東亜課長ヨリ上海

南滿洲鐵道株式會社

（12. 8. 500冊 滿日印刷）

152

147

事務所長ニ打電済ノ由ナルガ本件ノ如キハ野戦鐵道司令部ノ承認ナクシテハ貸與出来ザルモノニツキ将来ハ鐵道總局長ノ承認ナキ以前ニ回答スルコトハ差控ヘラレタシ

南滿洲鐵道株式會社

ヲ－0002 B列5

153

148

黒島丸上海派遣ニ関スル件

本件ニ付キテハ總局ニ於テ連鉄所長ト打合セノ結果代船黒島丸ヲ派遣スル事ニ決定五月十二日大連ヲ出港セシメタリ

契約内容左ノ如シ

一、當事者、　上海海軍駐在武官室　佐藤主計大佐、鉄道總局長

二、目的物、　黒島丸（一〇九噸）

三、期間、　期間ノ定ナシ、

四、賃率、　一日百拾参圓

五、保険、　船代保険ハ往復丈（軍負担）
傭船期間　無保険（軍危険負担）

六、乗組員、　監督ヲ含ミ十名

七、使用目的、　契約ニ明示セラレザルモ軍ノ要求ヲ受ケ民船及物資ノ輸送ニ當ルモノト考ヘル

南満洲鐵道株式會社

ヨー0002

154

铁道总局、工务局电气课长关于北平无线电一案请交由北支事务局处理事致总庶务课长的电文（一九三七年九月十六日）

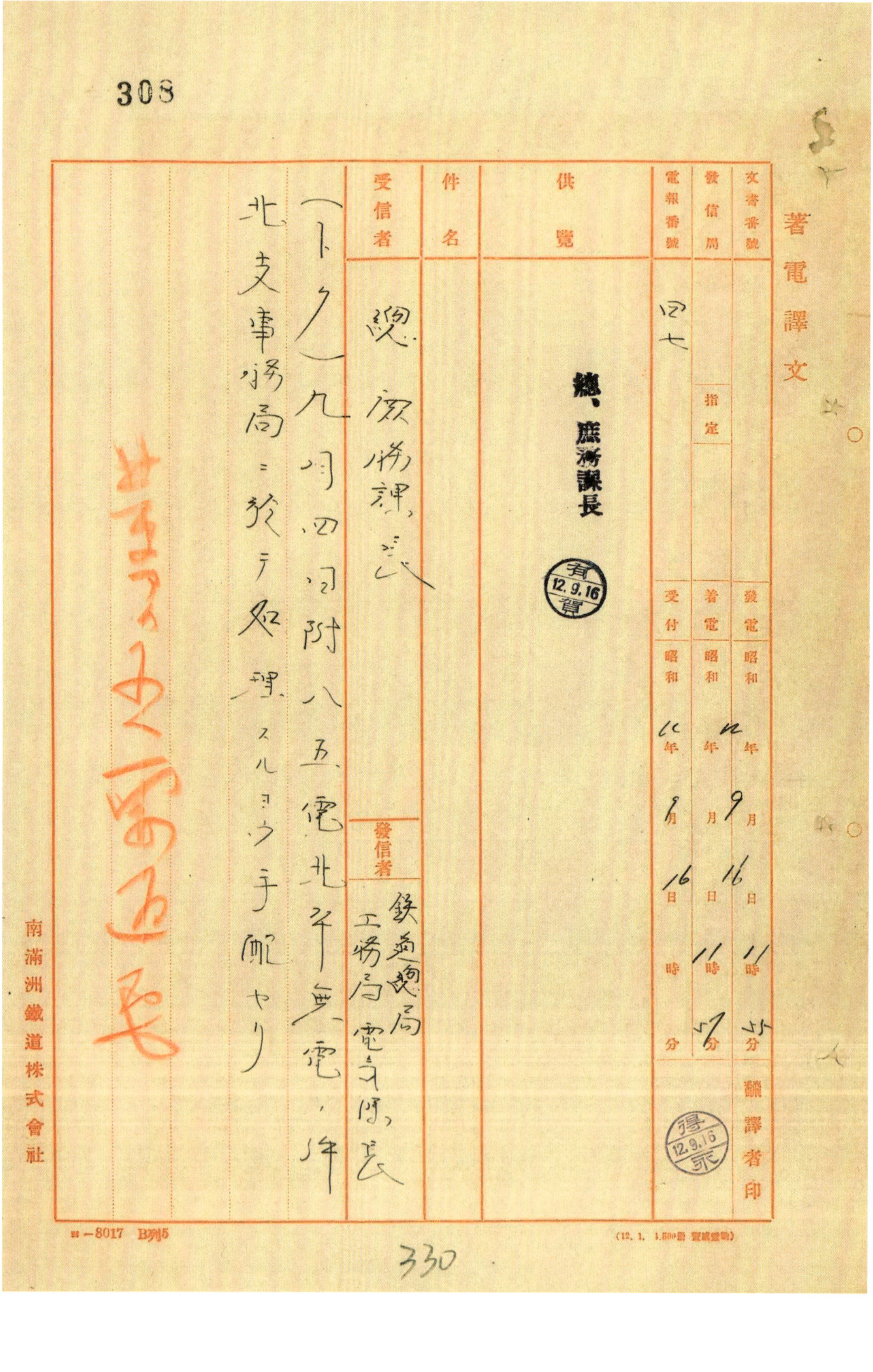

308

著電譯文

文書番號

發信局

電報番號 四七

指定

供覽 總、庶務課長

有賀 12.9.16

件名

受信者 總、庶務課長

（ト之）九月四日附八五電北平無電ノ件北支事務局ニ於テ処理スルヨウ手配ヤリ

發信者 鉄道總局 工務局電氣課長

發電 昭和12年9月16日11時55分

着電 昭和12年9月16日11時57分

受付 昭和12年9月16日 時 分

飜譯者印 12.9.16

南滿洲鐵道株式會社

ㅂ—8017 B列5

(12. 1. 1,500冊 ……)

330

铁道总局财务局第一财务课长关于追加整理七七事变相关各项费用事致各铁道事务所庶务课长、各铁路局财务处长、北鲜铁道事务所财务课长、各铁道工厂长、各建设事务所长、各食堂营业所负责人、奉天铁路学院长、哈尔滨林业所长、北满铁路残务整理事务所长、生计所的函（一九三七年九月二十八日）

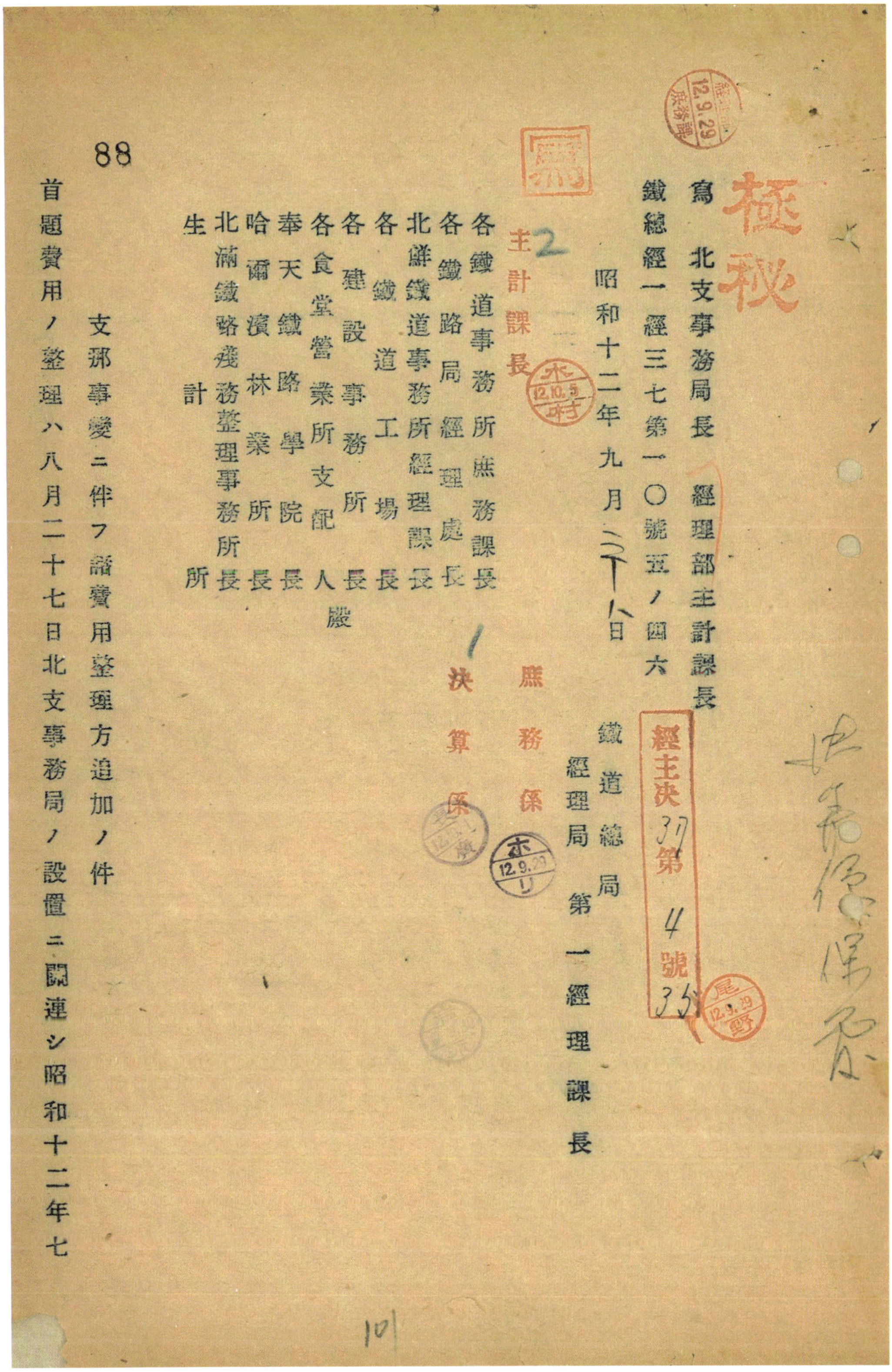

極秘

經主決 37第4號35

爲 北支事務局長 經理部主計課長

鐵總經一經三七第一〇號五ノ四六

昭和十二年九月二十八日

鐵道總局

經理局 第一經理課長

主計課長

庶務係

決算係

各鐵道事務所庶務課長

各鐵路局經理處長

北鮮鐵道事務所經理課長

各鐵道工場長

各建設事務所長

各食堂營業所支配人 殿

奉天鐵路學院長

哈爾濱林業所長

北滿鐵路殘務整理事務所長

生計所

88

支那事變ニ伴フ諸費用整理方追加ノ件

首題費用ノ整理ハ八月二十七日北支事務局ノ設置ニ關連シ昭和十二年七

101

89

月三十一日附鐵總經一經三七第一〇號五ノ一三支那事變ニ伴フ諸費用整理ニ關スル件ニ依ルノ他左記ニ依ルコトニ致シタルニ付管下ニ移牒方取計ヒ相成度

追而本件費用ハ當課ニ於テ每月一括北支事務局ニ付替整理スル必要アルニ付精算ヲ遲延セサル樣特ニ御留意願ヒ度

尚既達中ノ北支事變ノ稱呼ハ支那事變ト自然變改セルモノト承知相成度

記

102

本通牒ニ於テ北支事務局管下トハ山海關ヲ除ク以遠（但シ山海關ニ於ケル北寧鐵路局關係各業務機關ヲ含ム）ニシテ通州建設事務所關係業務以外ノモノヲ謂ヒ滿洲内トハ山海關ヲ含ム以近ヲ謂フ

一　人件費取扱方

1　派遣者ノ基本給（俸給、給料、臨時給料、囑託給、在勤手當、在勤手當補給金等）

イ　北支事務局管下派遣者（軍貸與ノ船舶乘組員及自動車乘務員ヲ除ク）ニ對スル分ハ一應所屬經費ヲ以テ支辨シ置キタル後派遣期間（出發當日以降歸著當日迄以下同）ニ對スル分ヲ其ノ月（月俸者ハ一日ヨリ月末迄日給者ハ前月十六日ヨリ其ノ月十五日迄、一箇月未滿ハ日割計算）毎ニ借方支那事變勘定、各節、貸方、所屬各款收入、諸口收入、社外雜收入トシテ振替整理スルコト

ロ　北支事務局管下派遣ヲ前提トスルモノノ滿洲内ニ於ケル移動並滯留ノ場合ハ前イニ準ス

2　派遣者出張旅費ノ精算ハ一箇月毎ニ必ス精算スルコト但シ軍貸與

103

91

ノ船泊乘組員ニ限リ所屬經費支辨トス

3 派遣者ノ別途給與費（退手、社宅費、賞與金）北支事務局管下派遣者（一―1イロ該當者）ノ派遣期間ニ對スル別途給與費ハ別表所定割掛率ニ依リ計算ノ上基本給振替ノ都度借方支那事變勘定、各節、貸方所屬各款收入、諸口收入、社外雜收入トシテ振替整理スルコト

例1 雇員日給二圓五十錢者九月十六日出發十月五日歸著二十日間派遣ノ場合ニ於ケル賞與金計算方

$2.50 \times 20 = 50$圓（十月分給料振替額）

50圓$\times 0.22 = 11$圓（振替スヘキ賞與金）

例2 本俸八十圓者十月一日出發十月二十五日歸著二十五日間派遣ノ場合ニ於ケル退手計算方

80圓$\times \frac{25}{31} = 64.52$（十月分俸給振替額）

$64.52 \times 0.55 = 35.49$（振替スヘキ退手）

例3 傭員日給二圓五十錢者九月十八日出發十月二十九日歸著四十二日間派遣ノ場合ニ於ケル社宅費計算方

104

$2,50 \times 28 = 70.00$（十月分給料振替額）

$70.00 \times (\frac{2}{3} \times 0.8) = 14.00$（十月分振替スヘキ社宅費）

$2.50 \times 14 = 35.00$（十一月分給料振替額）

$35.00 \times (\frac{2}{3} \times 0.8) = 7.00$（十一月分振替スヘキ社宅費）

4 北支事務局轉勤者ニ對スル取扱方

イ 派遣中轉勤被命者ニ對スル基本給、旅費、別途給與費ハ發令前日迄前各項ニ依リ派遣者トシテノ整理ヲ原所屬箇所ニ於テ爲スコト

ロ 轉勤被命者ノ基本給ハ出發前日迄（派遣中轉勤被命者ハ發令前日迄）ノ分ハ所屬經費ヲ以テ、出發當日以降ノ分ハ北支事務局管掌勘定當該科目（九月一日附社報九〇八七號別册參照當該科目不明ノ場合ハ假拂金、假拂金（北支事務局）、雜口）ヲ以テ支辨スルヲ原則トス但シ都合ニ依リ其ノ月分全額所屬經費ヲ以テ支辨セル場合ハ出發當日以降ノ分ヲ借方、北支事務局管掌勘定當該科目（又

105

93

ハ假拂金、假拂金（北支事務局）、雜口）貸方所屬經費トシテ振替整理スルコト

註　前イ以取扱ニ當リテハ旅費規程第十六條第三十一條竝其ノ他關係給與規程參照ノコト尙轉勤通知ニハ諸給與金關係事項ヲ詳細ニ記入シ苟モ記事不備ニ起因スル誤謬ヲ廢避スル樣特ニ注意スルコト

106

二　物件費取扱方

1　八月三十一日迄ノ分

社線及新線側ニ於テ八月三十一日迄ニ携行セシメタル業務用携行品並現地送付ヲ爲シタル各箇所手持品ハ昭和十二年七月三十一日附鐵總經一經三七第一〇號五ノ一三支那事變ニ伴フ諸費用整理ノ件ニ基キ經理局長ニ報告シ國線ニ在リテハ本通牒第四項（國線側取扱）ニ依ルコト

2　九月一日以降ノ分

イ　社線及新線側ニ於テ給養設備、其ノ他事變關係ニ要スル物品ノ請求、並北支事務局管下各所ニ手持品ヲ携行又ハ送付セル場合ノ補充ハ支那事變勘定各節ヲ以テシ請求券摘要欄ニ要求箇所、屆先其ノ他必要事項ヲ詳記スルコト但シ機器及補充ヲ要セサルモノニ在リテハ經理局長ニ報告スルコト

ロ　國線側ニ於テ前イ號ニ該當スルモノアリタルトキノ處理方ハ本通牒第四項（國線側取扱）ニ依ルコト

107

95

三 諸費取扱方

昭和十二年七月三十一日附鐵總經一經三七第一〇號五ノ一三既達ニ依リ處理スルコト

四 國線側ニ於テハ前記各項ニ依ルノ外特ニ次ノ取扱ヲ爲スモノトス

1 派遣者ノ精算出張旅費ハ固有會計ノ代理出納箇所トシテノ機能ニ依リ支那事變勘定ヲ以テ直接支辨スルコト

2 支那事變勘定ヲ以テ直接支辨シ得サル費用中派遣者ノ諸給與金（基本給竝別途給與費等）ニ在リテハ一應所屬經費ヲ以テ支辨シ置キタル後本社勘定對當該收入科目ノ振替ヲ爲シ。物件費ニ在リテハ機器ハ本社勘定。對自箇所假受金其ノ他ノ物品ハ本社勘定對當該科目ノ振替ヲ爲スコト

右兩者ニ對シテハ夏ニ支那事變勘定對國線勘定（固有會計）ノ振替傳票ヲ代理發行シ明細書ヲ添附經理局第一經理課ヘ送付スルコト

〇備考

以上各項ニ依リ支那事變勘定ヲ以テスル支拂。收納。振替各傳票竝之ニ添附スル明細書及證憑ハ必ス一通增發提出スルコト

108

五　支那事變整理科目及解疏ノ改正

1　節ノ削除
給料、臨時給、勞役賃ヲ削除ス

2　節ノ追加
俸給ノ次ニ「金建給料、銀建給料」ヲ囑託給ノ次ニ「金建臨時給、銀建臨時給」ヲ在勤手當ノ次ニ「賞與金、退職慰勞金、社宅費」ヲ補修費ノ次ニ「金建勞役賃、銀建勞役賃」ヲ追加ス

3　解疏ノ改正
イ　節、俸給ノ解疏ヲ次ノ如ク改ム
社外並北支事務局ノ依頼ニ依リ派遣シタルモノノ俸給（出發當日以降歸着當日迄計上ノコト）
ロ　金建給料、銀建給料、金建臨時給、銀建臨時給、賞與金、退職慰勞金、社宅費、各追加節ノ解疏ハ俸給ノ解疏ニ同シ
備考　北支事務局管下ニ於ケル建設業務ニ從事ノ派遣員費並材料費等ノ處理方ニ關シテハ別途指示ス

109

97

別途給與費割掛率

一　賞與金

　イ　月俸社員

　　一五〇圓以上者　派遣期間ニ對スル振替俸給額ノ五割八分額

　　一五〇圓未滿八〇圓以上者　右　同　ノ五割額

　　八〇圓未滿者　右　同　ノ四割二分額

　ロ　日給社員

　　雇員　派遣期間ニ對スル振替給料額ノ二割二分額

　　傭員　右　同　ノ一割六分額

二　社宅費

　イ　月俸社員　派遣期間ニ對スル振替俸給額ノ三割額

　ロ　雇傭員　〃　振替給料額ノ三分ノ二ニ對スル三割額

三　退職慰勞金

　イ　月俸社員　派遣期間ニ對スル振替俸給額ノ五割五分額

　ロ　雇員　〃　振替給料額ノ一割六分額

　ハ　傭員　〃　ノ九分額

110

98

極秘

鐵總經一經三七第一〇號五ノ六〇

昭和十二年十月七日

鐵道總局

經理局第一經理課長

經理部長殿

北支諸鐵道使用ニ關スル經理要領ノ件

嚢ニ手交シタル首題要領ハ九月二十五日受領シタル草案ナルカ十月一日陸軍省主計局遠藤少佐ヨリ更ニ之カ字句ヲ一部修正シタル別紙案ヲ受領シタルニ付送付シマス

追テ滿鐵ノ支出セシ費用ハ之ニ依リ處理スル樣準備セラレ度旨申越アリタルニ付爲念申添ヘマス

庶務課長　主計課長　會計課長

庶務係　第一豫算係　決算係　第二豫算係

寫送付濟

附一：华北各铁路财务要点

20

99

極秘

北支諸鐵道使用ニ關スル經理要領

第一　北支鐵道使用ニ關スル經理上ニ於ケル觀念

一　支那側鐵路局ノ存在スル北支鐵道ハ表面上當該管理局ノ存在ヲ認メ滿鐵援助ノ下ニ之カ運營ニ當ル形式ヲ採用スル場合ニ在リテモ經理上ハ作戰上ノ必要ニヨリ滿鐵ヨリ所要ノ人員材料ヲ供出セシメ軍之ヲ管理運用スル實情ニ基キ經理關係ヲ律ス從テ支那側鐵路局ヲ介在セシムルコト無ク滿鐵ヨリ供出セル人員、材料ハ全テ軍ノ機關並物件トシテ處理スルモノトス

二　一般運賃收入ヲ生スル場合ニ在リテハ一般的ニハ今後別ニ研究スヘキモ不取敢北寧鐵路ニ在リテハ其ノ收入ヲ生スル爲ノ原經費並北寧鐵路自身ノ一般負擔ニ充當セシムルモノトス

三　軍鐵道隊ノ行動ニ關シテハ當然軍自身ノ活動ニシテ本要領ノ規定目的タルモノニ非ス

第二　軍ニ於テ負擔スヘキ經費ノ範圍

一　軍ノ要求ニ基キ派遣セシメタル滿鐵社員ノ俸給旅費等ノ諸給與金

113

100

二 鐵道及其ノ附屬設備ノ補習、補足ノ爲要スル經費
三 軍用列車運行ノ爲ノ諸消耗品類
四 軍用トシテ北支諸線ニ引込ミタル滿鐵車輛借賃
五 在來從事員中軍用列車運行ノ爲必要ト認ムル者ニ對スル諸給與金
六 其ノ他右ニ伴フ事務費ノ類
但シ右各項ノ所要概算額或ハ數量ハ豫メ中央部ノ認可ヲ受ケ置クモノトス

第三 經費算定及支拂方法

一 軍カ直接購入セルモノニ就キテハ問題ナシ滿鐵ヲシテ供出セシメタル人員材料ニ就テハ其ノ計算ニ於テ處理セシメ置キ軍ハ其ノ金額ヲ滿鐵ニ對シテ支拂フモノトス
而シテ其ノ支拂ハ極メテ迅速ナルヲ要ス
二 滿鐵ノ立替支出セシ經費ハ其ノ都度已ムヲ得サレハ一月分ヲ滿鐵ニ於テ左記ニヨリ計算整理ヲ爲シ翌月十五日迄ニ之ヲ擔當經理部ニ請求ス同部ハ同月二十五日迄ニ滿鐵ニ支拂ヲ了スルモノトス

114

101

但シ已ムヲ得サル事由ニ依リ右期間中ニ計算整理ヲ爲シ得サルモノ及訂正ノ必要ヲ發見シ之カ訂正ノ爲右ノ期日ニ遅延ヲ來ス虞アルトキハ之等ハ爾後ノ月分ノ計算ニ於テ追補是正ヲ爲スモノトス

記

一　軍ノ要求ニ基キ滿鐵ヨリ派遣シタル社員ノ諸給與金ハ本人ニ支拂タル金額並其ノ支拂額ニ依リ計算セル金額（本金額ヲ一般ト區別シ所定ノ支給日或ハ必要ノ起リタル都度支拂フ如ク努ムルモノトス）

二　在來從事員ニ對スル給與金ハ其ノ代表受領者ニ支拂ヒタル金額

三　滿鐵ヨリ送付スル物品ノ代價ハ軍ニ於テ受領シタル品名數量ニ依リ計算シタル金額

四　現地購入ヲ必要トスル物品ノ代價ハ購入先ニ對シ支拂ヒタル金額

三　請負工事費雜役費等ハ請負契約ニ依リ請負人ニ對シ支拂ヒタル金額

六　人夫賃ハ人夫供給者ニ對シ支拂ヒタル金額

七　鐵道ノ車輛使用料ハ北支鐵道線路ニ入込ミタル日車數ニ依リテ計

算シタル金額

八　其ノ他ハ適宜右ニ準ス

三　收納金取扱

北寧線ハ現在若干ハ旅客貨物等ノ一般營業ヲ行ヒ目下ノ所七〇萬圓ー八〇萬圓程度ノ收入アルカ如シ而シテ以上ヨリ負擔スヘキ諸經費ヲ決定スルニ當ツテ實際支出ノ内幾何ヲ軍用ノ爲ノ支出ト見幾何ヲ之等一般營業ノ爲ノ經費ト見ルヘキヤハ必スシモ事實上區分困難ナル部分アルヘシ從テ前項中第二ー第七號ノ諸經費中適當ナルモノニ先ツ右ノ運賃收納ヲ充當シ其ノ不足ヲ軍負擔ト爲ス如ク計算スルモノトス而シテ右ノ充當ハ明瞭ニ軍負擔タルヘキモノニ及ハサル限度ニ止ムルモノトス

尚右ニ依リ收納ニ剩餘ヲ生スル場合ハ借款ノ元利拂ニ充當セシムルモノトス（但シ中央公司ニ對スル借款ノ利拂ハ之ニ優先シテ行フコト）

四　滿鐵立替金ノ利息見込

116

103

以上ニ依リ算定セシ軍費諸經費ニ對シ滿鐵カ立替支拂セシ金額ノ利息ハ左ノ要領ニ依リ各價格中ニ見込ムモノトス

1 元金ノ範圍

第二項第二號ー第六號ノ金額

2 利息計算

四十日間日歩一錢一五トス

但シ右ハ事務上等已ムヲ得サル場合ニシテ努メテ利息支拂ヲ要セサル如ク迅速ナル處置ヲ講スルモノトス

第四 經理組織

以上ノ如ク定ムト雖之カ圓滑迅速ナル支拂ハ可成困難ナル事ナリトス

蓋シ滿鐵ノ計算ニ依レハ本件金額ハ毎月五〇〇萬圓ー一千萬圓ニ近キ額ニ上ルモノト考ヘラルル所ナルカ之ヲ會計的ニ正シキ書類トシテ支拂ヲ爲スニハ財務的熟練ト會計的知識ノ組織ヲ以テセサレハ到底能ク爲シ能ハサル所ナルヘキハ自明ナリ而シテ之カ支拂事務ノ遲滯ハ滿鐵ノ兵站線ヲ絕ツコトトナリ軍ノ作戰運用ニモ影響無シトセサルヲ以テ

117

此ノ際之カ會計組織ヲ決定シ所要ノ人員ヲ配置スルコト寔ニ緊切ナル問題ナリトス

而シテ之ハ集團經理部ニ附設スルヤ特務部ニ設置スルヤ或ハ他ノ適當ノ機關ニ設置スルヤ等ノ問題ト關聯シテ内部組織ヲ決定セサルヘカラサルヲ以テ至急現地ノ意向ヲ徵スルヲ必要トスヘシ

118

附二：通州—古北口铁路建设财务要点

105

通州－古北口鐵道建設經理要領

通州－古北口間ノ鐵道ハ原初滿鐵ノ請負事業トシテ建設セシムル方針ナリシモ其ノ後直接滿鐵關係ト話合ヒタル所ニ依レハ事務的ニ請負契約ヲ締結スルコトハ時日ヲ要シ目下ノ事態ニ適應セサルヲ以テ軍ノ直營工事ト成シ事實上之ヲ滿鐵ヲシテ實施セシムルコトトシテ進メムトス而シテ其ノ工事代金ノ支拂ハ別紙ニ依リ之等ニ當ル經理當事者ハ既設鐵道運用關係ノ經理機關ノ組織ニ包含セシムルヲ適當トスヘシ

尚之カ建設ノ曉ノ運轉經營ニ關シテハ後日更ニ定ムルコトトス

119

別紙

通州—古北口鐵道建造費請求要領

滿鐵ノ立替支出セシ通州—古北口鐵道建造費ハ其ノ都度已ムヲ得サレハ一月分ヲ滿鐵ニ於テ左記ニ依リ計算整理ヲ爲シ翌月十五日迄ニ之ヲ擔當經理部ニ請求ス同部ハ同月二十五日迄ニ滿鐵ニ支拂ヲ了ス

但シ已ムヲ得サル事由ニ依リ右期間中ニ計算整理ヲ爲シ得サリシモノ及訂正ノ必要ヲ發見シタル場合之カ訂正ノ爲右ノ期日ニ遲延ヲ來ス虞アルトキハ之等ハ事後ノ月分計算ニ於テ追補是正ヲ爲スモノトス

記

一 鐵道建設ノ必要上滿鐵ヨリ北支ニ派遣シタル社員ノ諸給與金ハ本人ニ支拂タル金額竝其ノ支拂額ニ依リテ計算セル金額

一 滿鐵ヨリ送付スル物品ノ代價ハ軍ニ於テ受領シタル品名數量ニ依リ計算シタル金額

一 現地購入ヲ必要トスル物品ノ代價ハ購入先ニ對シ支拂タル金額

一 請負工事費運送費等ハ請負契約ニ依リ請負人ニ對シ支拂ヒタル金額

106
107

一 人夫賃ハ人夫供給者ニ對シ支拂ヒタル金額

一 用地費家屋買收費ハ其ノ所有主ニ對シ支拂ヒタル金額

一 其ノ他諸經費ノ詳細ニ關シテハ鐵道建造完了後整理ス

121

铁道总局财务局第一财务课长关于报铁路省派遣员工医疗费用处理方案事致地方部卫生课长、大连医院长、奉天医科大学附属医院长、各建设事务所长的函（一九三七年十一月十二日）

写

野戰鐵道司令部經理部主計課長　地、庶務課長　總、福祉課長
鐵、人事課長　鐵、福祉課長　大連、奉天鐵道事務所長　大連鐵道
工場長

鐵總經一經三七第一〇號五ノ七四
昭和十二年十一月十三日

鐵道總局
經理局第一經理課長

地方部衛生課長
大連醫院長
奉天醫科大學附屬醫院長殿
各建設事務所長

鐵道省派遣員醫療費整理方ノ件

昭和十二年十一月四日鐵總人三七第三九號六九ノ一（寫）ニ依ル鐵道省派遣員ニ對スル醫療費整理方ハ左記ニ依ルコトニ致度管下各醫院ニ至急移牒方御取計願マス

追而御手數乍本件費用ハ軍社決濟ノ關係上迅速整理方御配慮願度

記

026

26

027

一　醫療費明細書ハ共濟社員用入院又ハ治療明細書ヲ代用シ四通ヲ作成スルコト

二　大連醫院ハ請求書ニ前號醫療費明細書四通ヲ添附シ鐵道總局人事課「省派遣員臨時給班理」宛送付スルコト

三　地方部管下各醫院及奉天醫科大學附屬醫院竝各建設事務所（診療所）ハ負擔科目假拂金、鐵道假拂金、（省）雜口、醫療費トシ關係傳票ニ第一號ニ依ル明細書四通ヲ添附スルコト

27

铁道总局长关于设置无线电装置之人员派遣费应由上海事务所负担致总裁室庶务课长的电文（一九三七年十二月十三日）

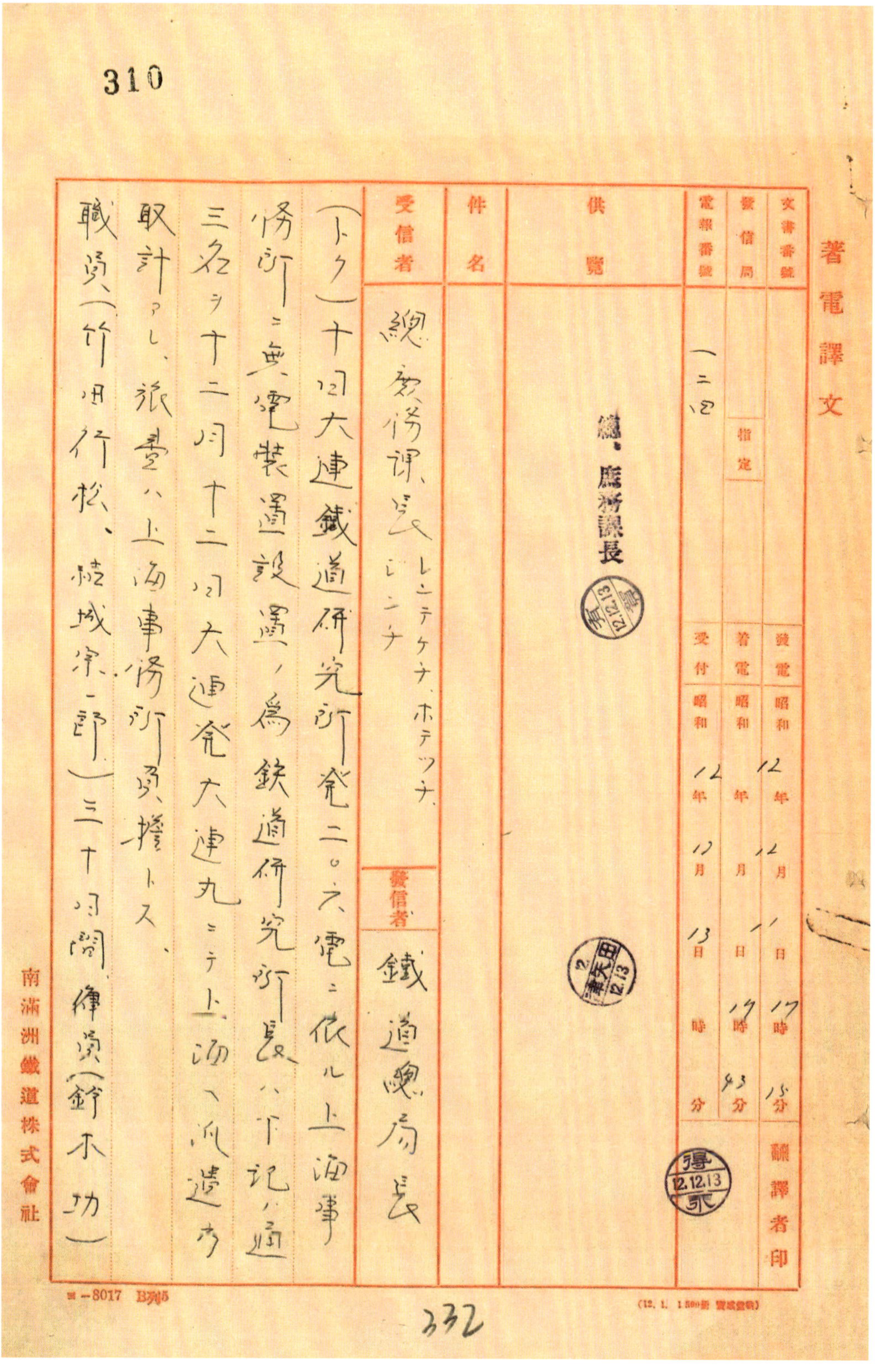

310

著電譯文

文書番號

發信局

電報番號 一二〇

指定

供覽 總・庶務課長

受信者 總務課長 レニテケナ、ホテツナ

件名

發信者 鐵道總局長

發電 昭和12年12月11日17時15分

着電 昭和 年 月11日17時43分

受付 昭和12年12月13日 時 分

飜譯者印

（トク）十日大連鐵道研究所發二〇六電ニ依ル上海事務所ニ無電装置設置ノ為鉄道研究所員ハ下記ノ通三名ヲ十二月十二日大連發大連丸ニテ上海ヘ派遣方取計アレ、旅費ハ上海事務所負擔トス、職員（竹田竹松、結城宗一郎）三十日間傭員（鈴木功）

南滿洲鐵道株式會社

滿-8017 B列5

332

311

十七日洵、上海事務所長ニハ手配済

南滿洲鐵道株式會社

ヨ-0003 B列5 (12. 3. 15,000冊 [illegible])

333

铁道总局工务局长关于上海事务所无线电设施及应用事致总裁室庶务课长的函（一九三七年十二月二十九日）

581

極秘

寫 上海事務所長　北支事務局長　奉天鐵道局長　鐵道研究所長

鐵總工電三七第七三號A七ノ三四七

昭和十二年十二月二十九日　鐵道總局工務局長

總、庶務課長

總裁室　庶務課長殿

弘報課長

東亞課長

文書課長

上海事務所無線ノ施設竝運用方ニ關スル件

首題無線ノ施設竝之カ運用方ヲ關シテハ曩ニ現地ニ於テ出先軍ノ原則的了解ヲ得タルモノト承知シ居リマスカ尚使用開始後ニ在リテモ此ノ方面トノ密接ナル聯繫ノ必要ナルハ勿論特ニ左ノ點ニ就キテハ無線通信統制ニ關スル一般法令ノ規程ニ鑑ミ成ルヘク公文ニ依リ關係軍ノ正式認可ヲ得置クコト將來ノ爲必要ト思料セラルルニ付御了知ノ上可然取計願ヒマス

追而本件ニ關スル當方ノ手配其ノ他ハ大體別紙ノ通進捗致シタルニ付併而御了知願ヒマス

629

582

記

一 呼出符號ノ設定
二 無線周波數ノ配當
三 交信系ノ設定

630

583

上海事務所無線ノ施設竝運用方ニ關スル
手配要領

一　機器（五〇〇W短波無線送信機及受信機竝附屬電源）ハ十一月中ニ鐵道研究所沙河口分所ヨリ現地向ケ發送濟

二　機器取附員（鐵道研究所沙河口分所員三名）ハ十二月十二日大連發大連丸ニテ出發ス

三　電信員三名及保守技術員一名ハ十二月十八日大連發大連丸ニテ派遣セラル

四　連絡端緒ノ達成方法及爾後ノ交信等ニ關シテハ添附表竝口頭ニ依リ派遣員ニ指示ス

（北支事務局關係箇所トモ打合濟）

五　電報ハ多ク上海本社間ニ發著スルモノト想定シ之カ速達ヲ計ル爲上海對奉天（總局無線）間ノ交信系設定方ニ付關東軍關係官ノ内了解ヲ得タルニ付交信ノ主力ヲ此ノ經路ニ置キ上海對天津ノ交信ハ豫備姿勢ニ在ラシムルモノトス

631

584

六 （上海對大連ノ交信ハ遞信局關係ニ依リ差向キ實現困難ナリ）
上海側ノ無線周波數ハ晝間用トシテ七五〇〇KC乃至八五〇〇KC、夜間用トシテ三五〇〇KC乃至四五〇〇KCヲ使用スルヲ適當ト認メ差向ハ手持發振用水晶片ノ都合上七八六〇KC及三九三〇KCヲ切換ヘ連絡スルコトニ關係者間打合濟
（本件ニ關シテハ上海軍ノ意向ヲモ聽取ノ上正式ニ決定スルヲ要ス）

七 本交信系ヲ疏通スル電報ハ原則トシテ暗號ヲ使用スルコトトシ通信ノ取扱方ニ就テハ鐵道用無線電信通信取扱手續ニ依ラシムルモノトス
（本件ニ關シテハ正式交信開始前通達スル豫定）

632

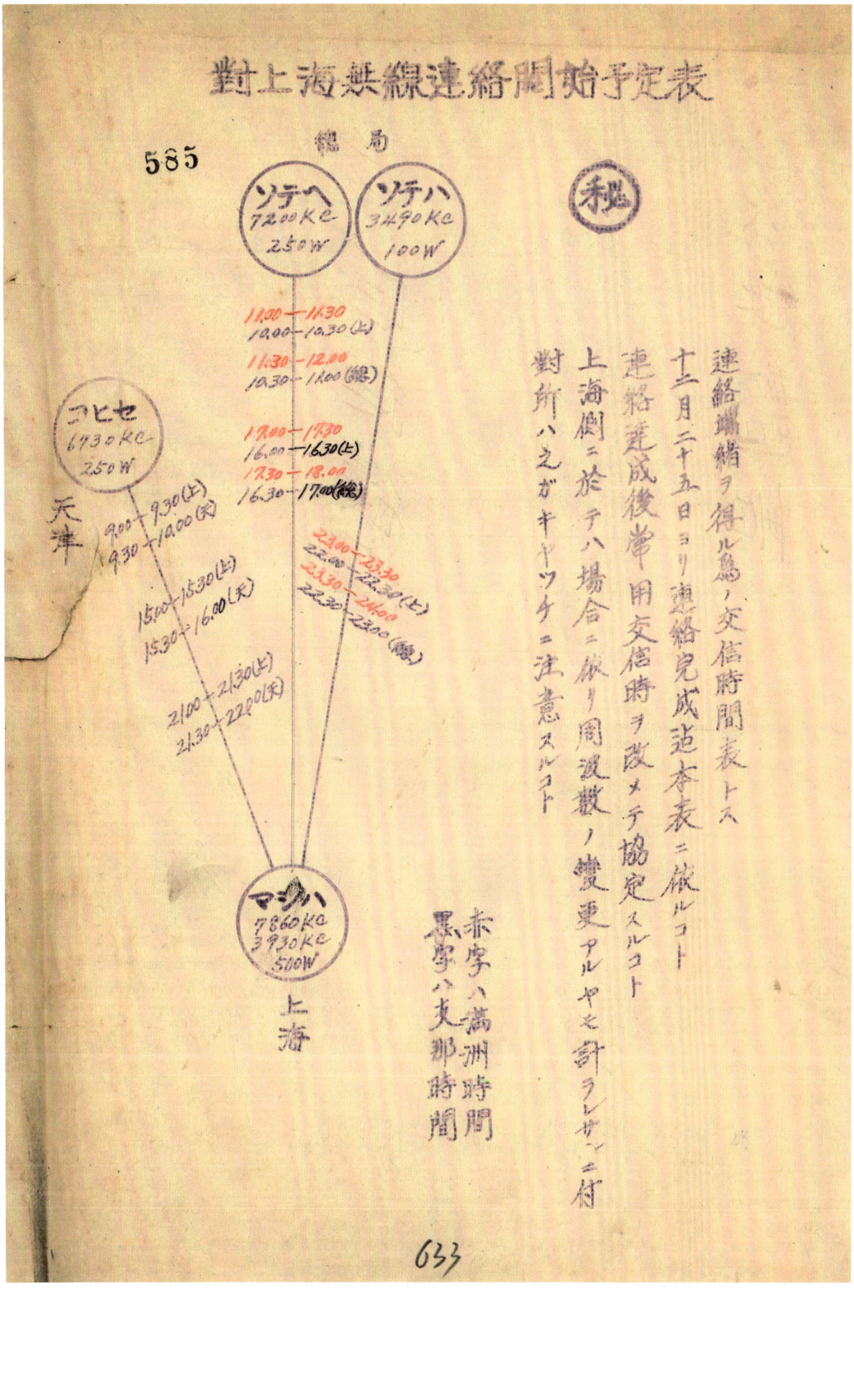

對上海無線連絡開始予定表

585

總局

㊙

連絡端緒ヲ得ル爲ノ交信時間表トス

十二月二十五日ヨリ連絡完成迄本表ニ依ルコト

連絡達成後常用交信時ヲ改メテ協定スルコト

上海側ニ於テハ場合ニ依リ周波數ノ變更アルヤモ計ラレサルニ付

對所ハ之ガキヤツチニ注意スルコト

赤字ハ滿洲時間

黒字ハ支那時間

633

铁道总局、工务局电气课长关于上海事务所无线电施工完成事致总裁室庶务课长的电文（一九三八年一月八日）

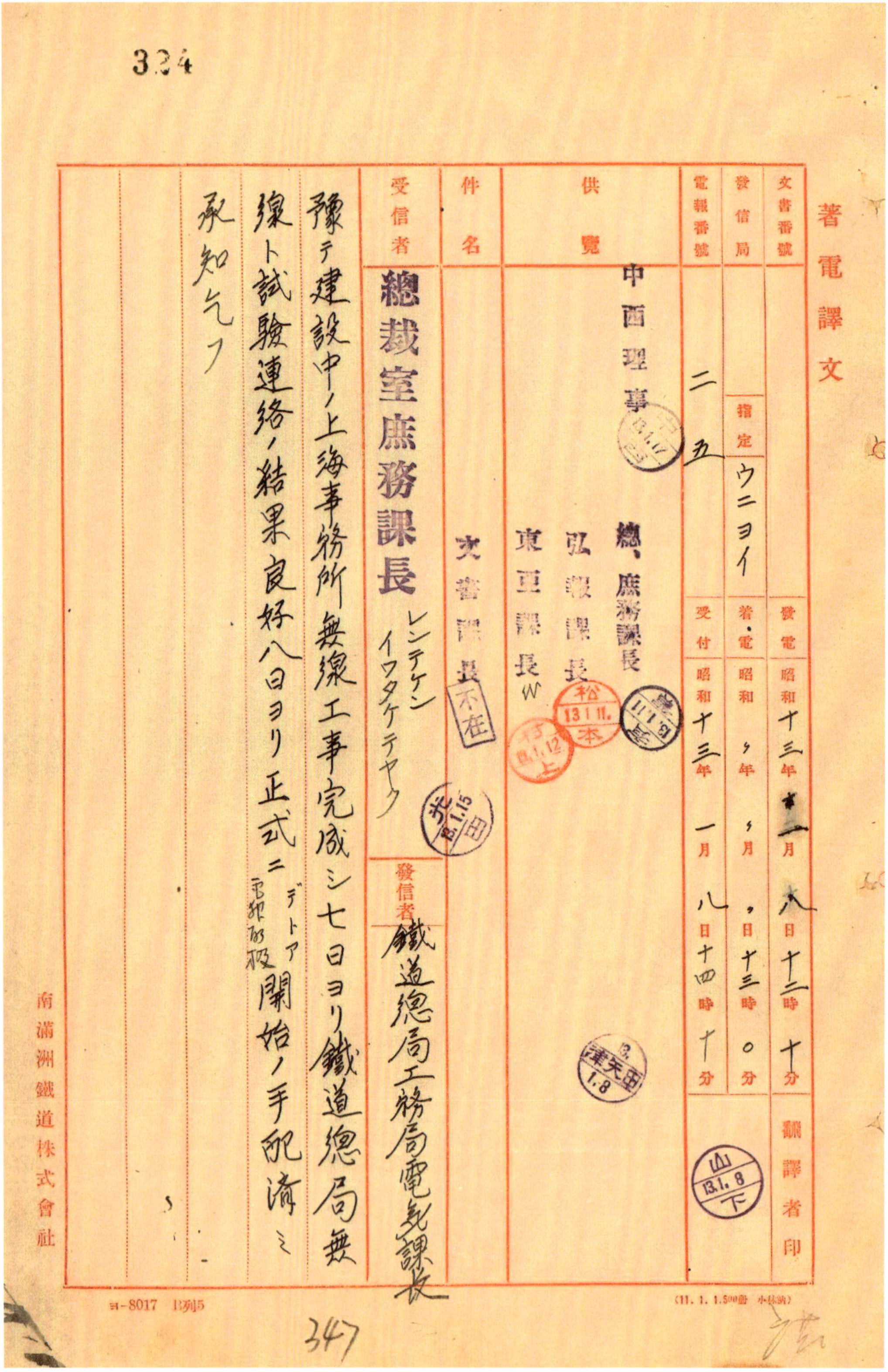
324

著電譯文

文書番號

發信局

電報番號 二五

指定 ウニヨイ

供覽 中西理事 總、庶務課長 弘報課長 東亜課長 文書課長

件名

受信者 總裁室庶務課長

レンテケン イワタケテヤク

發電 昭和十三年一月八日十二時十分

着電 昭和〃年〃月〃日十三時〇分

受付 昭和十三年一月八日十四時十分

飜譯者印

發信者 鐵道總局工務局電氣課長

豫テ建設中ノ上海事務所無線工事完成シ七日ヨリ鐵道總局無線ト試驗連絡ノ結果良好八日ヨリ正式ニ（デトア電報取扱）開始ノ手配濟ミ

承知乞フ

南滿洲鐵道株式會社

ヨ-8017 B列5

(11.1.1.500冊 小林納)

347

铁道总局财务局第一财务课长关于华中地区事变经费处理方法事致各铁道局财务课长、北鲜铁道事务所财务课长、总局各决算附属各所长的函（一九三八年三月十五日）

048

經理部主計課長

鐵總經一經三七第一〇號五ノ一〇五

昭和十三年三月十五日

鐵道總局
經理局第一經理課長

各鐵道局經理課長
北鮮鐵道事務所經理課長殿
總局各決算附屬箇所長

庶務係

主計課長
決算係

中支方面事變費整理方ニ關スル件

支那事變ニ伴ヒ上海事務所長ノ依頼ニ依ル派遣者ノ諸給與金（別途給與金ヲ含ム）及派遣手當竝其ノ他ノ諸費ハ北支方面事變費トハ別箇ノ傳票ニ依リ之ヲ當課管掌ノ（社線勘定）假拂金、鐵道假拂金、雜口（中支事變費）ニ附替相成度

追テ之ニ添附スル明細書ハ軍關係、宣撫班關係、社內關係、其ノ他ノ區分ニ依リ各別ニ之ヲ作成ノコト

48

铁道总局财务局第一财务课长关于华北地区安抚班成员及临时派遣员的经费处理事宜事致各铁道局长、北鲜铁道事务所长、总局各决算附属各所长的函（一九三八年三月十五日）

050

鐵總經二經三七第一〇號五ノ一〇四

昭和十三年三月十五日

鐵道總局

經理局第一經理課長

各鐵道局長

北鮮鐵道事務所長殿

總局各決算附屬箇所長

北支方面ニ於ケル宣撫班員及臨時的派遣者費用整理ニ關スル件

北支方面ニ於ケル宣撫班員及軍其ノ他ノ依頼ニ依ル產業調查等ノ用務ノ爲一時的ニ派遣セル社員（北支事務局及其ノ管下ノ常業ニ服スルモノ以外ノ出張者ヲ謂フ）ニ對スル諸給與金（別途給與金ヲ含ム）及派遣手當ハ總テ原所屬箇所ニ於テ整理スルコトニ相成タルニ付承知セラレ度

尚北支事務局ニ於テ臨時派遣社員ト長期派遣社員トノ區別ヲ容易ニ知ルコトヲ得ル樣自今派遣票ニ其ノ旨記載スルト共ニ派遣者ニ對シテハ旅行日程ノ提出箇所ヲ了知セシメ置カレ度

50